全国高职高专规划教材·文秘系列

信息收集与处理

主　编　张少芳
副主编　李　惠　刘立莹　刘金培

北京大学出版社
PEKING UNIVERSITY PRESS

内容简介

《信息收集与处理》一书融入"项目导向,任务驱动"的职教理念,以信息收集的主要的、常见的方法(网络法、问卷法、文献法、访谈法和观察法)作为大的项目统领全书,具体项目以工作过程为导向,以工作任务为载体展开,每个项目中的任务体现了完成每个工作项目的具体内容和步骤过程。本书坚持以"理论够用"为原则,强调操作性和实用性,教材内容实训篇幅比重大,目的在于培养学生信息收集、信息处理、与人合作等职业核心能力。

本书适用于文秘、市场营销、社区管理等社会工作和公共管理类专业以及全校公共课教学,也可作为成人高校学生、本科二级学院学生和对信息收集与处理有兴趣的其他读者自学参考用书。

图书在版编目(CIP)数据

信息收集与处理/张少芳主编. —北京:北京大学出版社,2013.10
(全国高职高专规划教材·文秘系列)
ISBN 978-7-301-23272-9

Ⅰ.①信… Ⅱ.①张… Ⅲ.①信息-收集-高等职业教育-教材②信息处理-高等职业教育-教材 Ⅳ.①G202

中国版本图书馆 CIP 数据核字(2013)第 228280 号

书　　　名:信息收集与处理
著作责任者:张少芳　主编
策 划 编 辑:周　伟
责 任 编 辑:周　伟
标 准 书 号:ISBN 978-7-301-23272-9/G·3714
出 版 发 行:北京大学出版社
地　　　址:北京市海淀区成府路 205 号　100871
网　　　址:http://www.pup.cn　新浪官方微博:@北京大学出版社
电 子 信 箱:zyjy@pup.cn
电　　　话:邮购部 62752015　发行部 62750672　编辑部 62754934　出版部 62754962
印 刷 者:三河市北燕印装有限公司
经 销 者:新华书店
　　　　　787 毫米×1092 毫米　16 开本　14.25 印张　347 千字
　　　　　2013 年 10 月第 1 版　2020 年 8 月第 3 次印刷
定　　　价:29.00 元

未经许可,不得以任何方式复制或抄袭本书之部分或全部内容。
版权所有,侵权必究
举报电话:010-62752024　电子信箱:fd@pup.pku.edu.cn

前　　言

当今社会是一个瞬息万变的信息社会,各类企业要想立足于不败之地有赖于信息的收集与处理。信息意味着财富、机遇和发展,谁先掌握信息,谁就具有竞争优势。如何用最快的速度收集和处理利用各种信息,已成为企业提高生存、竞争和发展能力的关键;收集信息、处理信息和利用信息的能力已经是信息社会劳动者必须掌握的终身技能。

为了使高职高专院校学生适应信息时代的需要,培养学生敏锐的信息意识及高度的信息素养,培养和提高学生信息收集与处理的能力,使其能够迅速准确地收集与处理所需信息,掌握信息收集与处理的方法,我们编写了这本教材。本书的编写特色主要有以下三个方面。

1. 突出"项目导向,任务驱动"的理念。以信息收集与处理的主要的、常见的方法(网络法、问卷法、文献法、访谈法和观察法)作为大的项目统领全书,具体项目以工作过程为导向,以工作任务为载体展开,每个项目中的任务体现了完成每个工作项目的具体内容和步骤过程。

2. 注重实际工作方法的训练和能力培养。本书坚持以"理论够用"为原则,强调操作性和实用性,教材内容实训篇幅比重大,实务训练是每个项目的学习重点,目的在于培养学生实际运用各种信息收集方法,并对运用各类方法收集的信息加以处理运用的能力。

3. 内容体现职业活动的特点。本书的组织编写针对高职学生的特点,围绕职业教育的目标编写,纠正和调整了很多只适用于普通高等教育而不适用于高职教育的内容,教材内容的编排按照项目任务完成过程所需的知识进行,保持了职业活动的完整性,不盲目追求教材的系统性和完整性。值得一提的是,本书较一般的社会调查的教材增加了网络化时代使用频率最高的网络法信息收集与处理。

本书适用于文秘、市场营销、社区管理等社会工作和公共管理类专业以及职业院校全校公共课的用书,也可作为成人高校学生、本科二级学院学生和对信息收集与处理有兴趣的其他读者自学参考用书。

本书由天津职业大学张少芳担任主编,天津中医药大学李惠、天津职业大学刘立莹、安徽大学刘金培担任副主编,具体编写分工如下:张少芳负责前言、项目一、项目三、项目四和项目六的编写;李惠负责项目二和项目七的编写;项目五由李惠和张少芳二人共同编写。刘立莹和刘金培参加了本书部分案例的提供及基础资料的收集与整理工作。天津职业大学刁滢同学在后期统稿定稿中做了大量的文字校对工作。

在编写过程中,本书充分吸纳了行业专家和兄弟院校同行专家的建议与意见;天津职业大学王中州老师在教材整体设计中做了大量的工作,提出了中肯的意见;天津职业大学的钟强老师给予了大力的支持和帮助；同时，本书也借鉴和吸收了有关教材和学术界的研究成果，参阅了大量网站资料，由于联系的不便，无法与原稿作者一一进行沟通，在此一并表示衷心的感谢。

  由于作者水平有限，加之时间仓促，恐怕多有粗疏和不妥之处，敬请广大师生和读者指正，以期对本书的不断完善。

张少芳

2013 年 5 月于天津

目　录

项目一　信息收集与处理认知 …………………………………………………… (1)
　　任务一　认知信息 ……………………………………………………………… (2)
　　任务二　认知信息收集的类型 ………………………………………………… (4)
　　任务三　信息收集与处理的过程 ……………………………………………… (5)
项目二　信息收集前期的准备 …………………………………………………… (20)
　　任务一　选择确定调查课题 …………………………………………………… (21)
　　任务二　设计社会调查的总体方案 …………………………………………… (25)
　　任务三　社会测量和操作化 …………………………………………………… (30)
　　任务四　确定调查对象 ………………………………………………………… (36)
项目三　网络法信息收集与处理 ………………………………………………… (40)
　　任务一　法律法规信息收集与处理 …………………………………………… (41)
　　任务二　专利信息收集与处理 ………………………………………………… (48)
　　任务三　标准信息收集与处理 ………………………………………………… (61)
　　任务四　论文、图书信息收集与处理 ………………………………………… (75)
　　任务五　统计信息收集与处理 ………………………………………………… (82)
项目四　问卷法信息收集与处理 ………………………………………………… (95)
　　任务一　设计调查问卷 ………………………………………………………… (96)
　　任务二　抽取调查样本 ………………………………………………………… (104)
　　任务三　实施问卷调查 ………………………………………………………… (110)
　　任务四　回收统计问卷信息 …………………………………………………… (120)
　　任务五　撰写市场调查报告 …………………………………………………… (132)
项目五　文献法信息收集与处理 ………………………………………………… (141)
　　任务一　分析待查项目,明确主题概念 ……………………………………… (142)
　　任务二　确定检索工具和检索途径 …………………………………………… (145)
　　任务三　文献的摘取 …………………………………………………………… (150)
　　任务四　审核整理文献资料 …………………………………………………… (152)
项目六　访谈法信息收集与处理 ………………………………………………… (165)
　　任务一　制订访谈计划、访谈提纲 …………………………………………… (166)
　　任务二　进行访谈准备 ………………………………………………………… (175)

任务三　进行现场访谈 ……………………………………………………（177）
　　任务四　撰写访谈记录和访谈报告 ………………………………………（192）
项目七　观察法信息收集与处理 ………………………………………………（209）
　　任务一　做好观察准备 ……………………………………………………（210）
　　任务二　实施观察 …………………………………………………………（214）
　　任务三　观察资料处理 ……………………………………………………（219）
参考文献 ………………………………………………………………………（222）

项目一 信息收集与处理认知

知识目标 通过本章的学习,使学生认识信息的重要性,了解信息收集的类型,了解信息收集与处理的过程。

技能目标 通过学习并运用相关知识点,使学生掌握信息的重要性,培养学生的信息意识,掌握信息收集处理的过程,为学习掌握其他各项目内容打下良好的基础。

当今社会是一个瞬息万变的信息社会,各类企业要想立足于不败之地,有赖于信息的收集与处理。同样,在职场中,只有擅长信息收集与处理的人才能最终成为赢家。秘书人员作为领导的参谋助手,要为领导及时、准确、全面地做好信息工作。因此,牢固掌握信息收集与处理的基础理论和基本技能,并能在实际工作中加以灵活运用,秘书工作才能游刃有余、得心应手。

在项目一中,教师带领学生掌握什么是信息,信息的重要性,信息收集的类型,并了解信息收集与处理的过程。

任务一　认知信息
任务二　认知信息收集的类型
任务三　信息收集与处理的过程

任务一　认知信息

一、信息的概念

信息作为一个科学术语被提出和使用,可追溯到 1928 年 R. V Hartly 在《信息传输》一文中的描述。他认为:信息是指有新内容、新知识的消息。目前对"信息"这个概念的描述很多很繁杂,一般来讲,可分为狭义的信息和广义的信息。狭义的信息包括形式化信息和效用信息。所谓效用信息,就是某些人在定义信息时要求的具有新颖性、价值性等特点的信息,以及那些被人们认为具有某种经济、政治、军事或其他社会价值的信息。广义的信息包括狭义的信息以及目前被很多学者认为属于信息的东西,如被表述出来的感觉和认知、书本知识、各种数据资料、消息以及一些尚未被辨识的事物之间的某些联系等。

二、信息的特征

1. 可识别性

信息是可以识别的,对信息的识别又可分为直接识别和间接识别。直接识别是指通过人的感官的识别,如听觉、嗅觉、视觉等。间接识别是指通过各种测试手段的识别,如使用温度计来识别温度、使用试纸来识别酸碱度等。不同的信息源有不同的识别方法。

2. 传载性

信息本身只是一些抽象符号,如果不借助于媒介载体,人们对于信息是看不见、摸不着的。一方面,信息的传递必须借助于语言、文字、图像、胶片、磁盘、声波、电波和光波等物质形式的承载媒介才能表现出来,才能被人所接收,并按照既定目标进行处理和存储。另一方面,信息借助媒介的传递又是不受时间和空间限制的,这意味着人们能够突破时间和空间的界限,对不同地域、不同时间的信息加以选择,增加利用信息的可能性。

3. 不灭性

不灭性是信息最特殊的一点,即信息并不会因为被使用而消失。信息是可以被广泛使用、多重使用的,这也导致其传播的广泛性。当然,信息的载体可能在使用中被磨损而逐渐失效,但信息本身并不会因此而消失,它可以被大量复制、长期保存、重复使用。

4. 共享性

信息作为一种资源,不同的个体或群体在同一时间或不同时间可以共同享用。这是信息与物质的显著区别。信息交流与实物交流有本质的区别。实物交流,一方有所得,必使另一方有所失。而信息交流不会因一方拥有而使另一方失去拥有的可能,也不会因使用次数的累加而损耗信息的内容。信息可共享的特点使信息资源能够发挥最大的效用。

5. 时效性

信息是对事物存在方式和运动状态的反映,如果不能反映事物的最新变化状态,它的效用就会降低。即信息一经生成,其反映的内容越新,价值越大;时间延长,价值随之减小,一旦信息的内容被人们了解了,价值就消失了。信息使用价值还取决于使用者的需求及其对信息的理解、认识和利用的能力。

6. 能动性

信息的产生、存在和流通,依赖于物质和能量,没有物质和能量就没有信息。但信息在与物质、能量的关系中并非是消极、被动的,它具有巨大的能动作用,可以控制或支配物质和能量的流动,并对改变其价值产生影响。

三、信息的分类

信息的分类有许多不同的准则和方法。

按照性质,信息可分为语法信息、语义信息和语用信息。

按照作用,信息可分为有用信息、无用信息和干扰信息。

按照应用部门,信息可分为工业信息、农业信息、军事信息、政治信息、科技信息、文化信息、经济信息、市场信息和管理信息等。

按照携带信息的信号的性质,信息可分为连续信息、离散信息和半连续信息等。

按照事物的运动方式,信息可分为概率信息、偶发信息、确定信息和模糊信息。

按照存在形态,信息可分为数据信息、文本信息、声音信息和图像信息。

四、信息的重要性

信息在现代经济生活中的作用越来越大,已经成为市场竞争的重要手段。对于企业来说,信息的重要性更是不言而喻。缺乏信息,即使有了资金、厂房、物资和能源,企业想要生存和发展也十分困难,因为企业没有生命力。因而,信息是最重要的资源,谁占有的信息多、掌握的信息准确,谁就有了权威,有了制胜的先机。

然而,随着现代社会人们获得信息的渠道越来越广泛,除了报纸、广播和电视等传统渠道,互联网、手机以及目之所及的户外大屏幕等新型渠道的加入,使得人们获取各类信息的途径不断增加,尤其是人们对信息重要程度的认识越来越普及和深入,信息垄断被打破,大量的信息被人们所共享。这里就会出现一个问题,同样的信息为什么有的人可以拿它做出很好的文章,而有的人则听了、看了就过去了,一点痕迹和波澜都没有留下。其实这两种结果反映的正是信息的一个最大特点,即先有事实信息,后有价值判断。对于同样的信息,每个人都有自己的价值判断,这就是"是"与"应该"的区别。就像在当前复杂动荡的国内外经济形势下,公众特别是许多企业界人士通过各种渠道对各种相关信息都很关注,许多的事实信息都摆在眼前,但每个人对这些信息做出的价值判断却不尽相同,有些人从这些信息得出令己悲观、失望的结论,而有些人则对这些信息进行筛选、归纳、分析,为企业找到了一条在逆境中生存发展的路子。

任务二 认知信息收集的类型

一、信息收集的分类

信息收集的类型很多,从不同的角度划分,有不同的调查类型。

根据调查研究的范围,信息收集可分为普查和抽样调查、典型调查和个案调查。

根据调研任务的性质,信息收集可分为理论性调查研究和应用性调查研究。

根据调查研究的作用和目的,信息收集可分为探索性调查研究、描述性调查研究和解释性调查研究。

根据调查的时间性,信息收集可分为横剖式调查研究和纵贯式调查研究。

根据调查的基本方式方法,信息收集可分为统计调查(或问卷调查)与实地研究(或蹲点调查)。

根据调查研究的层次,信息收集可分为宏观调查研究与微观调查研究。

根据调查的区域性,信息收集可分为农村调查与城市调查、地区性调查与全国性调查。

根据调研题目的范围,信息收集可分为综合性调查与专题性调查,前者的内容广泛,后者的内容单一。

根据调查研究的领域,信息收集可分为各种专题调查,如家庭调查、舆论调查(或民意测验)、人口调查、企业调查、市场调查等。

根据资料分析方法,信息收集可分为定性研究与定量研究。定性研究是采用观察、访问等方法收集文字材料,然后对这些材料进行定性分析;定量研究是对由问卷、调查表、统计报表收集来的数据资料进行定量分析。

任何具体的调查研究都不纯粹是某种类型的,如某一项调查可能既具有理论性,也具有应用性;既采取横向分析,也采取纵向分析;既描述现象,也解释现象。

二、常见的信息收集类型

本书着重介绍根据调查研究的范围划分出来的普查和抽样调查、典型调查和个案调查。

1. 普查

普查也称整体调查或全面调查,是为了解总体的一般情况而对较大范围的地区或部门中的每个调查对象都无一例外地进行调查。普查一般是调查属于一定时点上的社会经济现象的总量,但也可以调查某些时期现象的总量,乃至调查一些并非总量的指标。普查涉及面广,指标多,工作量大,时间性强。为了取得准确的统计资料,普查对集中领导和统一行动的要求最高。

普查的特点是:资料准确性、精确性和标准化程度较高,可以统计汇总和分类比较;调查的结论具有很高的概括性和普遍性;普查的调查项目较少,资料缺乏深度;普查所需要的时间、人力和经费很多。

2. 抽样调查

抽样调查是一种非全面调查，它是从全部调查对象中抽选一部分单位进行调查，并据以对全部的调查对象做出估计和推断的一种调查方法。显然，抽样调查虽然是非全面调查，但它的目的却在于取得反映总体情况的信息资料，因而，也可以起到全面调查的作用。根据抽选样本的方法，抽样调查可以分为概率抽样和非概率抽样两类。概率抽样是按照概率论和数理统计的原理从调查研究的总体中，根据随机原则来抽选样本，并从数量上对总体的某些特征做出估计推断，对推断出可能出现的误差可以从概率意义上加以控制。抽样调查常与问卷方法相结合。

3. 典型调查和重点调查

典型调查是指根据调查研究的目的，在若干同类调查对象中选取一个或几个有代表性的调查对象进行系统的、周密的调查研究，从而认识这一类调查对象的本质特征和发展规律，找出具有普遍意义和有价值的经验和值得借鉴的教训。典型调查的优点是了解的事物生动具体，资料详尽，对问题的研究深入细致，调查方法灵活多样。典型调查的调查者可以长期蹲点，深入实际，直接观察，也可以开调查会或进行个别访问，投入的人力也不多。但调查的面较窄，难以反映事物的全貌。在调查中：一是要选好典型，要有代表性，不能以偏概全；二是要具体分析典型产生的环境和客观条件；三是要充分收集和占有材料，反映典型的本来面目，揭示事物的本质和发展变化规律，不能浅尝辄止；四是要根据事物发展的需要、组织管理目标和实际工作的发展趋势，注意典型的推广价值和借鉴价值；五是制定重大决策服务的典型调查，往往采用统计调查或抽样调查等具体方法，以便更加充分全面地占有资料，从而为制定重大决策提供更为翔实的资料。

重点调查是从调查对象的总体中主观选取少数单位进行调查，并通过这些单位的情况来反映总体的情况。重点调查的特点是：调查目的主要是要掌握和了解调查总体的状况；调查对象不一定要有代表性或典型性；调查比较省时省力，调查结果可反映全局情况；适用范围较小，调查项目较少且缺乏深度。

4. 个案调查

个案调查也是从总体中选取一个或几个调查对象进行深入研究，它的作用不是由个体推论总体，而是要深入、细致地描述一个具体单位的全貌和具体的社会过程。与典型调查不同的是，个案调查不要求调查对象具有代表性或典型性，它不试图以少量来概括或反映总体的状况。个案调查是深入研究某个点，抽样调查则是要了解某个面。

任务三　信息收集与处理的过程

一、基础知识

信息收集与处理的一般程序可划分为五个阶段，即选题阶段、准备阶段、调查阶段、研究阶段和总结阶段。

1. 选题阶段

选择一个合适的调查课题并不是一件容易的事,调查课题一经确定,整个调查活动的目标和方向也就随之确定。从一定程度上说,调查课题决定着调查成果的好坏优劣。因此,正确地选择调查课题是做好社会调查的前提。

2. 准备阶段

准备阶段是整个信息收集与处理的起始阶段,其主要任务体现在四个方面。一是明确课题研究的目的、意义和要求。二是选取调查对象。调查信息源于调查对象,除普查以全部个体作为调查对象外,其他的调查只需取其中一部分,甚至一个个体,对于一项具体的调查,部分调查对象的确定是要依据科学的方法选取的,如抽取样本、选择典型或确定个案。三是制订信息收集与处理方案。其主要工作包括设计调查指标和总体调查方案,并对设计的调查方案进行可行性研究。四是组建调查队伍。组建调查队伍是顺利完成调查任务的基本保证。调查者要根据调查任务的大小,选定人员,明确分工,制定纪律,组织训练,认真执行。

3. 调查阶段

调查阶段是信息收集与处理方案的实施阶段,也是最重要的阶段。调查阶段的主要任务是:按照调查设计的要求收集有关的资料;在调查阶段的初期,调查者应尽快打开调查工作的局面,注重材料收集工作的质量;在调查阶段的中期,调查者应注意总结前阶段调查工作的经验与问题,提出新对策,以确保后阶段的调查质量;在调查阶段的后期,调查者要对已有的调查资料进行质量检查和初步整理工作,以便及时发现问题,就地补充调查。

4. 研究阶段

研究阶段是信息收集与处理的深化、提高阶段,是从感性认识向理性认识飞跃的阶段。研究阶段的主要任务是:对相关资料进行审核、整理与统计,区分真假,消除资料中的假、错、缺、冗现象,以保证资料的真实、标准、准确和完整。在此基础上,对审核整理后的材料和统计分析后的数据进行思维与加工,揭示事物的内在本质,说明事物的前因后果,预测事物的发展趋势,做出理论说明。社会调查能否出成果以及成果作用的大小在很大程度上就取决于这个阶段的工作。

5. 总结阶段

总结阶段的主要任务是:撰写调查研究报告;应用调查研究成果;评估调查质量和总结调查工作。

调查研究报告应着重说明调查结果或研究结论,并对调查过程、调查方法以及调查中的一些重要问题等进行系统的叙述和说明。评估调查结果,可从学术角度和社会应用角度评估,其实质是在实践中应用调查结论和检验调查结论的过程。总结调查工作,包括整个调查工作的总结和参与者的个人总结。通过总结,积累成功的经验,吸取失败的教训,为今后更好地进行社会调查打下基础。

二、实务指导

1. 案例示范

案例一　信息收集对企业的重要作用之益达口香糖口味测试①

大家不要小看口香糖,虽然它体积很小,价格也不是很贵,但这样的口香糖都有很多的牌子,如绿箭、黄箭、白箭、益达、劲浪、乐天、好丽友、魄力、贝洁和海太等。口香糖的消费者群体是很大的,基本上学生都有吃口香糖的习惯,还有中青年吃口香糖也比较多,想一想这一群体消费是多么得乐观。但是,有很多的口香糖牌子,市场竞争是那么得激烈,如果企业想更多地保持现有的市场占有率,并且不断地扩大市场占有率,只有不断地改进产品和推出新产品,不然企业永远都不会前进的,只有灭亡。社会竞争是残酷的,市场是不相信眼泪的。

我们都知道现在市场现有的口香糖口味就只有薄荷、无糖水果味。益达口香糖就很有创新意识,他们把薄荷和水果味混合一体,一个口香糖就能吃出两种味道。他们目前开发了四种新口味,分别是木糖醇无糖蜜桃薄荷味、木糖醇无糖红莓薄荷味、木糖醇无糖猕猴桃薄荷味和木糖醇无糖蜜青柠檬薄荷味。虽然这些味道都很有创意,消费者中有喜欢买有新颖性产品的尝试性,社会是不断地变化的,产品也该不断变化。但是不一定是新的就能让消费者喜欢,就需要做一个市场调查,也叫口味测试。

益达口香糖的访问员就在成都人流量很大的地方找平时喜欢吃口香糖的人,把他们带到茶楼去品尝,做口味测试,再给他们的产品提意见,主要问他们品尝口香糖的味道合适程度和清凉程度,水果味和薄荷搭配合适程度,口香糖的软硬程度。品尝后访问员问他们购买的兴趣程度怎么样。通过几天的口味测试,大部分人都比较喜欢这些口味,只有青柠檬薄荷味不受消费者的喜欢。益达公司收集了这几天的市场调查的结果,可以看出消费者还是喜欢这些口味的。公司现在已经在2007年下半年推出木糖醇无糖蜜桃薄荷味、木糖醇无糖红莓薄荷味和木糖醇无糖猕猴桃薄荷味。益达公司推出这些产品后给自己带来很好的经济利益,而且还扩大了市场占有率,所以,市场调查对企业的发展起到了很大的推动作用,甚至成为关系企业命运成败的关键。

案例二　信息收集对企业的重要作用之丰田凯美瑞汽车调查②

长期以来,中高级轿车一直都是雅阁在中国内地的销售冠军,为了打破这种格局,丰田公司不惜花重金在各大型城市做调查。丰田公司委托调查公司进行丰田凯美瑞汽车调查。调查对象的选择有很多的限制,首先要限制本人和家人不能在媒体、市场调查公司、汽车销售、广告公司这些行业工作。还有车型的限制,只能选择三厢轿车车主;还有车主年龄和购车年份的限制,而且还要求调查录音,以此来保证调查的真实性。

关于丰田凯美瑞的调查,不光调查凯美瑞,还要调查雅阁、天籁、马自达6、锐志、君越、帕萨特、领域、蒙迪欧、凯旋和御翔。这些车的价位基本都包括市场上19万~30万的中高级轿车。

---

① http://blog.sina.com.cn/s/blog_806d83550100vd0y.html。
② http://cache.baiducontent.com。

调查主要内容是广告效果的研究,就是通过看汽车广告对买车的影响几率有多大,同时让更多的人来了解和购买凯美瑞。

我们调查凯美瑞后,车主就会认为丰田公司的售后服务很好,对公司就会有更好的印象了,他就愿意介绍朋友来买丰田公司的汽车。我们调查其他的轿车,就问消费者这款汽车哪些地方你认为比较好,为什么要购买此车。丰田公司把其他车主的意见收集在一起,看自己的汽车不足的地方,就借鉴过来通过技术去改进,让他们更满意。通过这次调查让那些不知道凯美瑞的车主可以更多地了解它,如果他以后自己换车或者增购汽车,就会考虑买凯美瑞了,像朋友或者亲戚买车,他就会推荐凯美瑞。

2. 案例启示

由以上两个案例我们可以看出信息收集的重要性。新产品的开发和推广需要详尽的市场信息的收集和调查,同样,产品要开拓市场、提高市场占有率,也要靠市场信息的收集和调查。

三、实务训练

1. 实训目的

能够广泛收集案例,认识信息的重要性。

2. 实训要求

(1) 收集能够体现信息重要性的企业案例。

(2) 至少收集2个体现信息重要性的企业案例。

四、知识回顾

1. 信息的特征有哪些?
2. 做好普查工作应注意哪些问题?
3. 重点调查、个案调查和典型调查有哪些相同点和不同点?
4. 概率抽样有哪些具体方法?各有何特点?
5. 非概率抽样有哪些具体方法?各有何特点?
6. 信息收集与处理主要有哪些程序?

拓展资料1 普查案例

第六次全国人口普查方案[①]

为科学有效地组织实施第六次全国人口普查,根据《全国人口普查条例》,制订本方案。

一、总则

(一) 第六次全国人口普查的目的是查清2000年以来我国人口数量、结构、分布和居住环境等方面的变化情况,为科学制定国民经济和社会发展规划,统筹安排人民的物质和文化

---

① http://www.shaanxi.gov.cn/0/1/6/17/965/969/86436.htm。

生活,实现可持续发展战略,构建社会主义和谐社会,提供真实准确、完整及时的人口统计信息支持。

(二)人口普查工作,按照"全国统一领导、部门分工协作、地方分级负责、各方共同参与"的原则组织实施。

国务院和地方各级人民政府设立第六次全国人口普查领导小组及其办公室,领导和组织实施全国和本区域内的人口普查工作。

村民委员会和居民委员会设立人口普查小组,做好本区域内的人口普查工作。

领导小组各成员单位按照各自职能,各负其责、通力协作、密切配合。

(三)人口普查所需经费,由国务院和地方各级人民政府共同负担,并列入相应年度的财政预算,按时拨付,确保足额到位。

人口普查经费应当统一管理、专款专用,从严控制支出。

(四)各级宣传部门和人口普查机构应采取多种方式,积极做好人口普查的宣传工作,为人口普查工作的开展营造良好的社会氛围。

(五)人口普查实行严格的质量控制制度。地方各级人口普查机构主要负责人对本行政区域人口普查数据质量负总责,确保人口普查数据真实、准确、完整、及时。

二、人口普查的标准时点、对象和内容

(六)人口普查的标准时点是2010年11月1日零时。

(七)人口普查对象是指普查标准时点在中华人民共和国境内的自然人以及在中华人民共和国境外但未定居的中国公民,不包括在中华人民共和国境内短期停留的境外人员。

(八)人口普查采用按现住地登记的原则。每个人必须在现住地进行登记。普查对象不在户口登记地居住的,户口登记地要登记相应信息。

(九)人口普查以户为单位进行登记,户分为家庭户和集体户。

以家庭成员关系为主、居住一处共同生活的人口,作为一个家庭户;单身居住独自生活的,也作为一个家庭户。

相互之间没有家庭成员关系、集体居住共同生活的人口,作为集体户。

(十)人口普查登记的主要内容包括:姓名、性别、年龄、民族、国籍、受教育程度、行业、职业、迁移流动、社会保障、婚姻、生育、死亡、住房情况等。

(十一)人口普查表分为《第六次全国人口普查表短表》和《第六次全国人口普查表长表》。普查表长表抽取10%的户填报,普查表短表由其余的户填报。

在境内居住的港澳台和外籍人员,在现住地进行登记,填写供港澳台和外籍人员使用的普查表短表。

(十二)2009年11月1日至2010年10月31日期间有死亡人口的户,同时填报《第六次全国人口普查死亡人口调查表》。

(十三)人口普查表由国务院第六次全国人口普查领导小组办公室(以下简称国务院人口普查办公室)和国家统计局统一制定,各省、自治区、直辖市人口普查办公室负责印发。

(十四)中国人民解放军现役军人及军队管理的离退休人员,由军队领导机关统一进行普查、汇总。

军队各类单位中服务的职工、文职人员、非现役公勤人员以及家属、保姆等,在军队营院内居住的,由军队机关负责普查,普查表移交当地人民政府指定的人口普查机构;不在军队

营院内居住的,由地方人口普查机构负责普查。

(十五)中国人民武装警察部队,由武警机关负责普查登记,普查表移交当地人民政府指定的人口普查机构。

武警部队各类单位中服务的职工、非现役公勤人员以及家属、保姆等,在武警部队营院内居住的,由武警机关负责普查,普查表移交当地人民政府指定的人口普查机构;不在武警部队营院内居住的,由地方人口普查机构负责普查。

(十六)驻外外交机构人员、驻港澳机构人员、其他各驻外机构人员以及派往境外的专家、职工、劳务人员、留学生、实习生、进修人员等,由其出国前居住的家庭户或者集体户申报登记。

(十七)依法被判处徒刑、劳动教养的人员,由当地公安机关和监狱、劳教机关进行普查,普查表移交县、市人口普查办公室。

三、人口普查的宣传工作

(十八)各级宣传部门和人口普查机构应制订宣传工作方案,深入开展普查宣传。

(十九)各级宣传部门应组织协调新闻媒体,通过报刊、广播、电视、互联网和户外广告等多种渠道,宣传人口普查的重大意义、政策规定和工作要求,积极营造良好的人口普查氛围。

(二十)各级人口普查机构要组织开展形式多样的宣传活动,动员社会各界支持、参与人口普查工作。

四、普查指导员、普查员的借调、招聘和培训

(二十一)每个普查小区至少配备1名普查员,每个普查区至少配备1名普查指导员,原则上4至5个普查小区配备1名普查指导员。

普查员负责人口普查的入户登记等工作,普查指导员负责安排、指导、督促和检查普查员的工作,也可以直接进行入户登记。

(二十二)普查指导员和普查员应当由具有初中以上文化水平、身体健康、认真负责、能够胜任人口普查工作的人员担任。

(二十三)普查指导员和普查员可以从党政机关、社会团体、企业事业单位借调,也可以从村民委员会、居民委员会或者社会招聘。借调和招聘工作由县级人民政府负责。

借调的普查指导员和普查员在普查任务完成以前,不得随意更换。

(二十四)借调的普查指导员和普查员的工资由原单位支付,其福利待遇保持不变,并保留其原有的工作岗位。

招聘的普查指导员和普查员的劳动报酬,在人口普查经费中予以安排,由聘用单位支付。

(二十五)普查指导员和普查员的借调和招聘工作应于2010年8月底前完成。

(二十六)普查指导员和普查员的培训工作由县级人口普查机构统一组织进行。普查指导员和普查员经过培训并考核合格后,由县级以上人口普查机构颁发全国统一的证件。培训工作应于2010年10月15日前完成。

普查指导员和普查员执行直接面对普查对象的人口普查任务时,应当出示普查指导员证或者普查员证。

任何单位和个人不得冒充人口普查机构、普查人员进行社会调查或者进行欺诈活动。

五、人口普查登记前的现场准备工作

（二十七）人口普查按照划分的普查区域进行。普查区域的划分要坚持地域原则,做到不重不漏,完整覆盖全国。

（二十八）普查区划分以村民委员会和居民委员会所辖区域为基础。每个普查区按照一个普查员所能承担的工作量,划分成若干个普查小区。

普查小区划分工作应于2010年8月底前完成。

（二十九）在人口普查机构统一领导下,公安部门应按照《中华人民共和国户口登记条例》和《第六次全国人口普查户口整顿工作方案》的要求进行户口整顿。户口整顿应当按照普查区域的范围,摸清常住人口、流动人口、无户口和应销未销户口等情况。户口整顿有关资料应当提交同级人口普查机构,供普查登记时参考。

户口整顿工作应于2010年8月底前完成。

（三十）人口普查登记前,普查员要做好摸底工作,明确普查小区的地域范围、绘制普查小区图、摸清人口和居住情况、编制普查小区各户户主姓名底册。

摸底工作应于2010年10月底前完成。

六、人口普查的登记和复查工作

（三十一）人口普查的登记工作,从2010年11月1日开始到11月10日结束。

（三十二）人口普查登记,采用普查员入户查点询问、当场填报的方式进行。普查员应当按照普查表列出的项目逐户逐人询问清楚,逐项进行填写,做到不重不漏、准确无误。

普查表填写完成后,普查员应将填写的内容,向申报人当面宣读,核对无误后,由申报人签字或盖章确认。

（三十三）普查登记时,申报人应当依法履行普查义务,如实回答普查员的询问,不得谎报、瞒报、拒报。

（三十四）普查登记结束后,普查指导员应当组织普查员按照规定的方法进行全面复查,发现差错,应重新入户核对,经确认后予以更正。

复查工作应于2010年11月15日前完成。

（三十五）复查工作完成后,国务院人口普查办公室统一组织事后质量抽查。

事后质量抽查工作应于2010年11月底前完成。

（三十六）人口普查对象提供的资料,应当依法予以保密。

人口普查中获得的能够识别或者推断单个普查对象身份的资料,任何单位和个人不得对外提供、泄露,不得作为对人口普查对象作出具体行政行为的依据,不得用于人口普查以外的目的。

人口普查数据不得作为对地方人民政府进行政绩考核和责任追究的依据。

七、人口普查数据的汇总、发布和管理

（三十七）人口普查表经复查后,按照统一规定的标准进行编码。

编码后的普查表经复核、检查验收合格后,方可交付录入。

（三十八）《第六次全国人口普查表短表》、《第六次全国人口普查表长表》,以普查小区为单位分别装入不同的包装袋。《死亡人口调查表》以普查区为单位装入相应的包装袋。

普查资料在运送过程中,必须妥善包装,专人护送,保证完整无损。运送单位和接收单位应当按规定的程序办理交接手续。

（三十九）人口普查数据由人口普查机构负责进行数据处理。录入采用光电录入的方式，数据录入、编辑、审核、汇总程序由国务院人口普查办公室统一下发。

（四十）人口普查机构对普查登记的主要数据，先进行快速汇总。国家统计局和国务院人口普查办公室对数据进行审核后发布主要数据公报。各省、自治区、直辖市的主要数据应于国家公报发布之后发布。

（四十一）国务院人口普查办公室应于2011年12月31日前完成人口普查全部数据的汇总工作。

（四十二）人口普查数据处理工作结束后，原始普查表按国务院人口普查办公室的统一规定销毁。

（四十三）数据处理形成的单个普查对象的资料，由国务院人口普查办公室和各省、自治区、直辖市人口普查办公室负责管理。

（四十四）国务院人口普查办公室和各省、自治区、直辖市人口普查办公室应编制普查报告书，分别向国务院和各省、自治区、直辖市人民政府报告工作。

（四十五）各级人口普查机构应做好人口普查资料的开发和应用，为社会公众提供查询、咨询等服务。

八、人口普查的质量控制

（四十六）人口普查实行质量控制岗位责任制，普查人员应认真履行职责，严格执行岗位工作规范，保证各自的工作质量达到规定的标准。

（四十七）各级人口普查办公室应对人口普查实施中的每个环节进行监督检查，收集、整理、分析工作质量情况，对发现的问题，要及时研究解决。

（四十八）在人口普查登记、快速汇总、编码、数据处理各环节实行质量验收制度。验收不合格的必须返工，直至达到规定的质量验收标准方可转入下一工作环节。

九、其他

（四十九）对认真执行本方案，忠于职守，坚持原则，在人口普查工作中作出显著成绩的单位和个人，按照国家有关规定给予表彰奖励。

（五十）违反本方案规定的，依据《中华人民共和国统计法》、《全国人口普查条例》等追究法律责任。

（五十一）香港特别行政区、澳门特别行政区的人口数，按照香港特别行政区政府、澳门特别行政区政府公布的资料计算。

台湾地区的人口数，按照台湾地区有关主管部门公布的资料计算。

（五十二）交通极为不便的地区，需采用其他登记时间和方法的，须报请国务院人口普查领导小组批准。

（五十三）国务院人口普查办公室可以根据本方案制定各项具体工作实施细则。

（五十四）本方案由国务院人口普查办公室负责解释。

拓展资料2　抽样调查案例

6000家企业样本调查：经营环境倒退至2008年前①

2008年金融危机以来，中国企业的经营环境是更好还是更坏？

11月22日，中国经济改革研究基金会国民经济研究所所长樊纲在2011年中国企业竞争力年会上公布的调研报告提供了一份数据参照。

这项跟踪了十多年，涉及6000多家企业的企业经营环境调查显示，2010年中国企业经营环境的七个方面，除了"中介组织和技术服务"、"企业经营的社会环境"两项的评价比2008年略有好转外，企业对"人力资源供应"、"金融服务"、"企业经营的法制环境"、"政府行政管理"、"基础设施条件"五个项目的主观评价均低于2008年。

值得注意的是，在2010年的评分中，小型企业和中型企业分别占到被调查企业总数的49%、41%以上。

樊纲表示，减少对地方的微观干预，改善政府和市场关系，改善政府和企业关系，应该是中国经济体制改革的一个重要方向。

中国社科院副院长李扬、国务院发展研究中心副主任刘世锦在上述会议也呼吁，下一阶段国家要尽快打破垄断，推动民营企业进入城市基础设施、保障性住房建设以及其他服务业领域，并发展多层次的资本市场（包括OTC市场），为小企业融资服务提供支持。

一、企业经营环境倒退

根据樊纲发布的上述调研成果，2010年与2008年相比，中国企业经营环境的七类分项中有5项出现倒退。

在2010年企业经营环境评价中，分数倒退最多的是"基础设施条件"，得分为3.19，而2008年的得分为3.57。分差居次席的是"企业经营的法制环境"，2010年的得分为3.1，2008年为3.24。

此外，"人力资源供应"、"金融服务"、"政府行政管理"的得分也有小幅下降。

反观2008年，前述企业经营环境的7个项目得分均比2006年明显拔高，这显示从2006—2008年，企业的经营环境改善明显。但是到了2010年却出现相当程度的倒退。

樊纲指出，2008年之前金融服务等方面都是有所改善的，企业的主观评价在2010年出现下降，与国内外经济形势的变化有关。此外，2010年的被调查的企业中，90%是中小企业。

调研报告不仅进行了纵向比对，也对各个省份的企业经营环境进行了横向比对。2006年、2008年和2010年的数据显示，经营环境评价靠前的主要是东部沿海发达省份，其中上海市一直稳坐第一把交椅。

2010年的前五名分别为上海、江苏、天津、浙江和北京。而中西部地区除了重庆有大幅度提升外（2010年排第11名，2008年第17名，2006年第20名），大多省份排名比较靠后，且进步不明显。

---

① http://business.sohu.com/20111123/n326545265.shtml。

樊纲建议，国家要提高企业的竞争力，就需要在政策上松绑，地方政府也应该进行思考，"我们如何在各个方面改善，改革我们的制度，调整我们的政策，清理我们的各种政策，减少对地方微观干预，改善政府对企业的服务，改善各复杂制度环境，使我们企业做得更好"。

二、政府"微观干预"亟待退出

"呼吁政府认真清理、彻底清理，现在所谓的'微观干预'这些问题。"樊纲建议，下一阶段应尽快打破垄断，尽快对民营企业开放市场。

据记者了解，上述关于"政府行政管理"的调研内容，就涉及"地方政府对企业是否干预过多"、"市场准入限制过多"、"行政执法机关（工商、税务、质检）执法效率"、"企业集资、摊派或其他非税上缴相当于企业销售收入的比重"、"企业经营者与各政府部门及其工作人员打交道的时间比例"等具体内容。

而政府能否放开管制，让中小企业、民营企业尽快得到发展，将关系中国企业竞争力能否快速提升。

根据统计，目前中国内地有50多家企业进入世界500强，这些企业相对集中在垄断型、基础性产业，大部分是央企。

刘世锦指出，这与巴西、墨西哥等国类似。这些国家因为垄断行业没有放开，私营和中小企业经济没有很好发展，导致人均GDP无法迈入高收入国家行列。而日本、韩国等国家的人均GDP得以进入高收入国家行列，得益于其民营企业的壮大。

因此，刘世锦建议，下一步需要放宽准入，鼓励产业竞争，推动效率提升和产业升级。特别是对基础行业和服务业放宽准入和鼓励竞争，应该成为下一步改革重点，并且力争在比较早的时间内能够取得比较实质的进展。

中国社科院副院长李扬则认为，目前中国的基础设施和保障性住房投资，主要依赖政府和银行资金，走的仍是融资平台的路子，这很容易形成坏账。为此，需要积极推动民营企业进入城市基础设施和保障性住房建设领域，用市场化手段解决地方融资平台债务问题。要发展多层次的资本市场，为中小企业融资服务。

拓展资料3　典型调查案例

电信收费"黑洞"到底多深①

当电话的普及率越来越高，当打电话、发短信、上网成为我们每天不可缺少的生活内容，当"拇指经济"开始锋芒毕露，电信收费"黑洞"也越来越成为消费者"讨伐"的众矢之的。本月初，随着信息产业部的一纸令下，我国开始专项整治规范电信收费。到底有多少人遭遇过电信收费"黑洞"？到底是怎样"栽"进收费"黑洞"的？有此遭遇的人是否积极维护自己的权益？

《四川日报》社会·体育部与四川在线联合，在网上进行了调查，调查结果显示，绝大多数消费者曾"栽"进"黑洞"，但其中近半消费者都选择忍气吞声，不了了之。

---

① http://sichuandaily.scol.com.cn/2006/02/14/20060214235321465.533.htm。

事件一：在出版社工作的徐先生平时很少发短信，看到一些陌生号码或特殊号码发来的短信也从来没有回复过。但1月中旬在网上营业厅查询自己手机11月的通话详单时，徐先生却发现被一SP商扣取了10元的包月费，而徐先生并未向该服务号码发送过任何申请或确认定制服务的信息。由于被扣取的金额不大，而且去年11月之前和之后都没有发现被扣记录，对此徐先生表示不想追究此事。

事件二：在某省级机关工作的陈先生现在看到手机上的未接来电除了熟悉的号码，再也不主动打过去了，因为前不久他才吃过一回哑巴亏。1月中旬的一天晚上，和朋友聚会后回家的陈先生发现手机上有一个未接来电。他以为是刚认识的朋友就随手拨了过去。先是听到一阵音乐和新年祝福，陈先生还以为是主人设置的彩铃，但大约1分钟后语音却突然提示进入了声讯台。陈先生这才发现手机显示已通话近两分钟。第二天，越想越不对劲的他上网查通话详单，发现昨晚那个电话被扣取话费9.6元。与徐先生一样，陈先生也表示不打算对此进行投诉。

事件三：在银行工作的石先生从来不关心自己的手机费用，直到有一天一个朋友上网帮他查询通话详单时才发现，1月他的手机被一SP商扣取了122元服务费，每接收一条信息的资费标准竟高达2元！吃惊的石先生随即向电信运营商的客服电话进行了申诉。客服中心将SP商的客服电话提供给了石先生，建议他直接与其联系。石先生顺利地拿回了被扣掉的话费。

事件四：成都的马先生2004年12月与某电信公司签订了IP长途电话服务协议，预缴了200元话费。由于一家人很少打长话，一年后话费余额还剩150余元。马先生接到公司通知，称所预缴的话费有效期为一年，系统将自动默认为作废。马先生认为协议中并没规定有效期，但多次交涉无果。后在消协的调解下，马先生与公司达成了话费有效期延期半年的口头协议。

事件五："好久没见了，最近还好吗？""新年快乐！"……相信许多手机用户都收到过这样莫名其妙、来自陌生号码的短信。去年10月，经营服装店的冯女士随手回复了一条："你是谁？"谁知道，连续几个月她的手机每月都被一SP商扣掉8元钱短信包月费。对方客服人员经简单查询后，默认了对该手机号的"捆绑"，并进行了补偿。

拓展资料4 重点调查案例

<h2 style="text-align:center">山西重点企业现状调查结果[①]</h2>

日前，国家统计局山西调查总队对山西省的重点企业进行了调查，调查显示如下。

一、重点企业多数实现股权结构多元化

据国家统计局山西调查总队近期调查显示，山西省重点企业积极吸纳非国有经济成分参股，股权结构多元化格局初步形成。在被调查的全省76家重点企业中的67家已改制企业中，有64家企业按照《公司法》的规定，进行了清产核资、界定产权，建立了明确的出资人制度，占改制企业总数的95.5%，股东持股形成了多元化的结构，企业出资法定人数在2~5

[①] http://www.gzw.dl.gov.cn/article/2006/0518。

人的有30家,占有明确出资人企业总数的46.9%;在5人以上的有15家,占23.4%,表明在建立了明确的出资人制度的企业中已有七成企业改变了国家作为企业唯一出资人的旧格局,新的多元化投资主体已经形成气候。多元化的股权结构,对扩大投资渠道,促进政企分开,都形成了有利的条件。

二、五成以上重点企业建立商业网站

企业网站是展现企业形象、扩大知名度、介绍产品和服务、体现企业发展战略的重要途径。国家统计局山西调查总队对山西省重点企业就网站的建立情况进行了问卷调查,调查结果表明,2005年76家重点企业中已有55.3%的企业建立了商业网站,同比增长了3.3个百分点。在已建立了商业网站的重点企业中,从企业规模看,以大型企业为主,所占比例为64.3%;从登记注册类型看,以改制企业为主,所占比例为95.2%。

三、重点企业市场占有率亟待提高

市场占有率对企业至关重要,一方面它是反映企业经营业绩最关键的指标之一,另一方面它是企业市场地位最直观的体现。市场占有率越高,产品的知名度和影响力越大。国家统计局山西调查总队调查显示,从企业在国内市场的占有率看,山西省76家重点企业主要产品(服务)国内市场占有率在50%及以上的企业有6家,占7.9%,在20%~50%的企业有7家,占9.2%;在10%~20%的有16家,占21.1%;在1%~10%的有28家,占36.8%;1%以下的有19家,占25%。可见山西省重点企业的市场占有率多数还不高,这就要求企业必须坚持不断地进行技术创新,大力提高产品质量,开发生产新的产品,提供新的服务,提高综合竞争力。

四、熟悉国际商务的企业家偏少

经济全球化是当前社会经济发展的大趋势,与之相适应的是,需要一批熟悉国际商务的人才。国家统计局山西调查总队近期对山西省76家重点企业关于"企业经理层中熟悉国际商务的人员比重"进行的问卷调查显示,熟悉国际商务的企业家仅有4人,只占5.3%,而熟悉国际商务50%左右的企业家有72人,达94.7%。这种涉外人才甚少的现象与国际接轨,特别是加入WTO后,对企业的发展极为不利。面对山西省这种人才匮乏的现状,各级政府和企业应加大国际商务人才的培养力度,同时完善人才引入机制,尽快提高人员素质,只有这样,山西省的企业才能在激烈的市场竞争中立于不败之地,获得生存与发展。

五、重点企业技术创新形势喜人

创新是市场竞争的必然要求,是企业发展的强劲动力。据国家统计局山西调查总队调查显示,2005年,全省76家重点企业中已建立技术中心的有54家,占71.1%,其中,获国家认定的技术中心有10家,占18.5%,获省级认定的技术中心有35家,占64.8%,获其他级别认定的技术中心有9家,占16.7%。技术中心人员经费完全满足或基本满足需要的占75.9%。企业在建立技术中心的基础上用于技术创新的投入明显增加,2005年全省重点企业研究开发费用为21.64亿元,比上年同期增长56.8%,研究开发人员21 217人,比上年同期增长9.3%,研究开发人员劳动报酬比上年同期增长45.1%。企业获得新产品、新技术途径以自主开发、引进技术消化吸收和创新以及与院校科研机构联合开发获得为主,67.1%的企业是通过自主开发获得,61.8%的企业是通过引进技术消化吸收和创新获得,53.9%的企业是通过与院校科研机构联合开发获得。

六、重点企业中采矿业工资高居榜首

煤炭行业是山西省的主要支柱产业,近几年由于煤炭市场需求旺盛,煤炭价格进一步上扬,加之全行业采煤方法改革以及关停改造小煤矿的顺利实施,使全省煤炭行业重点企业经济效益大幅提高,职工工资明显提升。

据山西调查总队调查统计,2005年全省76家重点企业在岗职工工资总额为133.52亿元,同比增长31.1%。其中,采矿业在岗职工工资总额为90.26亿元,同比增长40%,增幅较全省重点企业平均水平高8.9个百分点,居各行业之首。在全省76家重点企业中,采矿业在岗职工工资总额占全省重点企业在岗职工工资总额的67.6%,成为拉动全省重点企业工资总额增长的主要行业之一。2005年煤炭行业在岗职工年人均工资达到24 002.60元,与上年相比增幅达30.4%,比全省76家重点企业在岗职工年人均工资高出2636.82元。

拓展资料5

首席信息官[①]

首席信息官(Chief Information Officer,CIO)的中文意思是信息主管,是负责一个企业信息技术和系统所有领域的高级官员。他们通过指导对信息技术的利用来支持企业的目标。他们具备技术和业务过程两方面的知识,具有多功能的概念,常常是将企业的技术调配战略与业务战略紧密结合在一起的最佳人选。

一、基本概述

在西方工商企业界的眼中,CIO是一种新型的信息管理者。他们不同于一般的信息技术部门或信息中心的负责人,而是已经进入企业最高决策层,相当于副总裁或副经理地位的重要官员。

首次提出CIO概念的不是信息界,而是工商企业界。1981年,美国波士顿第一国民银行经理William R. Synnott和坎布里奇研究与规划公司经理William H. Grube二人在一部著作《信息资源管理:80年代的机会和战略》。自从CXO[②]的职务制度引入中国以来,大多数CXO都找到了在中国的对应职务,唯独CIO例外。一个很重要的原因是因为中国的企业从来就没有类似的职能。随着企业信息化的逐步推进,很多企业开始设置CIO或者类似的职务,而这类职务的职责似乎就想当然地变成了信息化。也正是因为信息化与信息技术的天然联系,CIO在很多人眼中就变成了负责信息技术和企业信息系统的人,或简单地说,就是管技术的人。

二、产生背景

现代企业正常运营,要以物流、资金流和信息流的畅通为基础,与企业信息化进程和企业流程再造密切相关。中国企业纷纷开始设立CIO这个职位。在人们的印象当中,中国的

---

① http://baike.baidu.com/view/139274.htm。
② CXO中的"X"是一种代称,代表现代公司里的一种特定职务。

IT应用市场一贯是金融与电信两大行业唱主角。据统计,2001年中国银行业信息化建设投资的总体规模为260亿元,同年电信业行业信息化的整体市场规模为427.8亿元。

另一个统计数据是,中国2011年中小企业IT应用市场规模高达820.7亿元。这说明中国的IT应用市场已经彻底走过了大户时代,真正开始走进千千万万的中小企业中去了。不论是传统企业还是高科技企业,进行信息化改造都不是件简单的事,它将涉及企业的方方面面,需要整合各方面的资源,从战略高度进行规划。这就需要企业中有一个高层管理人员专门从事信息系统方面的领导工作,CIO这个职位也应运而生。

三、职位设立

一个企业的运营过程,不论其身处哪个行业,其实都是一个信息不断产生、传递、分析到最后删除的过程。对信息进行很好的管理,事实上也就是对企业的运营有一个很好的管理。中国有句老话叫"知己知彼,百战不殆",说的就是信息的重要性。你不知道的,我知道;你知道的,我比你知道得多,知道得快,这样就能赢得胜利。对企业而言,通过及时产生各种运营数据,及时传递到合适的人,对各种海量数据进行及时、准确的分析,并确保数据的安全和完整,一家企业就能建立起竞争优势。

梳理一下逻辑:企业的运营过程,其实就是信息的流转过程;企业设立CIO,目的是对信息进行很好的管理;对信息进行很好的管理,目的是为了建立竞争优势,帮助业务成功。在这个逻辑下,CIO的成功标准其实非常明确:是否帮助企业建立了竞争优势,帮助业务获得了成功。而所谓IT与业务融合的问题,根本就不应该存在,因为CIO本来就是为业务而设立的。

四、职业素质

首先,对企业所属行业的商业流程熟悉。不同的行业其商业流程是不同的,CIO最好能具有相关行业的从业经验。例如,有的CIO听到客户抱怨开发票的时间太长,但如果不了解企业里所有与开发票有关的流程,CIO的解决方案就只能局限于购买更快的打印机。

其次,协调沟通的能力。企业信息化改革所面临的问题是全方位的,涉及企业中的方方面面,需要不同的部门协同工作。如果CIO不擅长沟通,那么他们的许多优秀计划和项目可能很容易"夭折"。比如,在执行过程中会受到用户或其他部门的反对而被迫停止。

最后,具备信息系统规划设计的专业技能。不是一个计算机专业人士就能胜任CIO一职的。一个合格的CIO首先应该考虑的是,业务流程上的每个环节应当如何正确地运用信息来解决业务问题,而不是如何应用信息技术本身。

五、职责分析

1. 战略层面

CIO的职责是挖掘企业信息资源,制定企业信息化战略,合理布局企业信息化,评估信息化对企业的价值等。信息资源规划是CIO的首要职责,信息化的第一步是信息资源规划而不是产品选型。

2. 执行层面

CIO要负责信息流、物流和资金流的整合,完成信息系统的选型实施,收集研究企业内外部的信息从而为决策提供依据,更为重要的是要担当起电子商务管理以及信息工程的监理工作。

3. 变革层面

CIO要协助企业完成业务流程重组，运用信息管理技术重建企业的决策体系和执行体系，同时要对信息编码和商务流程统一标准；不仅要推动企业信息化的软硬环境优化，而且要为CEO当好参谋，与各高层管理者一起促进企业内外部商务环境的改善。

4. 沟通层面

CIO要安排企业信息化方面的培训，发现信息运用的瓶颈，观察研究企业运作中的信息流及其作用，协调沟通上下级关系，打造优秀团队。

六、发展趋势

CIO在企业中的作用是与企业信息化的程度紧密相关的。总体来说，企业信息化一般可分为三个阶段。

在第一个阶段，信息技术的应用是局部的并且相对封闭，主要目的是提高企业内部的劳动生产率。在中国大部分企业，信息化最早的部门是财务部门，财务账本、应收账款、应付账款的手工操作都用软件来替代。在第二阶段，企业信息化主要是保证企业内部信息流的畅通，提高企业的管理效率，建立包含多个子系统的企业办公自动化系统。到这里，企业信息化还远没有发挥它应有的作用。在第三阶段，企业信息化成熟的标志，应当是整个业务流程的信息化，从采购、库存、销售到客户管理。随着中国企业信息化进程的加快，相信CIO将掌握更多的资源也起到更大的作用。毫无疑问，CIO将是一个可以用信息技术提升企业竞争力的重要角色。

项目二 信息收集前期的准备

知识目标 通过本章的学习,使学生掌握信息收集准备的内容与具体过程步骤,掌握社会调查课题确定的内容、社会调查方案的设计内容与方法,掌握社会测量、操作化内涵与方法以及社会调查对象的确定。

技能目标 通过学习并运用相关学习知识点,使学生能够独立确定社会调查课题,开展社会调查方案的设计、进行社会测量与操作化处理并确定将要研究调查的对象。

调查研究的前期准备工作是开展调查研究工作的第一步,也是搞好调查研究工作的关键,具体应当把握四点。一是要围绕调研目的正确选题。首先要目的明确,了解什么问题,解决什么问题,必须做到心中有数,具有较强的针对性。二是要围绕调查课题进行初步思考。围绕调查研究任务,注意收集积累相关资料,对了解的问题、主要观点和分歧意见等要有一个大致了解,提高主动性、预见性和针对性。三是要对调查对象要有所了解和掌握。四是要拟定切实可行的调研提纲。调研提纲应当简明扼要,符合调研主题和工作实际,使调研内容和调查对象能够一目了然,具有可行性和操作性。

任务一　选择确定调查课题
任务二　设计社会调查的总体方案
任务三　社会测量和操作化
任务四　确定调查对象

任务一 选择确定调查课题

一、基础知识

通常情况下,调查研究是从选题即调查课题的确定开始的。调查课题的确定对于我们开展调查研究工作有着关键性的作用。所谓课题,是对特定领域经过提炼和选择的所要说明和解决的问题。它的提出与确定在整个社会调查过程中具有重要的意义:决定着社会调查的总体方向;制约着社会调查的整个过程;关系着社会调查的成果价值;体现着社会调查的研究水平。

爱因斯坦曾说过:"提出一个问题往往比解决一个问题更重要。因为解决问题也许仅是数学或实际上的技能而已,而提出新的问题,新的可能性,从新的角度去看旧的问题,却需要有创造性的想象力,而且标志着科学的真正进步。"所以,能否确定一个具有新意,有创造性、有意义的调查课题直接影响社会研究的结果,也是对研究者的研究水平的重要判断标准。

从宏观角度来看,选择确定调查课题其实是一个连贯的过程。它需要我们在日常生活中的观察(包括对社会中各种现象的洞察和参考相关文献)的基础上提出我们需要解决的问题,即调查课题的确定。在这一过程中我们不仅需要对各种现象的观察和阅读参考相关的文献,更要将思考与反思的精神融入其中,对各种现象与结果需要以怀疑的研究态度对待,这样才会有问题即调查课题的出现,也才会有更多的社会研究成果的出现。

1. 调查课题的内容

调查课题是进行一项调查研究所需要回答和解决的问题,它不仅有对调查目标的确定,也有对进行调查研究任务的明确化,它能够突出和体现调查研究的中心和重点所在。按照不同标准,调查课题可以被划分为不同的类型。

(1) 按照调查研究的目的,调查课题可分为理论课题和应用课题

理论课题是以检验和发展一些理论或假设为目的的,它的主要目标是为了揭示社会中的一些现象的本质和它们的发展规律,以此来回答社会科学和社会实践中的众多领域中的理论问题,但它的课题的研究成果也可能被运用到实际当中。

应用课题则是为了理解认识与解决社会中的问题而确立的课题,其重要目标是为了解决社会中的实际问题以提出解决对策与方案,例如社区养老问题的研究。

(2) 按照调查研究的来源,调查课题可分为自选课题和委托课题

自选课题是研究者根据自己研究的兴趣方向和研究需要而选择的课题,例如从事卫生事业管理专业教学的教授对于新型农村合作医疗保险的研究。

委托课题一般是由一些机构或部门委派而开展进行研究的课题,例如教育部委托的对于当前中小学生素质教育问题的研究。

(3) 按照调查研究的深度,调查课题可分为描述性课题、解释性课题和预测性课题

描述性课题一般重点在于对现象的准确的、周密的描述,它主要回答"是什么"、"怎么

样"的问题。描述性课题一般研究我们所不为熟悉的领域,具有创造的、探索性的意义。

解释性课题则重点在于对所要研究的现象问题的内部机制的相互联系,它主要回答"为什么"的问题,一般具有对现实问题研究的深入探索意义。与描述性课题相比,它的研究过程也更加复杂。

预测性课题是指在解释说明一些社会现象的现状及在它的因果联系的基础上,进一步深入推测社会现象的发展趋势或状况的课题,这种课题一般具有前瞻性与创造性。

2. 选择调查课题的重要性

选择一个正确的调查课题是进行调查研究的良好开端,它影响最终研究的成效与价值大小。

(1) 决定调查的方向

调查课题是一项调查研究所想实现的主要目的或想要完成的主要任务,即是研究者所想要达到的主要目标。调查课题的确立也就意味着研究者的研究目标的确定,若方向确定了,调查研究的方向也确定了。

(2) 体现调查的水平

对于调查课题的选择和确定需要研究者具备相当的专业理论知识、进行调查研究的知识方法体系和相关的实际操作技术,同时也需要研究者拥有准确的判断力、洞察力、广阔的视野和对于生活中与社会中的经验的积累,由此可知调查课题的选择反映了调查研究的水平。

(3) 制约调查的过程

当调查课题被确定之后,调查研究的步骤与进程也被确定,由于自身特定的调查课题,所以它调查指标的设计、调查工作的安排与其他的调查课题相比并不相同。

(4) 影响调查的质量

调查课题的选择与确定对于研究者来说是否合适、能否得以操作都会影响调查研究的质量,决定调查研究的成败。

3. 调查课题选择的途径和方法

(1) 从现实社会中寻找

社会生活其实是我们所进行的调查研究的最主要也是最为重要的来源,现实社会生活中存在有许多值得我们研究探索的社会现象、社会行为及其他一些社会事件。

(2) 从个人经历中寻找

每个人在自己的生活中会经历一些不同的事情,也会形成自己独有的价值观和认知社会的视角。有许多具有创造性、有价值的研究问题也正是从自己的个人经历和经验中发现和最终研究发展起来的。

(3) 从现有文献中寻找

通常在对调查课题的研究还可以从相关的文献中寻找,例如可以从著作、学术论文、报刊、各种笔记记录等。带着审视提问的心态阅读各种文献,并对其进行思考与反思总结,再将其发散开来找到新的思路就能在原有基础上找出新的研究问题。

4. 选择确定调查课题的基本步骤要点

（1）对于研究主题的选择与分析

研究主题的选择是调查研究过程的开始。研究主题主要是进行调查研究的问题所要涉及的领域及研究问题的其他相关领域。研究主题的概念相对而言是从研究问题的大致范围上说的，具有一般性，也相对得宽泛，较为笼统，例如当前社会研究中的社会保障、社会救助、妇女儿童权益问题等。通常一个研究主题又可以分为许多不同的研究问题，当然这也需要对研究主题的进一步分析探索，以便确定更加集中、准确的研究主题。

（2）对于调查课题明确化与研究主题选择确定

由于研究主题通常较为宽泛笼统，这就需要对于研究主题的进一步细化，将调查研究所涉及的领域及范围缩小化，将一般性的问题转化为特定的问题，以发掘出具有研究意义的研究问题，最终能够对于调查研究的问题进行清晰的陈述，以便能够将一些模糊的思路明确为清楚明了的调查课题。

（3）调查课题的论证

在实践中通常以调查课题是否具有重要性、创造性、可行性和适合性来作为一个调查课题好坏的判断标准。所以，在调查研究的课题初步选定后还要对其是否具有重要性、创造性、可行性和适合性进行判断与论证，以确保调查课题的调查研究是具有意义、有新意并且是研究者可以完成的。

二、实务指导

1. 案例示范

"市场经济条件下城市老年人再婚问题"调查课题的选择与论证[①]

（1）选择研究主题："市场经济条件下婚姻问题研究"

（2）分析研究主题：

从婚姻层面上可以分为：恋爱；结婚；婚姻生活；离婚；再婚等。

从年龄层面上可以分为：老、中、青年人群。

从区域上可以划分为不同的地域，如城市和乡村；又如不同地区、省市等。

（3）选择研究问题：

婚姻问题：从婚姻层面上选择再婚问题；

从年龄层面上选择老年人；

从地区上选择城市。

（4）陈述调查课题：市场经济条件下城市老年人再婚问题的调查。

（5）课题的论证：

① 课题的重要性

近年来，城市老年人再婚现象不断增加，使得许多老年人重新拥有了生活伙伴和精神寄托，但同时也带了诸如赡养、继承、家庭关系等许多新的家庭问题。本课题针对老年人再婚

---

① 邓恩远，于莉：《社会调查方法与实务》，北京．北京大学出版社，2009年版，第16—17页。

现象增加的原因,社会舆论对老年人再婚的评价,老年人再婚为他们的家庭及生活带来的变化,以及人们如何处理老年人再婚所带来的诸多问题等内容进行调查研究,一方面探讨老年人再婚现象的原因和特点,另一方面探讨解决老年人再婚所带来的家庭问题的途径,该调查既具有一定的理论价值,也具有较大的实践意义。

② 创造性的论证

关于再婚问题的研究,许多学者比较关注中青年人的再婚现象及其特征。而对老年人的再婚问题的研究并不多见。然而,20世纪80年代以来,老年人再婚已成为我国城市中的一种新现象。本课题拟对老年人再婚现象及相关问题进行研究,这是婚姻问题研究的一个新课题,也是伴随老年人再婚行为及其所面临的家庭问题日益增多而有必要探讨和研究的课题。

③ 可行性论证

首先,本课题大部分成员拥有社会学学历背景和社会调查研究经验,课题主要参与者对婚姻问题和老年人问题相当的知识基础及研究经历,能够胜任本课题的调查研究工作。其次,本课题研究获得了学校和院系经费、物资设备的支持,同时获得各街区的老龄工作部门的支持,同时获得各街区老龄工作部门的支持,研究工作具有较成熟的实施条件。

④ 适合性论证

本课题组主要成员长期从事婚姻问题和老年人问题的研究,对老年人再婚问题的研究有着浓厚的兴趣和深厚的知识背景,在以往社会调查研究中积累了大量的研究经验,适合本课题的调查研究工作。

2. 案例启示

此案例为我们揭示了如何进行调查课题的选择与论证及其注意事项。调查课题确定的过程主要包括:初步研究(查找文献、咨询访问、实地考察);科学论证;最终调查课题的确定与调查设计思路的形成。选择调查课题时应注意的问题主要有:避免单纯任务观点;切忌简单草率、凭空设想和贪大求全。

三、实务训练

1. 实训目的

在充分了解和认识专业知识的基础之上,通过实训活动,使学生能够在所学专业知识范围内选择适当的调查课题,了解调查课题的重要意义,明确调查课题的类型以及调查课题确定的过程,掌握选择调查课题应该注意的问题。

2. 实训要求

(1) 学生根据背景材料选择确定调查课题,应按照正确的调查课题的选择与确定的要点和步骤对调查课题进行选择与确定。

(2) 学生先自己分析所选调查课题的价值与可行条件等。

(3) 学生分组讨论,要求积极参与,调查课题的主题必须有明确细分的过程并能够反映出调查研究问题的由来。

（4）各小组派代表发言,说明所选调查课题的理由。调查课题需有重要性、创造性、可行性和适合性等标准的论证,要求学生说明其选择的课题是什么？为什么选择？有什么意义？选择过程是什么样的？准备怎么做？

（5）每组相互发表评论。

3. 实训课业

（1）写一份北京市大学生就业期望与市场需要的调查课题的调查论证。

（2）写一份关于大学生消费水平的调查课题的调查论证。

四、知识回顾

1. 什么是调查课题？调查课题的种类有哪些？
2. 简述调查课题的重要性。
3. 简述调查课题的选择途径与选择方法。
4. 简述调查课题的选择与确定所遵循的要点与步骤。
5. 判断调查课题的具体标准有哪些？

任务二　设计社会调查的总体方案

一、基础知识

"凡事预则立,不预则废",调查方案是对研究过程的总的统筹规划,因此,要想开展科学的社会调查就必须要制订详尽周密的调查方案,减少在调查研究中因盲目性而产生的错误,以确保调查研究工作的顺利开展。在设计调查方案时我们应把调查研究的各个阶段、各个环节联系起来统筹考虑,既要注意各阶段工作的前后衔接,又要考虑各阶段的目的、任务等都必须紧紧围绕并服从于整个调查研究的目的。

在调查课题初步探索确定的基础上,设计调查方案一般分为两个阶段,即设计调查指标和设计调查方案。在调查方案的设计过程中力求信度与效度的统一,缜密仔细地进行可行性研究。

1. 调查方案设计的概述

（1）调查方案及方案设计的内涵

调查方案是指对一项所将要进行的社会调查研究的开展和实施过程中的各方面问题进行周密详尽的思考后,制订出的一份具有科学性的严谨周密切实可行的调查计划,它是指导社会调查研究顺利开展的纲领性文件。

调查方案的设计是指为开展一项社会调查研究而确定其最佳途径与方法。调查方案的设计需要有一个严密的思维过程,能否设计出严谨周密的调查方案将直接关系调查课题的顺利完成和调查目的的最终实现。

调查目的是说明进行调查研究所想要达到的目的是描述现象、解释原因还是预测探索问题。

调查意义主要说明调查研究在理论上或实际应用中所具有的意义,它和调查目的可以进一步地明确研究者的动机与研究的方向,更加突出研究的总体目标,加强目标对研究的指导作用。

(2) 设计调查方案应当遵循的原则

① 实用性原则

调查方案的设计必须要从实际出发,结合实际的需要,使得调查方案中的各个部分都能切实可行,具有实用性,这也是判断调查方案好坏的重要标准。

② 时效性原则

设计调查方案必须充分考虑时间效果,特别是一些应用课题往往具有很强的时间性。适时有效是影响调查报告价值大小的一个重要因素。调查报告从选题到方案设计要有高度的敏感性、预测的超前性,紧紧围绕社会发展过程中人们所思、所想、所急开展适度超前性的调查研究,以快捷的效率,迅速摸清情况,提出对策建议,及时为社会提供有参考价值的调查报告。

③ 经济性原则

在设计调查方案时我们应当注意对人力、财力、物力的合理控制,以希望能够以最小的投入获得最大的研究成果。

④ 灵活性原则

我们在进行调查研究时会发现原本所设计好的调查方案在执行时与现实之间存在着一定的差距,会有一些预想不到的情况或问题的出现,这时我们就应该灵活地根据实际调查研究的需要,适当调整相应的步骤或措施。所以,调查方案要留出一定的弹性空间,以便我们能够灵活地根据实际情况进行调整,以确保调查研究的顺利开展。

(3) 调查方案的基本内容

① 阐明调查课题及其研究的目的与意义。

② 确定调查范围和调查单位。

③ 确定研究类型和研究方法。

④ 制订抽样方案,确定抽样方法。

⑤ 确定调查内容,编制调查表格或提纲。

⑥ 确定调查的场所、时间与进度安排。

⑦ 研究经费和物质手段的计划与安排。

⑧ 调查人员的选择、培训与组织。

其中,在抽样方案的设计中,需要具体说明:① 研究总体与调查总体分别是什么;② 说明采用什么样的方法和程序进行抽样;③ 说明样本的容量及样本准确性、可靠性程度的要求等。

2. 调查方案的具体撰写方法

(1) 明确社会调查的课题、目的及意义

在调查方案中,我们必须首先明确调查研究的目的与意义,做到有的放矢,增强调查研究的目的性与方向性以及调查研究的实际应用价值。

(2)明确社会调查的类型

社会调查的种类有很多,在之前的调查课题的选择与确定中我们已经提到。以调查的目的为标准,可以将其分为探索性调查、描述性调查和解释性调查,以时间维度为标准可以将其分为横剖调查和纵贯调查,不同的社会调查类型有其特定的研究方法和研究手段,所以必须要明确社会调查的种类。

(3)确定社会调查的范围、对象与分析单位

调查范围是指调查对象的来源的总体。调查对象是指研究者在收集资料时直接研究的对象。分析单位则是指社会调查所需要分析与研究解释的对象。在进行调查方案设计的时候,我们必须要明确其调查的范围、对象与分析单位,这样调查研究才会具有针对性。

(4)确定社会调查的基本假设

在调查研究中的研究假设也可以称为理论假设,它是一种对问题的尝试性解答。在进行解释性研究之前我们必须对调查研究所要探讨与研究的对象进行研究假设并且进一步对研究假设进行陈述和说明。

(5)确定社会调查的内容

调查内容包括进行调查研究所需的调查指标和调查项目,主要有:调查对象的社会背景;调查对象的社会行为;调查对象的意见和态度。通过对调查研究内容的分类细化与明确,有利于对调查指标的选择和观察访谈或问卷内容的设计打下坚实基础。

(6)确定社会调查的资料收集、样本抽取、资料分析的方法

在进行调查研究之前需要对研究的问题收集大量的资料,但不同的资料收集方法有其不同的特点;在对调查对象的选择抽取时也有很多不同种类的抽取方法,如概率抽样还是非概率抽样;在进行资料分析上也有不同的方法,不同种类的调查研究通常需要不同的资料分析方法,如解释性调查需要变量的相关分析或是回归分析,探索性调查则较多地需要定性的分析方法。

(7)确定调查研究小组成员与成员的分工安排与合作

通常一项社会调查需要多人的团队合作,一些大规模的社会调查更是会专门培训一些调查员、访谈员。所以,调查方案设计的就要将此重要的人力资源进行合理的配置与安排,制定相关的组织管理的办法。在调查方案中需要有小组成员的基本信息、组织内的协调分工、组织的培训及管理制度。

(8)确定开展调查研究的地点范围和进度安排

根据课题研究的实际需要、研究资料的收集方法、对象抽取方法等具体情况来确定社会调查的地点,从而将调查的范围精确化,并且由于调查研究的类型与实际安排需要的不同,我们需要将进行调查研究的时间进度作出大致的安排,明确从课题的确定到完成课题写成调查报告的起止时间及各分阶段的完成时间的适当安排,当然这其中需要注意灵活性的原则,根据调查研究的实际情况适当调整。

(9)确定调查研究所需经费

在设计调查方案时,需要对人力和物力进行一个合理的估算和安排,以确保调查研究能够顺利可行地开展。

二、实务指导

1. 案例示范

调查课题：山东农业大学东校区2010级新生主体领导意识的调查研究[①]

（1）调查背景

随着社会的发展，现代社会对公民的主体领导意识有越来越高的要求，现在学生特别是大学生成为推动社会经济发展的一支不可忽视的重要的特殊群体，现在大学生就业压力进一步加大，所以在学校加强学生领导意识的培养成为一种趋势。

（2）调查目的

通过对山东农业大学东校区的学生的领导意识情况和影响因素的调查研究，探求现代大学生领导意识形成的一般模式，为日后大学新生活动的组织和人才素质培养方案的改善奠定基础，同时作为地区个案，对于社会学、领导学和行为组织学的理论建设也有一定的参考价值。

（3）调查对象

山东农业大学东校区2010级入学新生　　　　　　　分析单位：个人

（4）调查内容和工具

调查内容：大学入学新生的主体领导意识

调查工具：问卷调查、访谈卡片（见附件）

物质条件：录音笔、手机

（5）调查方式、调查方法及具体实践

调查方式：以直接调查为主结合间接调查、抽样调查和个案调查

调查方法：以问卷法为主结合访谈法、观察法

资料分析方法：统计分析、结合理论分析

① 以问卷调查为主，具体实施方法如下：

在完成调查问卷的设计和制作的相关工作后，就可以开展具体的问卷调查了。把调查问卷平均分发给被调查者，统一选择早晚自习这段时间开始进行调查（因为这段时间学生们集中在教室内，便于调查开展，能够给本次调查节约时间和成本）。调查员在进入教室后说明来意，并特别声明在调查结束后将赠送被调查者一份精美的礼物以吸引被调查者的积极参与，得到正确有效的调查结果。在调查过程中，调查员应耐心等待，切不可督促。调查员可以在当地当时收回问卷，也可以第二天收回（不建议）。

② 以访谈为辅助调查，具体实施方法如下：

由于调查形式不同，对被调查者所提出的要求也有所差异。调查员在访谈前要事先做好充分的准备，列出调查所要了解的所有问题。调查员在访谈过程中应占据主导地位，把握着整个谈话的方向，能够准确筛选谈话内容迅速地做好笔记以得到真实有效的调查结果。

---

① http://blog.sina.com.cn/s/blog_9f4c41b90100xsjs.html.

③ 通过网上查询或资料查询统计资料：

调查员查找资料时应注意其权威性及时效性，以尽量减少误差。因为其为简易型，该工作由撰稿人完成。

(6) 调查程序及时间安排

调查大致可以分为准备、实施、研究、总结四个阶段。

① 准备阶段：它一般分为界定调研问题、设计调研方案、设计调研问卷或调研提纲三个部分。

② 实施阶段：根据调研要求，采用多种形式，由调研人员广泛地收集与调查活动有关的信息。

③ 研究阶段：将收集的信息进行汇总、归纳、整理和分析。

④ 总结阶段：将调研结果以书面的形式——调研报告表述出来，并进行评估。

按调查的实施程序，可分为四个小项来对时间进行具体安排：

a. 调研方案、调研问卷的设计、修改、论证——1周左右；

b. 实地访问阶段——1周；

c. 数据统计分析阶段——1周；

d. 调研报告撰写阶段——1周。

(7) 经费预算

材料费：调查问卷200份10元。

查阅资料费：上网查阅10元。

小礼物：10元。

共计：30元。

(8) 附录

参与人员：陈××、徐××

2. 案例启示

以上这个案例系统地演示了进行调查方案设计的过程。

(1) 如何确定社会调查的分析单位

社会调查中的分析单位是指一项社会调查所要进行研究的对象，其分析的单位不仅仅是个人，从总体上说有个人、群体、社区、组织和社会产物五种分析单位。

(2) 如何正确地建立社会调查的研究假设

在社会调查中的研究假设基本术语主要有概念、变量、命题和假设四种，并且研究假设是研究者对调查对象的特性及它与相关事物现象之间的联系的带有推测性质的推测或是设想，是需要经过实践研究检验的命题。研究假设的来源可以是由研究者以往的经历积累、思考观察或其探索性调查的初步成果，也可以是来自于相关的理论研究文献，研究假设的陈述表现形式有条件式的陈述和差异式的陈述两种表现方式。但同时也必须清楚不是每一种社会调查都需要研究假设，如一些描述性的社会调查就不需要对其作出研究假设。

三、实务训练

1. 实训目的

依据科学的社会调查方案的设计原则设计出科学周密详尽的调查方案计划。

2. 实训要求

(1) 学生按 3～4 人分为一组,共分成若干个小组。

(2) 每组同学从所列课题目录中选出 1～2 个调查方向,并进一步明确调查研究的种类、调查的范围、调查对象和分析单位。

(3) 每组用一周的时间根据调查种类需要提出研究假设,确定抽取调查对象的方法,并设计调查方案。提出的研究假设必须以一定的客观事实为依据,以一定的科学理论为指导,并且可以被实践证实或证伪。

(4) 每组派一名代表在课堂上介绍自己设计的调查方案和研究假设,由教师和同学进行评议。

3. 实训课业

(1) 设计关于大学生消费观的调查方案。

(2) 设计关于校园文化差异的调查方案。

(3) 自选一个实地调查课题,拟定调查大纲。

四、知识回顾

1. 什么是调查方案?调查方案包含哪些内容?

2. 设计调查方案应当遵循什么原则?

3. 简述设计调查方案的步骤和应该注意的要点。

任务三　社会测量和操作化

一、基础知识

在当前的社会调查中常会运用定性研究方法,但如果要对社会现象的研究由定性研究转变为定量研究,就必须要进行社会测量,以开展对社会调查对象的发现与探索。而社会调查课题的操作化和相关的指标设计也都是为了对研究的调查对象开展测量工作所做的准备,这些准备能够将调查研究中的一些较为抽象的概念转化为可以测量的具体事物现象。

社会测量是指运用一定的测量工具,并依据一定的规则对所研究的社会现象本身特有的属性进行一定的测算、鉴别或度量,以赋予其数值或符号的数值和方法,它的目的是为了对社会调查的对象从其属性上和特征上进行把握。

1. 社会测量的构成要素

(1) 测量对象

测量对象说明了"测量谁"的问题,是指现实社会所存在的事物与现象,它们是用数字或者符号表示出来的分析单位。测量对象可以是个人,也可以是组织、群体。

(2) 测量内容

测量内容回答了"测量什么"的问题,即是社会调查对象的属性与特征。测量内容有的是可以从外部观察出来的(如性别、职业),但有的却是从内部表现出来的(如人的价值观、态度)。

(3) 测量规则

测量规则说明了"怎样测量"的问题,就是测算和度量社会现象的规矩和操作准则。

(4) 测量数值

测量数值回答了"如何表示测量结果"的问题。测量数值其实就是用来表示测量结果的数字和符号。有的测量数值用文字来表示,有的测量数值用数字来表示,如家庭收入4000元、性别为男等。

2. 社会测量的特点

与自然领域的测量相比,社会测量不仅仅涉及人的自然属性和物化的社会现象的特征,还更多地涉及社会行为、社会关系等非物化的社会现象的特征。自然科学领域的测量工具一般都是标准化的仪器或工具,具有客观性与认知度高的特点,而社会测量往往受到研究者的主观认知水平的影响,其可靠程度相比自然科学就较低。

3. 社会测量的层次

在社会调查中,所涉及的调查对象有不同的特质和属性,所以社会测量也有相应不同的类型与层次。由史蒂文斯在1951年创立的按照对研究对象的数量化从低到高分层的方法被学者们广泛地采用,按其方法可以将社会测量分为四个层次,即定类测量、定序测量、定距测量和定比测量。

(1) 定类测量

定类测量也称类别测量或分类测量,它是鉴别研究的测量对象的特征或属性的一种方法。它是测量层次中最低的一种。定类测量在本质上是一种分类体系,即将测量对象的不同属性或特征加以区分,标以不同的名称或符号,确定其类别。定类测量的数学特征主要是等于与不等于(或者属于与不属于)。定性测量实际上都是在定类测量上的测量。例如,用"1"代表女性,用"0"代表男性,但这"0"和"1"的数值都仅仅是一种标志,是不能够进行加减乘除的数学运算的。

(2) 定序测量

定序测量也称等级测量或顺序测量。定序测量的取值可以按照一定的逻辑顺序将社会调查的研究对象排列出高低或大小,以确定其等级或是次序。定序测量在一定程度上可以说是按照某种特征或标准将测量对象区分为强度、程度或等级不同的序列。例如,测量城市的发展规模,可以分类为大城市、中型城市和小城市。定序测量不仅仅可以区别不同的测量对象,还可以确定它们之间的大小关系。

(3) 定距测量

定距测量也称等距测量或区间测量,它不仅能够将社会现象或事物区分为不同的类别、不同的大小关系,而且可确定它们之间不同等级的间隔距离和数量上的差别。在定距测量中,我们不仅可以说明哪一类别的社会调查对象的等级较高,而且还能说明这一等级比那一等级具体能高出多少单位。也就是说,定距测量的结果相互之间可以进行加减运算。例如,我们在进行社会调查中进行问卷调查时经常会询问这样一个问题:"请问您是哪一年出生的?_____年"回答者所说出的数字可以向我们表明他们各自的年龄,而且越大的数字表示越小的年龄。数字之间的间距与年龄之间的间距是完全相等的。又如,对象甲1980年出生,对象乙1991年出生。那么,二者的年龄差等于数字差距,即1991－1980＝11年(岁)。但是,在定距测量中需要注意的是,定距测量的结果可以为零,但这个零却不是在数学中我们所通常熟知的零的含义。

(4) 定比测量

定比测量又称等比测量或比例测量。定比测量除了具有上述三种测量的所有性质之外,还具有一个绝对的零点(是具有实际意义的零点)。所以,通过定比测量所得到的数据既能进行加减的数学运算,又能进行乘除的数学运算。是否具有实际意义的零点(绝对零点)存在,这是定比测量与定距测量唯一的重要区别。

定类测量、定序测量、定距测量和定比测量之间的对比参见表2.1。

表 2.1 定类测量、定序测量、定距测量和定比测量之间的对比

分 类	定类测量	定序测量	定距测量	定比测量
类别区分 ＝ ≠	有	有	有	有
次序区分 ＞ ＜	—	有	有	有
距离区分 ＋ －	—	—	有	有
比例区分 × ÷	—	—	—	有

由表2.1可知,社会研究中的测量层次是由低到高,逐渐向上升的。社会测量的层次越高,进行社会调查所获得的信息就会越丰富和越准确,高层次的测量可以测量低层次的测量无法测量到的内容,也可以测量到低层次的测量可以测量到的内容。所以,大多数学者在进行社会调查时往往依据"就高不就低"的原则,采用较高层次的测量方法进行社会研究。

4. 社会测量的信度与效度

信度是指社会调查的可靠程度,它所表现的是测量结果的一致性与稳定性。信度有再测信度、复本信度和折半信度三种类型。

效度就是测量的准确性,它所体现的是测量结果的准确性或是有效性。效度有内容效度、准则效度和结构效度三种。

5. 操作化

(1) 操作化的含义

操作化也称具体化或分解化,是把调查课题中抽象的概念和命题逐步分解为可测量的指标和能够以经验检验的命题的过程,也就是将无法得到的抽象概念的内在事实(如社会制度或人们的思想行为和特征),用代表它们的外在事实来替换,使之得以测量和研究。操作化是对抽象层次较高的概念及事物进行具体测量所采用的开展程序、一般步骤、方法手段的说明。

(2) 调查课题的操作化

调查课题的操作化是指将进行的调查课题转化为可以测量研究的过程和一般步骤。

(3) 操作化的作用

操作化在社会调查中有着重要的作用。存在于研究者头脑中的一些较为抽象的概念和意识,只有经过恰当的操作化之后才会在我们正常可以感知的现实社会中显现出来。操作化对于定量的社会研究中也起着极为重要的作用,尤其是在解释性研究中,对任何有关社会现实的理论假设进行检验,操作都是必需的前提,只有通过操作化的过程,将抽象的理论概念转变成现实世界中可见的具体事实,假设检验才能够成立。因此,操作化是社会调查中由理论到实际、由抽象到具体这一过程的至关重要的一环。

(4) 概念的操作化

所谓概念,是反映对象的本质属性的思维形式。社会生活中使用的概念与自然科学中的概念不同。由于它们都是人们通过感性认识的抽象和概括而得到的,所以开始往往是模糊或含义不清的,且概念一般都具有综合性,由一些低层次的亚概念、子概念组合而成。一个概念越抽象,它所包含的信息就越多,也越难把握。所以,社会调查必须解决的重要问题之一,就是明确所提出概念的定义,分清概念,包括命题和假设的层次,并将抽象概念一步步化解为具体的和可操作的指标或者现象,最理想的目标是将概念化解为可测量的指标,以实现社会调查研究的定量化,这一过程就叫做概念的操作化和具体化。目前,人们大都按照美国著名社会学家拉扎斯菲尔德的主张,将这一过程分为四个阶段,即概念的形成—概念的界定—选择测量指标—编制综合指标。

(5) 指标设计应当遵循的原则

所谓指标,就是用可以观察到的现象或事物来表示较为抽象的概念或变量,在设计指标时应当遵循以下的原则。

① 客观性原则

客观性原则是指指标的设计必须从当前的实际出发,符合实际需要,拥有科学依据。

② 完整性原则

完整性原则是指指标的设计必须详尽全面地反映研究的调查对象,其指标应当保持独立性,避免与其他指标的重复。

③ 准确性原则

准确性原则是指指标的设计应该有相应的定义和如何计算的方法。

④ 可能性原则

可能性原则是指指标的设计必须考虑接受调查的受访者能否准确地回答问题。

⑤ 简明性原则

简明性原则是指指标的设计必须简单明了,以其能够准确说明问题为宜。

(6) 操作化的步骤

① 界定概念,确定定义

这可以称作概念化的过程,需要将概念的定义范围明确,在总结出了不同类型定义的共同性质之后,再根据调查课题的实际需要确定其概念的定义。

② 列出相应的概念的维度

即从不同的角度对概念进行分类,如社会地位可以从政治地位、经济地位、法律地位、教育地位、家庭地位的角度来考虑。

③ 发展测量的指标

即通过对前人的研究指标加以分析研究,并从实际出发,结合实际需要,最终确定指标。

二、实务指导

1. 案例示范

案例一 "现代化的生存环境"[①]

有研究者在研究浪漫爱情时,试图检验假设:人们的生存环境越接近现代化,则他们越会看重浪漫爱情。为此,需要对"现代化的生存环境"进行操作化。可以将这一概念操作化为三个不同的维度和四个主要的指标:(1)时间维度——年龄(越年轻者其生存环境越接近现代化);(2)空间维度——城乡(城市居民的生存环境比农村居民的生存环境更接近现代化);(3)社会经济地位维度——教育程度、职业(一般而言,教育程度越高或职业地位越高者,其生存环境越接近现代化)。当然,也可以增加其他维度指标,如增加"生活水平"、"人均收入"、"是否有电话、电脑"等指标,如下表所示。

概　念	维　度　指　标
现代化的生存环境	时间维度——年龄 空间维度——城乡社区 社会经济地位维度——教育程度、职业

案例二 "现代化的发展导致邻里关系的淡漠"

(1) 明确界定"现代化"的概念

例如,可能涉及社会结构、文化、经济、科学技术、城市化、社会分工、现代科技、人均收入、居住条件、生活观念、社会防范意识等。

(2) 界定"邻里关系"

例如,邻里间互助行为的多少、邻里间串门的次数、参加社区活动的多少等。

(3) 将"现代化的发展导致邻里关系的淡漠"这一假设进行具体化

例如,工业生产总值越高,每年邻里共同参与社区活动的次数越少;社会分工越细,邻里之间串门的可能性越少;现代科技越发达,邻里间直接互动行为越少;居住条件越好,邻里之间互助行为越少;人们越注重隐私权,邻里之间的直接交往越少……

(4) 对上述具体假设进行进一步的细化

例如,在"现代科技越发达,邻里之间直接互动行为的影响"方面,又可以将"现代科技的影响"分为诸如闲暇生活、沟通方式等方面的影响,即可从人们选择的闲暇方式(如电视、网络游戏、邻里之间串门聊天等)及其所占闲暇时间的比例来观测其影响。过去,邻里之间直

---

① http://wenku.baidu.com/view/45dd39a0284ac850ad0242/e.html.

接串门是一种主要的沟通交流方式,现在则多为打电话、发短信、上网等,且又可以从打电话、发短信、上网等方式在联络邻里感情中的作用及其使用频率等方面来观测现代科技对邻里之间直接互接行动的影响。

2. 案例启示

案例一在明确操作化的过程、步骤的基础上针对"现代化的生存环境"的特征属性,对"现代化的生存环境"进行操作化。案例二是对研究假设进行操作化,经过操作化,抽象的理论假设被一层层地转化成为可以直接观测的调查指标,然后才能在此基础上进行经验材料的收集,并将其运用于研究假设的验证。

三、实务训练

1. 实训目标

引导学生在回顾、理解社会测量、操作化等相关理论知识的基础上,通过一系列的模拟、实训活动,使学生能够比较充分地明确概念与变量的含义、特征及其主要类型,认识社会测量、操作化对于调查研究的重要意义,并能够联系实际,针对所选调查课题独立完成提出研究假设、对研究假设操作化等具体的操作过程。

2. 实训要求

(1) 再次让学生明确社会测量的内容,清楚操作化与概念操作化的过程,在明确调查对象属性的基础上列出概念测量指标。

(2) 学生每5~6人分为一个讨论小组。

(3) 引导学生明确操作化具体过程中的相关规则。

3. 实训课业

下列概念任选其一,试对其进行操作化处理,要求写出具体的操作化步骤:

(1) 大学生就业观;

(2) 当代中国大学生的幸福感;

(3) 班级归属感;

(4) 国民健康水平。

四、知识回顾

1. 社会测量和操作化的概念分别是什么?社会测量的构成要素有哪些?
2. 测量方法的层次都有哪些?各种测量方法又有哪些特点?
3. 信度和效度是什么?两者各如何分类?
4. 什么是操作化?
5. 指标设计应当遵循什么原则?
6. 进行操作化的步骤有哪些?

任务四 确定调查对象

一、基础知识

在我们开展社会调查之前,调查对象的确定往往是非常重要的一个环节,明确调查对象的范围到具体单位的确定为我们之后的资料分析研究工作打下了坚实的基础。当然,我们不仅仅需要学习有关调查对象的知识内容,也需要清楚确定调查对象的有关方法。

1. 调查对象和调查单位

调查对象是指依据调查的任务和目的确定本次调查的范围及需要调查的那些现象的总体。调查单位是指需要调查的现象总体所组成的个体,也就是调查对象中所要调查的具体单位,即在调查研究中要进行调查研究的一个个具体的承担者。

2. 调查对象的分类

（1）个人

人既可以是社会科学研究的能动主体,又可以是社会科学研究的客体。个人是开展社会调查中最常用的分析单位,大部分的社会调查都要通过分析个人的特征来研究与说明一些社会现象。

（2）群体

群体主要是指在社会分层结构中具有一些共同特征的人群和社会中的一些基本群体。例如,妇女、青少年、老年人、工人、农民、知识分子、家庭、邻里、朋友圈、社交网络等,这些都可以作为开展社会调查独立的分析单位。

（3）社会组织

社会组织是指相同目标、正式分工及角色结构的一群人所组成的机能群体,即人们通常所称的社会单位。例如,商店、学校、医院、企业、机关单位、政党、军队等都是不同的社会组织。社会组织在社会调查中是一个很重要的分析单位,社会组织是社会成员与整体社会的联系纽带,许多的社会现象和社会问题是在组织之内或组织之间产生的。

（4）社区

社区也可以称为区域社会,它是按地理区域为划分标准的社会单位。例如,乡村、市区、经济特区等都可以称为不同的社区。在社区内的社会成员通常都开展着相同的政治、经济、社会、文化活动,并且有较为接近的文化价值标准及生活方式。将社区作为分析单位,一般是调查研究社区的经济文化结构、人口结构、社会空间结构,说明社区内居民的生活状况、交往文化活动、行为规范和社区的历史发展过程等。通过对社区的调查研究分析可以加深对整个社会的研究,从而上升为更为宏观的社会分析。

(5) 社会产物

社会调查的分析单位也可以包括各类型的社会产物。社会调查所研究的社会产物主要有社会制度、社会关系、社会行为和其他一些社会产品。

3. 调查对象的属性与特征的分类

(1) 状态

状态特征是指分析单位当前的基本情况,它们是可以通过一些客观指标来进行测量调查的。例如,一个人的状态特征包括年龄、性别、身高、体重、职业、经济收入状况、受教育程度、婚姻状况等。

(2) 意向

意向是一种不可以由客观直接测量的主观变量,它是指调查对象的内在属性。意向主要包括态度、观念、信仰、个性、动机、偏好等。个人、群体、组织甚至一个社区通常有意向性。例如,不同的家庭有不同的生育欲望,不同的消费倾向;不同的企业有不同的经营观念与行为倾向;不同的民族有不同的社会规范与习俗传统。

(3) 行为

社会行为是指由人或社会的自身需要所引起的,有内在动机,通过个体及群体外部的各种动作的表露的总称。行为是最基本也是最常见的社会现象,它反映了人与人之间的相互关系,是所有社会现象产生的起点与根源。个人、群体、组织、社区等分析单位通常都会有特定的行为。

4. 根据研究方法确定调查对象的范围

(1) 普遍调查下的全部对象的确定

通常情况下的普遍调查是由政府或其他职能部门所主持的,是有关部门为了了解国情而开展的,具有成本高、资料准确性较高、统一组织和统一安排的特点。在确定普遍调查方法的前提下对调查的全部对象一个个地进行调查,是为了能够清楚地明确在一个时点或一段时期内所想要研究的对象的总体情况,例如我国开展的人口普查。

(2) 抽样调查下的部分对象的确定

抽样调查是按照科学的原理和计算原则从调查对象的总体中抽取一部分样品进行调查研究,并把调查所得的数据与结论运用到总体当中去,在结合实际调查研究情况确定采用抽样调查方法后就需要对部分调查对象展开非全面的抽样调查。

(3) 个案研究下的代表性调查对象的确定

个案研究是从总体上对单独的一个调查对象进行详尽考察研究的方法,在这其中的一个调查对象就称为"个案"。在设计调查方案之初如果确定采用个案研究方法,则需要确定具有代表性、启示性的较为独特的调查对象以支持其调查研究的展开。

各类主题中适宜用调查方法解决的问题、调查对象及具体方法示例参见表2.2。

表 2.2　调查对象及具体方法示例

主　题	问题举例	调查对象及具体方法示例
一次性用品	1. 一次性塑料用具的危害 2. 一次性用具的使用情况……	1. 环保局专家，访谈 2. 社区内家庭，调查表、问卷……
零花钱，怎么用	关于零花钱使用情况的调查……	各年级各班，抽样问卷……
走进家乡名人	袁隆平生平与贡献……	袁隆平访谈……
电脑与健康	电脑是否会影响健康……	全校各班抽样问卷……
家教	1. 学生对家教的态度 2. 家长对家教的态度 3. 教育专家对家教的态度 4. 家教与学生成绩的关系……	1. 各年级抽样学生，座谈会 2. 各年级抽样家长，问卷 3. 教育专家，访谈 4. 各年级抽样的班级，调查表

二、实务指导

1. 案例示范

案例一　第二次全国残疾人抽样调查方案中调查对象的确定①

此次调查的对象是具有中华人民共和国国籍，以全国为总体，各省、自治区、直辖市为次总体，采用分层、多阶段、整群、概率比例抽样方法。各省、自治区、直辖市的调查样本量，由第二次全国残疾人抽样调查领导小组确定分配。

各省、自治区、直辖市根据第二次全国残疾人抽样调查办公室规定的分层原则，结合本地的实际情况，对第一级的县（市、区）进行科学、合理的分层，编制抽样框，由第二次全国残疾人抽样调查办公室与各省、自治区、直辖市共同抽取一级样本单位。

各省、自治区、直辖市按照第二次全国残疾人抽样调查办公室规定的抽样原则和要求，制订本省抽样实施方案，经第二次全国残疾人抽样调查办公室审核后，抽取县级以下样本单位，并将具体的抽取步骤和抽中单位名称一起报第二次全国残疾人抽样调查办公室审定。

案例二　生产者物价指数的调查对象是如何确定的②

编制生产者物价指数（Producer Price Index，PPI），首先要选择代表产品。所谓代表产品，一是其价格的变动水平能代表该类产品的价格变动，二是其价格变动的总体平均水平能基本反映全部产品价格变动的平均水平。2008 年，上海编制 PPI 选用近 880 种调查产品约 1500 个规格品，调查产品产值占全市总产值的 55%，具有足够的代表性。

其次要选择相应的调查企业，遵循以下原则：一是按工业行业选择调查企业，分布要合理科学，不能有遗漏，也不能过于集中；二是大型企业应尽量选上或占相当大的比重，同时，应适当选择一些中小企业；三是选择生产稳定、正常的企业作为调查对象；四是选择企业时要兼顾不同所有制形式。

---

① http://news.ixnews.com.cn/system/2006/03/28/002229032.shtml。
② http://www.doc88.com/P-345884782032.html。

上海工业品价格调查采用重点调查与典型调查相结合的调查方法。重点调查将全市全部国有企业和年主营业务收入500万元及以上的非国有企业列为调查对象,采用主观选样的方法选择重点调查企业,即选择了规模以上调查企业的销售额占全市规模以上销售额的50%左右;典型调查是把年主营业务收入500万元以下的非国有企业作为抽样对象,采用随机抽样的调查方法。2008年,上海上述调查范围涉及调查对象为1000家左右企业,调查产品所覆盖的中类行业占了全市中类行业的91%以上。

2. 案例启示

案例一以全国范围内的残疾人为调查对象进行抽样调查,采取了分层抽样的方法,但由于是政府所组织领导的,所以要注意具体的政策实施环境。

案例二在对生产者物价指数的调查中要明确具体调查对象的属性与性质,进行有目的性的分类。

三、实务训练

1. 实训目的

指导学生明确调查对象,选择和确定所要调查的对象的人群类型,即明确调查哪些领域、哪些部门、哪些工种的人;在各种实验、实践环境下进行操作,从而加深对确定调查对象的理解。

2. 实训要求

要求学生对"确定调查对象"的实践价值给予充分的认识,调动课业操作的积极性;要求学生根据调查课题要求及课业训练要求来完成对调查对象的确定。

3. 实训课业

(1) 调查北京市中小学生的健康状况,选择合适的方法确定调查对象。
(2) 调查在校学生对某时事的看法,依据不同类型的随机抽样方法抽取样本。
(3) 调查北京市大学生食堂用餐情况,选择合适的方法确定调查对象。

四、知识回顾

1. 什么是调查对象?它有哪些类别?
2. 调查对象的属性主要有哪些?
3. 由调查对象范围的不同可以区分为哪三种研究方法?它们各自有哪些特点?应该进行怎样的选择?

项目三
网络法信息收集与处理

知识目标　通过本章的学习,使学生了解利用网络法收集与处理各种信息的途径和方法,主要包括法律法规信息、专利信息、科技成果信息、标准信息、论文图书信息、统计信息等,并掌握整理各类信息的方法。

技能目标　通过学习并运用相关知识点,以及对各类信息收集方法和途径的操作训练,使学生掌握各类信息的收集和整理的方法和途径,为胜任以后的工作打下良好的基础。

近年来,随着互联网的迅猛发展,网络法作为一种全新的信息收集与处理方法已开始受到人们的关注和重视。虽然只有一段较为短暂的历史,但网络法收集信息的独特优点使其很有可能逐步发展成为一种信息收集的主流方法。

网络法信息收集与处理,就是利用网络进行信息检索并将检索到的所需信息下载和保存下来。网络法信息检索方法主要有基于超链接的信息检索、基于目录的信息检索和基于搜索引擎的信息检索。网络法信息下载和保存的方法主要有复制、粘贴法,文件另存法,屏幕抓取法,电子邮件法,FTP文件传输法。

任务一　法律法规信息收集与处理
任务二　专利信息收集与处理
任务三　标准信息收集与处理
任务四　论文、图书信息收集与处理
任务五　统计信息收集与处理

任务一 法律法规信息收集与处理

一、基础知识

1. 法律的含义

法律有广义和狭义之分。广义上讲,法律泛指一切规范性文件;狭义上讲,法律仅指全国人大及其常委会制定的规范性文件。在与法规等一起谈时,法律是指狭义上的法律。

2. 法规的含义

在法律体系中,法规主要指行政法规、地方性法规、民族自治法规及经济特区法规等,即国务院、地方人大及其常委会、民族自治机关和经济特区人大制定的规范性文件。

3. 法律和法规的区别

法律和法规的主要区别在于制定机关的不同,一个是全国人大及其常委会,一个是国务院或地方人大等机构。另外,其效力层次也是不同的,法律的效力大过法规的效力。

二、实务指导

1. 案例示范

小王恶补法律知识

应届毕业生小王去某知名广告公司应聘,主考官的一个专业问题难住了小王,这个问题就是:"请你谈一谈设置户外广告需要注意哪些事项?"小王对与广告相关的法律法规有些了解,但只是粗略知道,这个问题把小王给难住了,只得硬着头皮说不知道。最后,小王还是有幸被录用了。回去后小王就开始"恶补"广告相关法律法规知识。

2. 案例启示

国家的各项政策、法律法规规范着行业的发展和业务的开展,目前各行各业都有一系列的法律法规存在。作为行业的一名成员,我们在日常工作要遵守法律法规,应届毕业生在找工作时要自觉主动地学习各行各业的法律法规,以便能够更好地理解岗位规范和行业规范,更快地适应岗位。

在此,希望学生能够主动收集整理自己感兴趣的或者有意要从事的行业的法律法规,以便尽早地进入到职业角色中去。

3. 案例操作流程提示:法律法规查找途径

常见的法律法规专业查询网站有以下三种。

(1) 法律图书馆网

法律图书馆网(http://www.law-lib.com/)是中国法律门户网站,提供法律法规数据库、法学论文、裁判文书、律师黄页、法治动态、司法考试资料、法律图书、法律书刊、法律书摘、著者介绍、出版社介绍等海量资料。法律图书馆网开设了新法规速递、论文资料库、司法考试、律师黄页、法治动态、法律图书、网上书店、新书架、法律人才、法律书摘、裁判文书、法律文书、合同范本、法律网导航、电子杂志、法律学人、法律书友会、热点专题等栏目。我们可以在网站主页的搜索框进行关键词搜索，查找收集所需的法律法规。法律图书馆网的主页如图3.1所示。

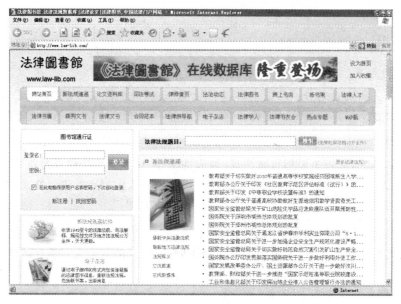

图 3.1　法律图书馆网的主页

《新法规速递》栏目将法律法规进行划分，其中包括最新国家法律法规、最新地方法规、中央法颁布单位、地方法规颁布单位、法规释义、立法草案等，我们可以点击链接查找，也可以利用网页上的检索对话框进行检索。《新法规速递》页面如图3.2所示。

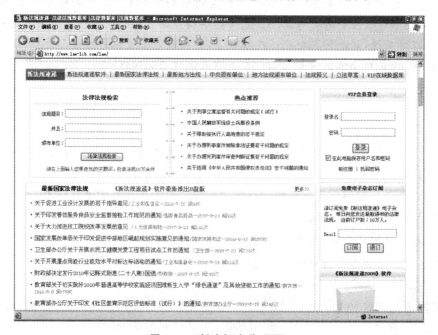

图 3.2　《新法规速递》页面

《法律网导航》栏目链接了法律法规相关知名网站数据库等。其中,子栏目《名站导航》包括法制日报、检察日报、人民法院报、人民网、中国新闻网、中央人民政府、全国人大、最高人民法院、最高人民检察院、国务院法制办、法律图书馆、东方法眼、法律界、找法网、法律出版社、中国政法大学、华东政法大学、中国律师网、东方律师网。

《法律网导航》栏目还设置了其他的子栏目(参见表3.1)。

表3.1 《法律网导航》的其他子栏目

政法单位	中央人民政府　全国人大　最高人民法院　最高人民检察院　国务院法制办　中国廉政网　司法部　公安部
法律媒体	法制日报　检察日报　人民法院报　中国网　新华网法律频道　人民网　中国新闻网　央视网　光明网　中青网　中国法学　中国普法网　今日说法—央视网　新京报　南方周末　Harvard Law Review
门户网站	法律图书馆　东方法眼　法律界　法邦网　中法网　法律桥　中国法律搜索
专业出版社	法律出版社　人民法院出版社　中国政法大学出版社　中国法制出版社　公安大学出版社　中国检察出版社　中国民主法制出版社　中国人民大学出版社　北京大学出版社　武汉大学出版社　工商出版社　中国方正出版社
法律书店	西湖法律书店　中国法律图书有限公司　四川天平法律图书　北京一获法律书店　深圳法律书店　长沙法律书店　广州八联法律书店　蓝天法律书店
司法考试	中国普法网　法律教育网　搜狐教育　腾讯教育　新浪教育　法法网　海天教育网　万国教育　国家司法考试在线　中国司法考试网　国家司法考试网　国家司法考试培训网
法学研究	中国社会科学院法学研究所　中国法学网　中国理论法学研究信息网　中国民商法律网　中国诉讼法律网　中国刑事法律网　武汉大学环境法研究所　武汉大学国际法研究所　北大公法网　中国知识产权研究网　中国法学会网　中国法理网　中华法律文化网　中国宪政网　人大国际法网　法律思想网
法律咨询	找法网　中律网　中国法律资源网　中顾法律网　法律咨询网　去问网　华律网　法律快车　法律帝国
律师协会	中国律师网　东方律师网　北京律师协会　广州市律师协会　宁波律师协会网站　杭州律师网　神州律师网　西部律师网　黑龙江律师协会　大连市律师协会　福建律师协会　山东省律师协会　天津市律师协会　佛山市律师协会　南宁市律师协会　内蒙古律师协会　苏州市律师协会　陕西省律师协会　吉林省律师协会
律师事务所	北京市大成律师事务所　北京市金杜律师事务所　上海锦天城律师事务所　上海市广发律师事务所　广东广和律师事务所　北京市德恒律师事务所　广东法制盛邦律师事务所　北京市君合律师事务所　广东国晖律师事务所　国浩律师集团(上海)事务所　北京市炜衡律师事务所　北京市权亚律师事务所　浙江泽大律师事务所　山东齐鲁律师事务所
法律数据库	法律图书馆　北大法律信息网　北大法意　北大之星　LexisNexis律商联讯　法律门　WestLaw法律数据库
法律论坛	法律论坛—天涯社区　中国法律论坛　葵花法律论坛　法法网　学法网
法律博客	天涯法律网　法律博客网　陈有西学术网　杨立新民商法网　陈光武律师网　广州谭有名律师　凯迪律师之窗

(2) 北大法律信息网

北大法律信息网(http://www.chinalawinfo.com/)是北大英华公司和北大法制信息中心共同创办的法律综合型网站,于1995年开通,是互联网上第一个中文法律网站。凭借北大法学院的学科优势,北大法律信息网在网站内容的广度、深度方面颇有建树,关注法律知识的专业性、系统性,关注技术革新和研发,关注用户体验。从建站至今,北大法律信息网在国内法律网站排名中始终位居前列,深受法律学人的好评,是法律信息行业的领军者。北大法律信息网是法律信息的集大成者,集学术、实践为一体,涵盖了法律信息的方方面面。北大法律信息网的主要栏目包括法学在线、法规中心("北大法宝"——中国法律检索系统)、司法案例("北大法宝"——中国司法案例库)、法学期刊、英文法规、天问咨询、法律网校、资源导航、英华司考等。

(3) 北大法意网

北大法意网(http://www.lawyee.net/)旨在提供最权威、最及时、最全面、最规范、最精准的法律信息。目前,北大法意网已构筑起当今全球领先、完备实用的中文法律信息服务平台。

北大法意网数据库的全称为中国法律资源全互动数据库,是由北京大学实证法务研究所和北京法意网科技有限公司联合研制的法律信息数据库,发布于北大法意网,内容涵盖国内外与法律相关的各个方面的所有参考资料,具体包括法规、案例两个大数据库群,21个子数据库以及其他独立的14个数据库,共35个数据库,并且数据库的覆盖面和数量正在不断增长中。

此外,还有很多的法律法规相关网站及数据库,从"法律图书馆"中的法律网导航栏目中我们可以进一步查找自己所需的法律法规信息。

三、实务训练

1. 实训目的

能够利用常见的法律法规相关网站及数据库收集相关法律法规的信息。

2. 实训要求

(1) 要查全,尽量通过多种方法和多个数据库或网站查找行业法律法规信息。

(2) 按照一定的顺序整理所查到的行业法律法规信息。

(3) 补充行业发展概况及趋势的相关信息或相关案例,制作成PPT形式。

3. 实训课业

(1) 查找、收集并整理广告行业相关法律法规。

(2) 查找、收集并整理家电行业相关法律法规。

(3) 查找、收集并整理房地产行业相关法律法规。

(4) 查找、收集并整理汽车行业相关法律法规。

四、知识回顾

1. 网络法信息下载和保存的方法有哪些?

2. 法律和法规的区别是什么?

 **拓展资料1**

网络快速搜索技巧[①]

网上的信息搜索技术越来越多,怎样才能高效地找到问题的答案呢?有几种技术可以帮助用户更加快捷地找到所需网页。没有一种技术是万能的,搜索中将几种技巧和方法结合起来能大大加快搜索进程。

1. 分析检索问题,选择恰当的关键字

在上网收集信息前,用户首先要分析检索主题,检索主题在信息检索中起关键性作用。确立检索主题后,要将其用关键词表达出来,关键词最好是专业术语或短语,并且愈精确愈好,这样可以缩小检索范围,提高精确率。

2. 搜索词组

如果用户只给出一个单词进行搜索,经常会出现数以千计甚至百万计的匹配网页。如果再加上一个单词,搜索结果会更加切题。搜索中给出两个关键词,并将两个词用 AND(与逻辑)结合起来或者在每个词语前面加上加号(+),这种与逻辑技术大大缩小了搜索范围,可以加快搜索,提高搜索效率。

3. 细化查询

许多的搜索引擎提供了对搜索结果进行细化与再查询功能,如有的搜索引擎在结果中有"类似查询网页"按钮,还有一些搜索引擎则可以对得到的结果进行新一轮的查询。

4. 查找信息源

如果用户需要快速查找到一些相关性比较大的信息,可以使用目录式搜索引擎的查找功能。如果用户想得到某一方面比较系统的资源信息,可以使用目录一级一级地进行查找,也可以直接到提供某种信息组织的站点去。很多的时候我们可以用公式"www.公司名.com",从而得到所需信息的主要词语,之后进一步利用这些词语进行搜索。

 拓展资料2

河南省房地产适用法律法规汇编[②]

一、综合篇

1.《中华人民共和国公司法》
2.《中华人民共和国物权法》
3.《中华人民共和国合同法》
4.《中华人民共和国担保法》
5.《中华人民共和国企业法人登记管理条例》

---

① http://cache.baiducontent.com/c?m。
② http://blog.sina.com.cn/s/blog_5da5efa20100d3mq.html。

6.《中华人民共和国企业法人登记管理条例施行细则》

7.《企业名称登记管理规定》

8.《企业名称登记管理实施办法》

9.《城市房地产开发经营管理条例》

10.《房地产开发企业资质管理规定》

11.《中华人民共和国广告法》

二、勘察、设计篇

1.《建设工程勘察设计市场管理规定》

2.《建设工程勘察设计管理条例》

3.《建设工程勘察设计企业资质管理规定》

4.《工程勘察设计单位年检管理办法》

5.《工程建设项目勘察设计招标投标办法》

6.《郑州市建设工程勘察设计管理办法》

7.《建设工程勘察设计合同(一)》

8.《建设工程勘察设计合同(二)》

三、规划篇

1.《中华人民共和国城市规划法》

2.《中华人民共和国人民防空法》

3.《中华人民共和国消防法》

4.《建设项目环境保护条例》

5.《河南省〈城市规划法〉实施办法》(2005修正)

6.《河南省人大常委会关于修改〈河南省《城市规划法》实施办法〉的决定》(2005)

7.《河南省村庄和集镇规划建设管理条例》(2005修正)

8.《河南省人大常委会关于修改〈河南省村庄和集镇规划建设管理条例〉的决定》(2005)

9.《郑州市城市规划管理条例》(2004修正)

10.《郑州市人大常委会关于修改〈郑州市城市规划管理条例〉的决定》(2004)

11.《郑州市城中村改造规划、土地、拆迁管理实施办法(试行)》

12.《郑州市违反城市规划建设工程查处条例》

四、拆迁安置篇

规范类

1.《城市房屋拆迁管理条例》

2.《关于贯彻〈城市房屋拆迁管理条例〉的通知》

3.《河南省城市建设拆迁管理办法》

4.《郑州市城市建设拆迁管理条例》(2005修正)

5.《郑州市人大常委会关于修改〈郑州市城市建设拆迁管理条例〉的决定》(2005)

6.《郑州市城市房屋拆迁补偿安置评估规则(试行)》

7.《郑州市人民政府办公厅关于控制城镇房屋拆迁规模严格拆迁管理的通知》

8.《郑州市城中村改造规划、土地、拆迁管理实施办法(试行)》

文本类

1.《拆迁补偿安置合同文本》

五、土地篇

规范类

1.《中华人民共和国土地管理法》
2.《中华人民共和国土地管理法实施条例》
3.《城镇国有土地使用权出让和转让暂行条例》
4.《建设项目用地预审管理办法》
5.《关于整顿和规范房地产市场秩序的通知》
6.《关于进一步推行招标拍卖出让国有土地使用权的通知》
7.《招标拍卖挂牌出让国有土地使用权规定》
8.《关于严格实行经营性土地使用权招标拍卖挂牌出让的通知》
9.《招标拍卖挂牌出让国有土地使用权规范（试行）》
10.《协议出让国有土地使用权规范（试行）》
11.《划拨土地使用权管理暂行办法》
12.《建设用地审查报批管理办法》
13.《征用土地公告办法》
14.《最高人民法院关于审理涉及国有土地使用权合同纠纷案件适用法律问题的解释》
15.《河南省实施〈土地管理法〉办法》(2004 修正)
16.《河南省人大常委会关于修改〈河南省实施《土地管理法》办法〉的决定》(2004)
17.《河南省城镇国有土地使用权出让和转让管理规定》
18.《河南省土地监察条例》
19.《郑州市国有土地有偿使用条例》
20.《郑州市国有土地使用权出让招标拍卖实施办法》
21.《郑州市土地储备实施办法》
22.《郑州市国有土地使用权出让招标拍卖实施办法》

文本类

1.《国有土地使用权出让合同》（示范文本 GF-2000-2601）
2.《国有土地使用权出让合同（宗地）》
3.《建设工程征用土地合同》
4.《土地价格评估委托协议》
5.《房地产联合开发合同》
6.《开发房地产协议书》
7.《土地使用权及开发权转让协议》
8.《土地租赁合同》

六、工程建设篇

规范类

1.《中华人民共和国建筑法》
2.《建筑市场管理规定》

3.《建筑业企业资质管理规定》(2007)

4.《建筑工程发包和承包计价管理办法》

5.《房屋建筑和市政基础设施工程施工分包管理办法》(发布日期:2004年2月3日,实施日期:2004年4月1日)

6.《房屋建筑和市政基础设施工程施工招标投标管理办法》

7.《建设部关于废止〈城乡建设环境保护部关于颁发试行城市规划设计单位注册登记管理暂行办法的通知〉等9件规范性文件的通知》(发布日期:2003年8月12日,实施日期:2003年8月12日)

8.《建筑工程施工许可管理办法》

9.《工程建设监理规定》

10.《建设工程质量管理条例》

11.《建设项目(工程)竣工验收办法》

12.《中华人民共和国城市住宅小区竣工综合验收管理办法(规范)》

13.《工程建设项目报建管理办法》

14.《房屋建筑工程质量保修办法》

15.《建设工程安全生产管理条例》

16.《河南省建设工程质量管理条例》(2005修正)

17.《河南省人大常委会关于修改〈河南省建设工程质量管理条例〉的决定》(2005)

18.《河南省建设工程质量管理规定》

19.《郑州市建设工程造价管理规定》

20.《最高人民法院关于建设工程价款优先受偿权问题的批复》

文本类

1.《建设工程勘察设计合同》

2.《建设工程监理合同》

3.《建设工程承包合同(样式三)》

任务二　专利信息收集与处理

一、基础知识

1. 专利和专利权

专利是专利机构依据发明申请所颁发的一种文件,其中叙述了发明的内容,并且处于法律状态,即获得专利的发明创造在一般情况下只有得到专利权人的许可才能利用。

专利权属于知识产权的范畴,具有专有性、地域性和时间性三个特点。

专有性即独占性、排他性,是指专利权人对其发明创造享有的独占权,在规定的保护期限内,其他任何单位和个人未经专利权人许可不得以生产经营为目的制造、使用、销售其专利产品或使用其专利方法,否则就要承担法律责任。

地域性是指国家依照本国专利法授予的专利权,仅在该国法律管辖区内有效,对其他多国没有任何约束力。

时间性是指专利权人对其发明创造所拥有的专有权,只在法律规定的时间内有效。各国专利法关于专利权保护期限的计算方法和年限不尽相同。我国专利保护期限自申请日计算,发明专利的期限是20年,实用新型专利权和外观设计专利权的期限为10年。

2. 专利的分类

我国对专利法律关系的客体,即《中华人民共和国专利法》(以下简称《专利法》)保护对象统称之为发明创造,并在《专利法》中明确规定:"本法所称的发明创造是指发明、实用新型和外观设计。"

(1)《专利法》所称的发明,是指对产品、方法或者其改进所提出的新的技术方案。

(2)《专利法》所称的实用新型,是指对产品的形状、构造或者其结合所提出的适于实用的新的技术方案。

(3)外观设计也称工业品外观设计。我国《专利法》所称外观设计,是指对产品的形状、图案或者结合以及色彩与形状、图案的结合所做出的富有美感并适于工业应用的新技术。

3. 专利文献

专利文献是在专利审批过程中产生的官方文件及其出版物的总称。狭义的专利文献是指专利申请说明书和专利说明书,广义的专利文献包括申请说明书、专利说明书以及专利公报、专利文摘、专利题录、专利分类表等出版物。

专利说明书是专利文献的主体。各国的专利说明书基本包括题录部分、说明书正文、权利要求和附图四个部分。题录相当于专利说明书的一览表,是一组有关该发明技术及其法律信息方面的著录项目。说明书正文通常包括发明名称、发明人姓名、专利申请人名称、地址、申请日期、申请号、分类号、专利号、文摘等项目,包括技术领域、背景技术、发明内容、附图说明、具体实施方式等内容。权利要求是申请人请求专利保护的范围,是确定该发明创造专利权范围的依据,也是判定是否侵权的依据。附图主要用于补充说明书文字部分,有各种各样的图,如示意图、流程图、线路图等。

专利说明书的编号体系,专利文献的编号、专利编号是相应专利说明书的索取标志,对于专利申请人与专利局进行专利事务联系和专利文献检索都有重要作用,各国的编号制度不尽相同。

中国的专利说明书的编号体系包括以下六个部分。

(1)申请号:即在提交专利申请时给出的编号。

(2)专利号:即在授予专利权时给出的编号。

(3)公开号:即对发明专利申请公开说明书的编号。

(4)审定号:即对发明专利审定说明书的编号。

(5)公告号:即对实用新型专利申请说明书的编号,对公告的外观设计专利申请编号。

(6)授权公告号:即对发明专利说明书的编号,对实用新型专利说明书的编号,对公告的外观设计专利的编号。

4. 专利文献的特点

（1）领域广泛

专利内容涉及全部的应用技术领域,大到尖端技术领域,小到日常生活用品,各种发明应有尽有,为人们提供了大量的技术信息和无限的商机。

（2）重复报道

由于一件专利可能在几个国家申请,这些国家几乎都要出版其专利说明书。另外,对于早期公开、延迟审查的国家,一件专利说明书可能要出版两三次,这样就造成了专利说明书大量重复报道,不过这也为读者提供了选择版本阅读专利文献的机会。

（3）新颖及时

专利文献反映最新的科技信息。一般为了防止相同的专利被抢先申请,专利发明人在发明构思基本完成之时就会迫不及待地向专利局提出申请,所以,专利文献以最快的速度报道了最新的发明创造。

5. 专利检索的种类

（1）查新检索

对已申请专利但尚未授权的技术或者尚未申请专利的完整技术方案或申报项目（如国家863项目、973项目、国家发明奖、专利金奖、CCTV创新盛典等重点项目）进行世界范围的专利检索和非专利文献检索,评价该技术的新颖性和创造性,由专家出具检索报告,并提供对比文献的全文。

（2）专题检索

根据客户的要求,针对某企业或某技术进行世界范围的专利检索,由专家出具检索或技术分析报告,并提供检索出的相关专利的全文。

（3）授权专利检索

对已授权的专利进行检索,评价该专利的新颖性和创造性,由专家出具检索报告,并提供对比文献的全文。

（4）法律状态检索

检索各主要国家专利的法律状态,得到该专利目前是否有效等信息,为企业合并、合资等决策提供帮助;发现有价值的"过期专利",既可以降低企业的研发成本,又可以增加企业的效益。

（5）同族专利检索

检索同一主题的技术在哪些国家或地区申请了专利,以确定这一技术的区域保护范围,了解专利权人的市场动向,同时得到这一技术的区域分布的空白点,为企业的产品出口等决策提供参考信息。

专利检索种类还包括防止侵权检索、被动侵权检索/专利无效诉讼检索、技术引进中的专利检索、技术创新中的专利检索、产品出口前的专利检索、竞争对手研究中的专利检索和专利战略研究中的专利。

二、实务指导

1. 案例示范

天津飞鸽自行车购买专利开发新产品

2003年,天津飞鸽自行车公司面对日益严峻的竞争,公司高层经过研究决定走一条产品多样化之路,以提高产品的市场占有率。公司要求研发部负责新型折叠自行车的研发,但是新产品的研发往往需要技术的长期积累,需要很长的时间。为了尽快地使自己的新产品上市占领市场,以抢占市场机会,于是研发部经理要求秘书小王收集新型折叠自行车的专利信息以供参考,希望能通过购买专利的方式,尽快掌握新产品的设计和制造,以节省时间,尽早推出公司自己的新产品。

2. 案例启示

企业在竞争生存中往往需要进行各种专利信息检索,为了避免侵权要进行专利检索,在技术引进和产品出口中要进行专利检索,为了了解竞争对手的经营及技术水平要进行专利检索。为了自身的长远发展,企业往往要制定专利战略,这时也需要详细查找与企业经营或产品有关的各种专利。可以说专利检索无处不在,无时不需。

3. 案例操作流程提示:专利文献查找途径

常见的专利文献查询网站有以下三个。

(1) 中华人民共和国国家知识产权局中国专利查询系统

中国专利查询系统是由国家知识产权局支持建立的政府性官方网站,提供中英文两种语言入口(如图3.3所示)。

图3.3 国家知识产权局中国专利查询系统

(2) 中国专利信息网

中国专利信息网由国家知识产权局专利检索咨询中心主办,开通于 1997 年 10 月,通过互联网向社会公众提供专利信息服务。该网站具有中国专利文摘检索、中国专利英文文摘检索以及独有特色的中文专利全文打包下载功能,采用会员制管理方式向社会公众提供网上检索、网上咨询、论坛交流、公众自我宣传、邮件管理等服务,是提供专利信息综合性服务的网络平台(如图 3.4 所示)。

该网站的服务项目除了常规的查新检索、专题检索、授权专利检索、法律状态检索、同族专利检索、跟踪检索和国际联机检索外,还包括专利预警分析服务项目。

图 3.4　中国专利信息网

(3) 中国期刊网中国专利数据库

该数据库是中国基础设施工程(CNKI)的一个重要组成部分,主要提供自 1985 年以来至今的中国专利信息。它的检索方式有两种,即单项检索和包含"逻辑与"和"逻辑或"的组合检索,同时还可以按照国际专利分类法的八个大部进行浏览检索,这样用户可以比较全面地了解各类、各种学科专利的申请情况。检索结果可为用户提供包括专利文摘在内的 26 项专利信息。

除了运用网络进行查询外,我们还可以通过中国专利公报(《发明专利公报》、《实用新型专利公报》、《外观设计专利公报》)和中国专利年度索引等文献进行检索。

三、实务训练

1. 实训目的

能够根据要求快速收集各类专利信息,能进行查新检索、专题检索、授权专利检索、法律状态检索、同族专利检索、跟踪检索等。

2. 实训要求

(1) 要查全,尽量通过多种方法和多个数据库或网站查找尽可能多的专利文献。
(2) 要查准,要能够从各种信息中筛选所需的专利信息。
(3) 准确完整记录查询信息。

3. 实训课业

(1) 利用专利检索工具或在国家知识产权局分别检索"树木移栽"类专利。
(2) 从不同的途径查找专利申请号为"01808676.4"的专利。
(3) 查找葡萄酒生产的新工艺。
(4) 查找"折叠自行车"专利目前的法律状态,查找专利法律状态检索系统。

四、知识回顾

1. 简述专利说明书的结构。
2. 专利说明书的编号体系是怎样的?

拓展资料 3

中国专利编号系统介绍[①]

中国专利说明书的编号体系分为四个阶段:1985—1988 年为第一阶段;1989—1992 年为第二阶段;1993—2004 年为第三阶段;2004 年以后为第四阶段。

一、以"一号制"为特征的第一阶段

1985 年 4 月 1 日我国的第一部《中华人民共和国专利法》付诸实施。1985 年 9 月开始出版各类专利文献。1985—1988 年的专利文献编号基本上采用的是"一号制",即各种标识号码均以申请号作为主体号码,然后以文献种类标识代码标识各种文献标号,具体编号参见表 3.2。

表 3.2 第一阶段:1985—1988 年的编号体系

专利申请类型	申请号	公开号	公告号	审定号	专利号
发明	88100001	CN88100001A		CN88100001B	ZL88100001
实用新型	88210369		CN88210369U		ZL88210369
外观设计	88300457		CN88300457S		ZL88300457

对此阶段的编号说明如下。

(1) 三种专利申请号均由 8 位数字组成,按年编排。例如,88100001,前两位数字表示申请的年份,第三位数字表示专利申请的种类,其中:1——发明;2——实用新型;3——外观设计。后五位数字表示当年申请顺序号。
(2) 一号多用,所有的文献号沿用申请号。专利号的前面冠以字母串"ZL",ZL 为"专

---

① http://www.docin.com/p-15368694.html。

利"的汉语拼音的声母组合,表明该专利申请已经获得了专利权。公开号、公告号、审定号前面的字母"CN"为中国的国别代码,表示由中国国家知识产权局(或原中国专利局)出版。公开号、公告号、审定号后面的字母是文献种类标识代码,其含义为:A——发明公开;B——发明审定;U——实用新型公告;S——外观设计公告。

(3) 由于专利局刚开始受理专利申请时的几年(大约是1985年、1986年、1987年)没有使用校验位,所以,那时的专利申请号不带圆点(.)和圆点后面的校验位。由于当时的公开号、公告号、审定号和专利号均沿用申请号,所以当时的这些专利文献号均不带圆点(.)和圆点后面的校验位。

第一阶段的编号体系的特点是一个专利申请在不同的时期(如申请、公开、公告、授权等)共用一套号码,共用一套号码的编号方式的突出的优点是方便查阅,易于检索;不足之处是:由于专利审查过程中的撤回、驳回、修改或补正,使申请文件不可能全部公开或按申请号的顺序依次公开,从而造成专利文献的缺号和跳号(号码不连贯)现象,给文献的收藏与管理带来诸多不便。因此,1989年中国专利文献编号体系作了调整。于是,自1989年起中国专利文献编号体系进入了下述的第二阶段。

二、以"三号制"为特征的第二阶段

为了克服"一号制"的出版文献的缺号和跳号(号码不连贯)现象,便于专利文献的查找和专利文献的收藏和管理,从1989年起,采用"三号制"的编号体系。即申请号、公开号(发明)、审定号(发明)、公告号(实用新型和外观设计)各用一套编码,专利号沿用申请号。异议程序以后的授权公告不再另行出版专利文献,具体编号参见表3.3。

表3.3　第二阶段:1989—1992年的编号体系

专利申请类型	申请号	公开号	公告号	审定号	专利号
发明	89100002.X	CN1044155A		CN1014821B	ZL89100002.X
实用新型	89200001.5		CN2043111U		ZL89200001.5
外观设计	89300001.9		CN3005104S		ZL89300001.9

对此阶段的编号说明如下。

(1) 自1989年开始出版的专利文献中,三种专利申请号由8位数字、1个圆点(.)和1个校验位组成,按年编排,如89103229.2。

(2) 自1989年开始出版的所有专利说明书文献号均由7位数字组成,按各自流水号序列顺排,逐年累计。起始号分别为:

发明专利申请公开号自CN1030001A开始;

发明专利申请审定号自CN1003001B开始;

实用新型申请公告号自CN2030001U开始;

外观设计申请公告号自CN3003001S开始。

其中的字母(或字母串),例如,CN、A、B、U、S,与第一阶段的含义相同。

字母串CN后面的第一位数字表示专利申请的种类:1——发明;2——实用新型;3——外观设计。第二位数字到第七位数字为流水号,逐年累计。

1993年1月1日起,实施第一次修改后的《专利法》,中国专利文献编号体系又有了新的变化,即自1993年1月1日起,进入了第三阶段。

三、以取消"审定公告"为特征的第三阶段

1992年9月4日第七届全国人民代表大会常务委员会第二十七次会议通过了《关于修改〈中华人民共和国专利法〉的决定》。于是,从1993年1月1日起开始实施第一次修改的《专利法》。由于第一次修改的《专利法》取消了三种专利授权前的异议程序,因此,取消了发明专利申请的审定公告,取消了实用新型和外观设计申请的公告,并且,均用授权公告代替之。第三阶段的具体编号参见表3.4。

表3.4 第三阶段:1993—2004年6月30日的编号体系

专利申请类型	申请号	公开号	授权公告号	专利号
发明	93100001.7	CN1089067A	CN1033297C	ZL93100001.7
指定中国的 发明专利的国际申请	98800001.6	CN1098901A	CN1088067C	ZL98800001.6
实用新型	93200001.0		CN2144896Y	ZL93200001.0
指定中国的 实用新型专利的国际申请	98900001.X		CN2151896Y	ZL98900001.X
外观设计	93300001.4		CN3021827D	ZL93300001.4

对此阶段的编号说明如下。

(1) 由于1992年修改的《专利法》取消了"异议期",取消了"审定公告"(发明)和"公告"(实用新型和外观设计),因此,自1993年1月1日起出版发明专利授权公告(含发明专利说明书)、实用新型专利授权公告(含实用新型专利说明书)、外观设计专利授权公告时授予的编号都称为授权公告号,分别沿用原审定号(发明)或原公告号(实用新型和外观设计)的序列,文献种类标识代码相应改为:C——发明;Y——实用新型;D——外观设计。

(2) 自1994年4月1日起,中国专利局开始受理PCT国际申请。指定中国的PCT国际申请进入中国国家阶段的申请号经历了以下三个历程。

① 在开始受理指定中国的PCT国际申请进入中国国家阶段的申请时,为了把PCT国际申请和国家申请加以区分,因此,指定中国的发明的PCT国际申请进入中国国家阶段的申请号的第四位用数字9表示,指定中国的实用新型的PCT国际申请进入中国国家阶段的申请号的第四位也用数字9表示,例如,94190001.0或者94290001.4。

② 由于指定中国的发明的PCT国际申请进入中国国家阶段的数量的急剧增长,容量仅为一万件的流水号很快就不能够满足需求。于是,1996年和1997年发明的PCT国际申请进入中国国家阶段的申请号除了第四位用数字9表示以外还用数字8表示,例如,97180001.6。

③ 为了从根本上解决指定中国的PCT国际申请进入中国国家阶段的申请号的容量不足问题,于是,从1998年开始,就把指定中国的PCT国际申请进入中国国家阶段的申请当作新的专利申请类型看待。因此,自1998年起,指定中国的发明的PCT国际申请进入中国国家阶段的申请号的第三位用数字8表示,指定中国的实用新型的PCT国际申请进入中国国家阶段的申请号的第三位用数字9表示,例如,98800001.6或者98900001.X。这样,从根本上解决了PCT国际申请进入中国国家阶段的申请号的容量不足问题。

(3) 指定中国的PCT国际申请进入中国国家阶段的公开号、授权公告号、专利号不另行

编号,即与发明或实用新型的编号方法一致。PCT国际申请无外观设计专利申请。

(4) 对确定为保密的发明专利申请和实用新型专利申请,授权后解密的,出版解密的发明或实用新型专利说明书,同时在专利公报上予以公告。关于解密专利文献的编号为:在一般的授权公告号的前面冠以"解密"二字,如对发明专利申请公开号的表示为解密CN1××××××C,对实用新型专利申请公告号的表示为解密CN2×××××××Y。

四、以专利文献号全面升位为特征的第四阶段

为了满足专利申请量的急剧增长的需要和适应专利申请号升位的变化,国家知识产权局将从2004年7月1日起启用新标准的专利文献号。第四阶段的具体编号参见表3.5。

表3.5 第四阶段:2004年7月1日以后的编号体系

专利申请类型	申请号	公开号	授权公告号	专利号
发明	200310102344.5	CN 100378905A	CN 100378905B	ZL200310102344.5
指定中国的发明专利的国际申请	200380100001.3	CN 100378906A	CN 100378906B	ZL200380100001.3
实用新型	200320100001.1		CN 200364512U	ZL200320100001.1
指定中国的实用新型专利的国际申请	200390100001.9		CN 200364513U	ZL200390100001.9
外观设计	200330100001.6		CN 300123456S	ZL200330100001.6

对此阶段的编号说明如下。

由于中国专利申请量的急剧增长,原来申请号中的当年申请的顺序号部分只有5位数字,最多只能表示99999件专利申请,在申请量超过10万件时,就无法满足要求。于是,国家知识产权局不得不自2003年10月1日起,开始启用包括校验位在内的共有13位(其中的当年申请的顺序号部分有7位数字)的新的专利申请号及其专利号。事实上,2003年发明和实用新型的年申请量均超过了10万件大关。

为了满足专利申请量的急剧增长的需要和适应专利申请号升位的变化,国家知识产权局制定了新的专利文献号标准,并且,将从2004年7月1日起启用新标准的专利文献号。对此阶段的编号说明如下。

(1) 三种专利的申请号由12位数字和1个圆点(.)以及1个校验位组成,按年编排,如200310102344.5。其前四位表示申请年代,第五位数字表示要求保护的专利申请类型:1——发明;2——实用新型;3——外观设计;8——指定中国的发明专利的PCT国际申请;9——指定中国的实用新型专利的PCT国际申请。第六位至第十二位数字(共7位数字)表示当年申请的顺序号,然后用一个圆点(.)分隔专利申请号和校验位,最后一位是校验位。

(2) 自2004年7月1日开始出版的所有专利说明书文献号均由表示中国国别代码的字母串CN和9位数字以及1个字母或1个字母加1个数字组成。其中,字母串CN以后的第一位数字表示要求保护的专利申请类型:1——发明;2——实用新型;3——外观设计,在此应该指出的是"指定中国的发明专利的PCT国际申请"和"指定中国的实用新型专利的PCT国际申请"的文献号不再另行编排,而是分别归入发明或实用新型一起编排;第二位至第九位为流水号,三种专利按各自的流水号序列顺排,逐年累计;最后一个字母或1个字母加1个数字表示专利文献种类标识代码,三种专利的文献种类标识代码如下所示。

发明专利文献种类标识代码

A	发明专利申请公布说明书
A8	发明专利申请公布说明书(扉页再版)
A9	发明专利申请公布说明书(全文再版)
B	发明专利说明书
B8	发明专利说明书(扉页再版)
B9	发明专利说明书(全文再版)
C1-C7	发明专利权部分无效宣告的公告

实用新型专利文献种类标识代码

U	实用新型专利说明书
U8	实用新型专利说明书(扉页再版)
U9	实用新型专利说明书(全文再版)
Y1-Y7	实用新型专利权部分无效宣告的公告

外观设计专利文献种类标识代码

S	外观设计专利授权公告
S9	外观设计专利授权公告(全部再版)
S1-S7	外观设计专利权部分无效宣告的公告
S8	预留给外观设计专利授权公告单行本的扉页再版

拓展资料4

发明专利、实用新型专利、外观设计专利区别[①]

一、发明专利

发明专利是指对产品、方法或者其改进所提出的新的技术方案。

1. 发明是一项技术方案

所谓技术方案,是指发明人利用自然规律为了解决某一个技术问题而提出的解决方案,因此,仅仅是提出课题或解决课题的方向性设想是不够的,必须提出解决课题的完整的切实可行的方案。技术方案,并非等同于技术,尽管二者都是利用自然规律,通过创造性的脑力劳动和采用必要的物质条件做出的成果,但它们之间是有区别的。技术更为具体,它是经过实践证明可以直接应用于产业的成果,而技术方案则达不到这种程度。技术当然可以作为发明得到专利保护,但从《专利法》的要求来说,技术方案就已经可以作为发明得到专利保护,就是说,对于申请专利的发明,不一定要求它是已经成熟的,已经达到了实践程度的技术,但一定要求它已构成技术方案,已具备成为技术的可能,一旦付诸实施,必能解决技术领

---

① 谢必武:《信息检索与利用》,北京:中国农业出版社,2005年版,第96页。

域中的某个特定问题。

2. 发明是一种新的技术方案

所谓新的技术方案,是指该技术方案是前所未有的,富有首创性的,并且这个前所未有的是以申请日为时间界限的,就是说,在申请日以前,没有同样的发明在世界上被人们所公知,在国内被人们所公用。

3. 发明可分为产品发明、方法发明和产品或方法的改进发明

产品发明是指经过人工制造的各种新产品,包括有一定形状和结构的物品以及固体、液体、气体之类的物质。完全在自然状态下的天然物,未经人工加工制造,就不是《专利法》规定的产品发明。

方法发明是指为解决某一技术问题所采用的手段与步骤。方法发明可以是机械方法发明、化学方法发明、生物方法发明。

改进发明是指对已知产品或方法的改进,经过改进改善了已知产品的性能或已知方法的效果,使其获得新的特性或特征。

二、实用新型

实用新型必须具备的要素如下。

(1) 实用新型专利只保护产品,而产品必须具备两个要素:第一,它是个物品;第二,它的产生必须经过一定的生产制造过程。

(2) 实用新型保护的产品必须是具有确定的形状、构造,占据一定空间的实体。产品的形状是指产品具有的可以从外部观察到的确定的空间形状。产品的构造可以是机械构造,也可以是线路构造。机械构造是指构成产品的零部件的相对位置关系、连接关系和必要的机械配合关系等;线路构造是指构成产品的元器件之间的确定的连接关系、产品的微观结构特征。以摆放、堆积等方法获得的非确定的产品形状特征或者生物的或自然形成的形状特征,不能作为实用新型产品的构造和形状的特征。

(3) 实用新型必须是一种适于实用的技术方案。申请人对产品的形状、构造或其结合所提出的技术方案必须适于实用,即该产品必须能够在产业上制造,并且能够产生积极效果。

(4) 实用新型必须是一项新的技术方案。所谓新的技术方案,是指该技术方案,在申请日以前没有被公知公用,既没有在国内外出版物上被公开披露,也没有相同内容的在先申请公布在中国专利公报上,该产品没有在国内被公开出售、公开使用。

三、外观设计

外观设计必须具备下列要素。

(1) 外观设计必须与产品有关。也就是说,它必须应用于具体产品之上。

(2) 必须是产品形状、图案或者色彩与形状、图案的设计。形状是指具有三维空间的产品造型,也就是产品或者部件外表的装饰性形状。图案是指通过各种手段设计出的线条的各种排列或者组合。色彩是指用于图案上的颜色或其组合,并且该色彩应理解为制造产品所用材料的本色以外的装饰性颜色。

(3) 富有美感。凡是富有美感的外观设计必须是肉眼可以直接看到的,因为肉眼看不到的设计无法使人产生美感,是否富有美感应按照消费者的眼光看,他们认为是美观的,就可以认为富有美感。

（4）适合工业上应用。适合工业上应用是对外观设计的工业实用性方面的要求。即使用一项外观设计的产品能够在工业上大量复制生产，也包括通过手工业大量地复制生产。

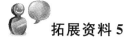拓展资料5

专利审批程序[①]

依据《专利法》，发明专利申请的审批程序包括受理、初审、公布、实审以及授权五个阶段。实用新型或者外观设计专利申请在审批中不进行早期公布和实质审查，只有受理、初审和授权三个阶段。

发明、实用新型和外观设计专利的申请、审查流程如图3.5所示。

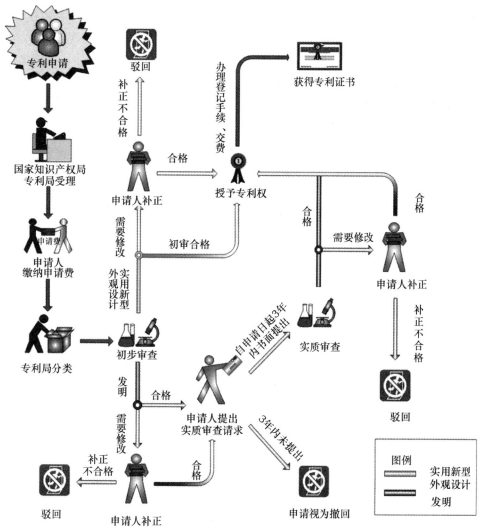

图3.5 专利的申请、审查流程

---

① http://www.sipo.gov.cn/zlsqzn/sqq/zlspcx/20080418_383666.html.

拓展资料6

一件专利维权案件①

原告林小郎因台州市椒江王桥塑料薄膜厂、宋秋发专利侵权纠纷向杭州市中级人民法院提起诉讼。原告为眼镜片锯槽机实用新型专利权人,专利号为 ZL200420090376.8,专利申请日为 2004 年 9 月 19 日,授权公告日为 2005 年 12 月 28 日。经调查,台州市椒江王桥塑料薄膜厂未经原告许可擅自实施了该专利。该厂生产的良友牌 Ly-928 型无框镜片锯槽机的结构已经覆盖了原告专利权要求的全部技术特征,完全落入了该专利的保护范围。宋秋发经营的临海市腾飞眼镜设备商行(浙江眼镜城内 22 号店)长期参与侵权产品的销售。原告认为二被告侵犯了原告的专利权,二被告从侵权行为中获利巨大,而原告生产的专利产品销售量急剧下滑,原告因此蒙受了巨额损失。由于台州市椒江王桥塑料薄膜厂已注销,故变更被告为其责任人王魁良承担本案的侵权责任。要求本院判令被告:1. 停止制造、销售侵犯原告专利产品的一切行为,销毁相关模具;2. 赔偿原告损失 12 万元;3. 承担原告支出的取证费用、委托代理人费及本案诉讼费用。法院查明原告林小郎于 2004 年 9 月 19 日向国家知识产权局申请眼镜片锯槽机实用新型专利,该局于 2005 年 12 月 28 日公告授予专利权,专利号为 ZL200420090376.8。该专利年费缴纳至 2006 年 10 月 18 日。被告王魁良于 2005 年 3 月 18 日向国家知识产权局申请无框镜片锯槽机实用新型专利,国家知识产权局于 2006 年 9 月 20 日公告授予专利权,专利号为 ZL200520101037X。2005 年 3 月 3 日,王魁良向国家知识产权局申请无框镜片锯槽机外观设计专利,国家知识产权局于 2006 年 3 月 22 日公告授予专利权,专利号为 ZL200530080996.3。

但原告林小郎拥有的 ZL200420090376.8 号眼镜片锯槽机实用新型专利在有效期限内,并已履行了缴纳专利年费的义务,该专利有效,应受法律保护。比较原告的专利和被控产品,被控产品的结构与专利权利要求的内容一一对应,具备专利的全部技术特征,落入原告的实用新型专利保护范围。因原告先于被告提出专利申请,被告也没有向专利复审委员会请求撤销或者宣告原告的专利权无效,故被告认为其系依据自己的专利生产眼镜片锯槽机不存在侵权行为的辩解本院不予采纳。台州市椒江王桥塑料薄膜厂制造、销售了侵权产品,构成了对原告实用新型专利权的侵犯,应承担相应的民事责任。又由于台州市椒江王桥塑料薄膜厂在本案审理期间被注销,不能成为民事责任主体,作为个人独资企业,台州市椒江王桥塑料薄膜厂注销前因制造、销售侵权产品的经济赔偿责任应由其负责人王魁良承担。被告宋秋发销售侵犯原告专利权的产品,亦构成侵权,但由于其能够说明销售该眼镜片锯槽机的合法来源,故其应承担停止销售的侵权责任。

最后法院判决如下:

一、王魁良赔偿林小郎经济损失人民币 5 万元,于本判决生效之日起 10 日内履行完毕。

二、宋秋发立即停止销售落入专利号为 ZL200420090376.8 实用新型专利保护范围的产品。

---

① http://china.findlaw.cn/falvchangshi/zhuanli/zlqinquanrending/zlqqal/111557.html。

任务三　标准信息收集与处理

一、基础知识

1. 中国国家标准化管理委员会概况

中国国家标准化管理委员会(中华人民共和国国家标准化管理局)为国家质检总局管理的事业单位。国家标准化管理委员会是国务院授权的履行行政管理职能,统一管理全国标准化工作的主管机构。国家标准化管理委员会是国务院授权履行行政管理职能,统一管理全国标准化工作的主管机构。国务院有关行政主管部门和有关行业协会也设有标准化管理机构,分工管理本部门本行业的标准化工作。各省、自治区、直辖市及市、县质量技术监督局统一管理本行政区域的标准化工作。各省、自治区、直辖市和市、县政府部门也设有标准化管理机构。国家标准化管理委员会对省、自治区、直辖市质量技术监督局的标准化工作实行业务领导。

2. 标准的种类

(1) 按使用范围划分,标准可分为国际标准、区域标准、国家标准、专业标准和企业标准

① 国际标准

国际标准是指国际间通用的标准。

② 区域标准

区域标准是指经世界某一地区的若干国家标准化机构协商后颁布的标准。

③ 国家标准

国家标准是指一个国家的全国性标准化机构颁布的标准。

④ 专业标准

专业标准是指某一专业团体对其所采用的零部件或原材料、完整的产品等所制定的标准。

⑤ 企业标准

企业标准是指由企业自己规定的统一标准。

(2) 按标准内容划分,标准可分为基础标准、产品标准、方法标准、辅助产品标准和原材料标准

① 基础标准

基础标准是标准的标准,一般包括术语、符号、代号、机械制图、公差与配合等。

② 产品标准

产品标准规定产品的品种、系列、分类、参数、型号尺寸、技术要求、试验等。

③ 方法标准

方法标准包括工艺要求、过程、要素、工艺说明等,还包括使用规程。

④ 辅助产品标准

辅助产品标准包括工具、模具、量具、夹具、专用设备及其部件的标准等。

⑤ 原材料标准

原材料标准包括材料分类、品种、规格、牌号、化学成分、物理性能、试验方法、保管验收规则等。

此外,还有安全标准、卫生标准、环保标准、管理标准和服务标准等。

(3) 按标准成熟程度划分,标准可分为法定标准、推荐标准、试行标准和标准草案。

① 法定标准

法定标准是指具有法律性质的必须遵守的标准。

② 推荐标准

推荐标准是指制定和颁布标准的机构建议优先遵循的标准。

③ 试行标准

试行标准是指内容不够成熟,尚有待在使用实践中进一步修订、完善的标准。

④ 标准草案

标准草案是指审批前由草拟者或提出机构供讨论并征求有关方面修改意见的标准稿件。

3. 标准的特点

(1) 每个国家对于标准的制定和审批程序都有专门的规定,并有固定的代号,标准格式整齐划一。

(2) 标准是从事生产、设计、管理、产品检验、商品流通、科学研究的共同依据,在一定条件下具有某种法律效力,有一定的约束力。

(3) 时效性强,标准只以某时间阶段的科技发展水平为基础,具有一定的陈旧性。随着经济发展和科学技术水平的提高,标准不断地进行修订、补充、替代或废止。

(4) 一个标准一般只解决一个问题,文字准确简练。

(5) 不同种类和不同级别的标准在不同的范围内贯彻执行。

(6) 标准文献具有其自身的检索系统。

4. 标准的作用

(1) 通过标准文献人们可以了解各国的经济政策、技术政策、生产水平、资源状况和标准水平。

(2) 在科研、工程设计、工业生产、企业管理、技术转让、商品流通中,采用标准化的概念、术语、符号、公式、量值、频率等有助于克服技术交流的障碍。

(3) 国内外先进的标准可供推广研究,改进新产品,提高新工艺和技术水平。

(4) 标准文献是鉴定工程质量、校验产品、控制指标和统一试验方法的技术依据。

(5) 标准可以简化设计、缩短时间、节省人力,减少不必要的试验、计算,能够保证质量,减少成本。

(6) 进口设备可按标准文献进行装备、维修、配制某些零件。

(7) 标准有利于企业或生产机构经营管理活动的统一化、制度化、科学化和文明化。

5. 标准和标准文献

标准是重复性事物或概念所做的统一规定,它以科学,技术和实践经验的综合成果为基础,经有关方面协商一致,由主管部门批准,以特定形式发布,作为共同遵守的准则和依据。

狭义的标准文献简称标准,是指按规定程序制定,经公认权威机构(主管机关)批准的一整套在特定范围(领域)内必须执行的规格、规则、技术要求等规范性文献。广义的标准是指与标准化工作有关的一切文献,包括在标准形成过程中的各种档案,宣传推广标准的手册及其他出版物,揭示报道标准文献信息的目录、索引等。

6. 标准文献的编写体例

一件完整的标准一般应该包括以下各项标识或陈述。

(1) 标准级别。

(2) 分类号,通常是《国际十进分类法》(UDC)类号和各国自编的标准文献分类法的类号。

(3) 标准号,一般由标准代号、序号、年代号组成。如 DIN-11911-09,其中 DIN 为联邦德国标准代号,11911 为序号,09 为年代号;GB1-03,其中 GB 是中国国家标准代号,1 为序码,03 为年代号。

(4) 标准名称。

(5) 标准提出单位。

(6) 审批单位。

(7) 批准年月。

(8) 实施日期。

(9) 具体内容项目。

7. 我国的标准等级及编号

我国的标准分为国家标准、行业标准、地方标准和企业标准四级。标准的编号由三部分组成,即标准代号、顺序号和批准年代号。

(1) 国家标准

国家标准是必须在全国范围内统一和实施的标准,其代号有以下三种。

① GB ××××—××   强制性国家标准。

② GB/T ××××—××   推荐性国家标准。

③ GB/Z ××××—××   国家标准化指导性技术文件。

例如,GB3667—03(交流电动机电容器),GB 是汉语拼音首字母,大写;3667 为顺序号;03 为标准颁发的年代号。

(2) 行业标准

行业标准是在某一行业范围内统一和实施的标准,用该行业主管部门名称的汉语拼音首字母表示(参见表 3.6)。

表 3.6　行业标准编号举例

代号序号	代号	含义	主管部门
1	BB	包装	中国包装工业总公司包改办
2	CB	船舶	国防科工委中国船舶工业集团公司、中国船舶重工集团公司
56	YS	有色冶金	中国有色金属工业协会规划发展公司
57	YY	医药	国家药品监督管理局医药司
58	YZ	邮政	国家邮政局计划财务部

例如,QB1007—11 表示轻工业 2011 年颁布的罐头食品净重及固行物含量的测定标准。

(3) 地方标准

在某个地区范围内使用的标准叫地方标准。地方标准编号由四部分组成,即 DB(地方标准代号)、省自治区直辖市行政区代码前两位、顺序号和批准年号。

(4) 企业标准

企业标准是由企业或上级有关机构批准发布的标准,是为了不断提高企业的产品质量,强化竞争能力,适用于企事业单位的标准。其代号规定以 Q 为分子,以企业名称的代码为分母表示,在 Q 前冠以省、市、自治区的简称汉字。

企业标准编号由表示企业代号省、市、自治区的简称汉字,企业名称的代码,标准颁布的年份及标准年内序号组成。

例如,苏 Q/XJB 81—11,苏 Q 为地区企业代号(江苏省,地方企业),XJB 为企业名称代号(徐州市机械局标准),81—11 表示 2011 年的第 81 号标准。

二、实务指导

1. 案例示范

标准有效性确认的重要性

如果企业按照作废的标准进行产品设计,检验机构按照失效的标准进行检验,执法部门按作废的标准检查产品质量,你是否会觉得这个世界会变得很可怕?然而实际情况是,至少有超过 60% 的企业正在使用过期、作废或失效的技术标准,可见标准有效性确认服务的重要性。那么,企业应如何保证自己所使用的标准有效,避免使用作废的技术标准呢?

2. 案例启示

使用"标准有效性确认服务"既是避免企业使用作废技术标准的有效手段,也是保障企业的质量保证体系有效运作的基本措施。很多的标准服务网都提供标准有效性确认服务,即由长期从事标准信息研究和服务的专业技术人员,依据各类大型标准信息数据库、标准组织的官方网站和期刊等多种权威信息渠道,对技术标准的有效性进行确认,出具标准有效性确认报告,从而证明使用者所持有和所使用的技术标准为正确有效的版本,便于企业及时在生产、研发中运用。

3. 案例操作流程提示:标准检索途径及方法

(1) 中国标准服务网

中国标准服务网(http://www.cssn.net.cn/)是中国标准化研究院主办的权威标准服务网站,提供了国家标准数据共 18 901 个,经过加工处理,包括英文标题、中英文主题词、专业分类等信息。行业标准(HB)数据近 5 万个,强制性国家标准(QGB)数据共 2507 条,是为了便于查询从国家标准数据库提取的全部强制性国标。此外,还有单独建成的建设标准(GBJ)数据共 300 条左右,其数据内容与国家标准数据库的数据内容相同。

中国标准服务网的主要栏目有资源检索、网上书店、服务项目、服务指南、会员服务、学术研究等。其服务项目主要包括 ASTM 标准服务、标准有效性确认、标准查新服务、标准代译服务、文献提供服务、数据共享服务、委托检索服务、信息推送服务、专题服务、专家咨询等。

（2）国家标准全文数据库

国家标准全文数据库收录了由中国标准出版社出版的、国家标准化管理委员会发布的所有国家标准，占国家标准总量的90％以上。标准的内容来源于中国标准出版社，相关的文献、专利、成果等信息来源于中国知网各大数据库。使用者可以通过标准号、中文标准名称、起草单位、起草人、采用标准号、发布日期、中国标准分类号、国际标准分类号等检索项进行检索。

（3）中国标准咨询网

由中国技术监督情报协会、北京中工技术开发公司与北京世纪超星信息技术发展有限责任公司以优势互补、携手创建的中国标准咨询网（http://www.chinastandard.com.cn/）经历了精心策划、精心组织，于2001年4月1日正式开通运行。中国标准咨询网组建的目的是为我国各行各业及科研单位面向世界走向国际市场提供技术监督法规信息、国内外标准信息、产品抽检信息和质量认证信息等全方位的网上咨询服务。网上数据信息每日更新一次，力求做到权威、完整、准确、及时。网上设置栏目、标题众多，内容翔实丰富，咨询服务完善周到。中国标准咨询网主页如图3.6所示。

图3.6 中国标准咨询网主页

网站栏目主要有标准数据库、标准信息、法规信息、国家监督质量抽查信息、质量认证信息、WTO咨询台、生活与标准、专家论坛和标准培训。网站可通过行业查询和标准类型进行查询。

此外，我们还可以利用标准光盘数据库方便地检索到国际标准、许多国家以及欧洲标准组织颁布实施的标准。例如，美国IHS公司推出的《世界标准光盘数据库》收集了世界上近400个主要标准组织的标准。

三、实务训练

1. 实训目的

能够根据要求快速收集各类标准信息,能够进行查新检索、有效性检索及专题检索等。

2. 实训要求

(1) 要查全,尽量通过多种方法和多个数据库或网站查找尽可能多的文献。

(2) 要查准,要能够从各种信息中筛选所需的标准信息。

(3) 准确完整地记录查询信息。

3. 实训课业

(1) 利用标准检索工具或在中国标准服务网上,分别检索"园艺设备"类标准和标准号为"GB/T 6243—2003"的标准。

(2) 查询"啤酒"现行的标准信息,查询其标准号、啤酒的感官要求、理化要求、卫生要求。

(3) 查询"运动饮料"的标准信息,请写明相关标准信息(标准级别、分类号、标准号、标准名称、标准提出单位、审批单位、批准年月、实施日期、具体内容项目)。

四、知识回顾

1. 标准文献的编写体例是怎样的?
2. 标准有哪些种类?
3. 常见的标准查询网站有哪些?

拓展资料 7

标准查询——印刷性检索工具

一、《中国标准化年鉴》

《中国标准化年鉴》由原国家标准总局编辑,1985 年创刊,以后每年出版一本。其内容包括我国标准化事业的现状、国家标准分类目录和标准序号索引三部分。

二、《中华人民共和国国家标准目录》

《中华人民共和国国家标准目录》由中国标准化协会编辑,不定期出版,内容包括现行国家标准外,还列出了行业标准。该目录分标准序号索引和分类目录两部分编排。

三、《标准化通讯》

《标准化通讯》是由中国标准化协会编辑出版的月刊,主要报道国内最新标准及标准化工作动态。

四、《最新国家标准和国际标准目录》

《最新国家标准和国际标准目录》由中国标准信息中心编辑出版,该目录汇总了 1991 年 1 月至 1992 年 9 月发布的所有新的国家标准和国际标准,以及对现行标准的修改(补充)和作废情况。其内容包括分类目录和标准序号索引两部分。

五、《世界标准信息》

《世界标准信息》是由中国标准信息中心编辑出版的月刊。该刊以题录形式介绍最新国家标准、行业标准、台湾标准、国际和国外先进标准,以及国内外标准化动态。

拓展资料8

企业标准化策略[①]

一、标准化策略的内涵

与本土化策略相对,许多学者与执行者认为营销策略全球标准化可以获得重大的利益。事实上,部分人士建议采取极端的策略:以相同价格在同样的通路提供相同的产品,并以相同的销售与促销计划在全球支援这些商品。国际产品的标准化策略是指企业向全世界不同国家或地区的所有市场都提供相同的产品。而实施产品标准化策略的前提是市场全球化。

二、标准化策略的案例

Levitt主张"就商业而言,麦当劳、可口可乐、百事可乐、摇滚乐、希腊沙拉、好莱坞电影、新力电视以及Levi's牛仔裤风行全球。"虽然如Levitt建议的跨国标准化可能十分困难,一般仍然认为市场越来越全球化,而且真正的标准化策略在许多情况下可以成功实施。在耐久消费品中,奔驰采取全球一致的方式销售汽车。在非耐久消费品中,可口可乐无所不在。在工业产品中,波音喷射机以同样的营销观点在全球销售。

过去的研究显示,在其他情况相同时,企业通常会选择标准化。近来对此课题的研究,大多支持在外国市场的营销策略进行部分或全部标准化。举例而言,品牌名称、产品特征以及包装的标准化程度可能极高。跨国企业在发展中国家销售的商品有超过一半是来自于母公司所在的市场。在样本中,61个子公司销售的2200种商品中有1200种是在美国或英国中发展出来的。也正因为此,标准化被称为技术创新体系的轴心。动态标准化过程体现了科技创新的演进,标准化与知识产权结合有助于推动自主创新,标准化进一步与AIP"三验"结合带动开放创新。通过标准化以及相关技术策略的实施,可以整合和引导社会资源,激活科技要素,推动自主创新与开放创新,加速技术积累、科技进步、成果推广、创新扩散、产业升级。

三、标准化策略的意义

支持标准化的观点是出于以下原因:成本的节省;发展全球商品并达成较佳的营销绩效。

(1)产品标准化策略可使企业实行规模经济,大幅度降低产品研究、开发、生产、销售等各个环节的成本而提高利润。

(2)在全球范围内销售标准化产品有利于树立产品在世界上的统一形象,强化企业的声誉,有助于消费者对企业产品的识别,从而使企业产品在全球享有较高的知名度。

---

① http://cache.baiducontent.com/c?m。

(3) 产品标准化还可以使企业对全球营销进行有效的控制。国际市场营销的地理范围较国内营销扩大了,如果产品种类较多,则每个产品所能获得的营销资源相对较少,难以进行有效的控制。产品标准化一方面降低了营销管理的难度,另一方面集中了营销资源,企业可以在数量较少的产品上投入相对丰裕的资源,对营销活动的控制力更强。

(4) 随着科学发展、技术进步和社会经济实践的进展,标准化是一个不断演进的动态过程。动态标准化过程体现了科技创新的演进,标准化与知识产权结合有助于推动自主创新,标准化进一步与AIP"三验"结合带动开放创新。通过标准化以及相关技术政策的实施,可以整合和引导社会资源,激活科技要素,推动自主创新与开放创新,加速技术积累、科技进步、成果推广、创新扩散和产业升级。

总之,跨越国界的产品标准化可降低成本,诸如研发、产品设计与包装之类的成本重复。此外,标准化亦可实现经济规模。而且,标准化可以在处理顾客与产品设计上达成一致性。产品风格的一致性——特色、设计、品牌名称、包装均应建立产品全球一致的共同印象,以协助整体销售量的增加。举例而言,熟悉某种品牌的顾客可能会在海外购买同样的品牌。近年来,产品因为各地旅游便利以及大众传播而在全球曝光,而这更需要由标准化达成一致性,因此标准化可能要求在一个国家中成功的产品在其他类似的国家与竞争条件下有良好的表现。最后,标准化作为面向创新2.0的科技创新体系的重要支撑,以及技术创新体系、知识社会环境下技术2.0的重要轴心,对推动科技创新,提升全球竞争力有着关键性作用。

四、标准化与科技创新

标准是科学、技术和实践经验的总结。开放的复杂化系统理论视角下的科技创新体系将标准化作为面向下一代创新的科技创新体系的重要支撑,并被称之为技术创新体系、知识社会环境下技术2.0的重要轴心;标准化也是现代城市管理区别于传统城市管理、现代管理区别于传统管理、现代服务业区别于传统服务业的重要特征。早在20世纪70年代,钱学森就提出要加强标准化工作及其科学研究以应对现代化、国际化的发展环境。随着科学发展、技术进步和社会经济实践的进展,标准化是一个不断演进的动态过程。动态标准化过程体现了科技创新的演进,标准化与知识产权结合有助于推动自主创新,标准化进一步与AIP"三验"结合带动开放创新。通过标准化以及相关技术政策的实施,可以整合和引导社会资源,激活科技要素,推动自主创新与开放创新,加速技术积累、科技进步、成果推广、创新扩散、产业升级以及经济、社会、环境的全面、协调、可持续发展。

五、实施条件

企业应根据以下四个方面来决定是否选择产品的标准化策略。

1. 产品的需求特点

从全球消费者的角度来看,需求可分为两大类:一类是全球消费者共同的与国别无关的共性需求;另一类则是与各国环境相关的各国消费者的个性需求。在全球范围内销售的标准化产品一定是在全球具有相似需求的产品。消费者对任何一种国际产品的需求都包括对产品无差别的共性需求和有差别的个性需求这两种成分。企业营销人员应当正确识别消费者在产品需求中究竟是无差别的共性需求占主导地位还是有差别的个性需求占主导地位。对无差别的共性需求占主导地位的产品,宜采取产品标准化策略。下列产品的需求特征表现为无差别的共性需求成分偏大:大量的工业品,如各种原材料、生产设备、零部件等;

某些日用消费品,如软饮料、胶卷、洗涤用品、化妆品、保健品、体育用品等;具有地方和民族特色的产品,如中国的丝绸,法国的香水、古巴的雪茄等。

2. 产品的生产特点

从产品生产的角度来看,适宜于产品标准化的产品类别为在R&D、采购、制造和分销等方面获得较大规模经济效益的产品,具体表现为:技术标准化的产品,如电视机、录像机、音响等产品;研究开发成本高的技术密集型产品,这类产品必须采取全球标准化以补偿产品研究与开发的巨额投资。

3. 竞争条件

如果在国际目标市场上没有竞争对手出现或市场竞争不激烈,企业可以采用标准化策略或者市场竞争虽很激烈,但本企业拥有独特的生产技能,且是其他的企业无法效仿的,则可以采用标准化产品策略。

4. 实施标准化产品策略必须做成本-收入分析

实施标准化产品策略必须严格根据收益情况来进行决策。产品、包装、品牌名称和促销宣传的标准化无疑都能大幅度降低成本,但只有对大量需求的标准化产品才有意义。

此外,还应考虑各国的技术标准、法律要求及营销支持系统,即各国为企业从事营销活动提供服务与帮助的机构和职能。例如,有的国家的零售商没有保鲜设施,新鲜食品就很难在该国销售。尽管产品标准化策略对从事国际市场营销的企业有诸多有利的一面,但缺陷也是非常明显的,即难以满足不同市场消费者不同的需求。

六、贸易标准化

贸易技术壁垒极大地限制了国际贸易的进行和发展,也不利于国际分工和资源的有效配置。全世界的商人都需要国际标准。广泛采用国际标准,有助于推动国际贸易的顺利发展,有助于消除横亘于各国之间的贸易技术壁垒。

美国石油协会API标准,其常用标准一般一年有一个增补版本,第二年改出修订的新版本。美国ASME锅炉和压力容器法规标准,每年两次补遗,三年修订一次。标准化工作对设计、生产、使用中出现的变化反应迅速及时。国际标准从提出建设草案开始到颁布正式标准约需5~7年的时间。据有关资料报导,ISO标准每五年复审一次,平均标龄4.92年。1979年3736件一次标准中,标龄在5年以内的有2100件,占总数的55.8%,还有相当一部分标准的标龄在5年、10年以上。

随着国际贸易发展和国际标准化工作的深入,各工业发达国家不仅想把自己国家的标准纳入国际标准,甚至把科研论文和试验报告也提交会议讨论,目的是将其纳入国际标准。因此,跟踪国际标准化的一切技术活动,可直接了解到很多与我国有用的实用技术,编制过渡试行标准,一旦国际标准颁布,再修订成正式标准。

大部分国际标准都是以已出版的国家标准(或大企业标准)为基础制定的,若某个国家的某项标准被世界公认,并采纳为国际标准,不仅可以节约这些国家制定修改国家标准的费用,而且在生产上轻车熟路,贸易上也先声夺人。例如,中国有关单位针对"金属粉末可被氢还原含量的测定方法"国际标准草案中存在的问题,提出中国的方案,被ISO/TC 119/SC2采纳为国际标准,采用该方法的测氧仪已在中国批量生产,广泛用于冶金、地质、机械等部门,并作为配套设备出口巴基斯坦、罗马尼亚等国。

中国现有的众多标准是在计划经济体制下制定的,被人们称之为生产型标准,其主要特点是:标准是为组织生产服务的,从生产角度考虑多,从用户和市场需求变化角度考虑的少;标准多为强制性,指标过多,过于繁杂,内容过细,适应性差;标准内容与生产工艺紧密相连,更新周期较长。很显然,生产型标准缺乏必要的自由度和应变性,已不适应社会主义市场经济和对外开放的要求。为此,应将生产型标准转变为贸易型标准,具有以下特点。

(1) 把产品的使用性能和用户的需求放在首要位置。同一产品可以根据不同国别、生活习惯、消费水平等采用灵活、不同类型的标准,使其覆盖面相对较宽,产品规格齐全,使用性能或体现产品特性的指标要比较宽松并划分不同档次,以适应市场的瞬息万变。

(2) 贸易型标准更新速度快。贸易型标准不与工艺相关联,有利于打破只有工艺成熟、生产稳定才能制定标准的局面,有利于贯彻"积极采取国际标准"的方针,有利于采用超前标准化工作。

(3) 贸易型标准是非强制性的,出口产品所执行的标准应与国际惯例一致,从总体上看应都是非强制性的供外商选用。

(4) 贸易型标准注重产品的外观和包装要求。国际市场上客户对产品的外观和包装都十分重视。生产型标准涉及产品的外观和包装的内容较少,使得我国一些产品质量很好,但由于外观和包装不行而在国际市场上登不上大雅之堂,价格上不去,或由于包装问题而使产品质量受损,导致贸易中索赔严重。因此,标准中不仅对产品质量做出明确规定,还要对产品外观包装质量做出明确规定。

(5) 贸易型标准注重环境保护。生态危机和环境污染严重困扰着地球,环境保护已成为当今世界与和平、发展并列的三大主题之一。环境因素正成为国际竞争力的新要求。因此,在制定贸易型标准时应注意提高绿色意识,加强环境保护,倡导清洁生产,提供清洁产品,注重ISO1400国际标准对中国外贸事业可持续发展的影响。

总之,跨越国界的产品标准化可降低成本,诸如研发、产品设计与包装之类的成本重复。此外,标准化亦可实现经济规模。而且,标准化可以在处理顾客与产品设计上达成一致性。产品风格的一致性——特色、设计、品牌名称、包装均应建立产品全球一致的共同印象,以协助整体销售量的增加。举例而言,熟悉某种品牌的顾客可能会在海外购买同样的品牌。近年来,产品因为各地旅游便利以及大众传播而在全球曝光,而这更需要由标准化达成一致性。最后,标准化可能要求在一个国家中成功的产品在其他类似的国家与竞争条件下有良好的表现。

拓展资料9

国际标准化组织一览表[①]

1. 国际电工委员会(IEC)
2. 国际电信联盟(ITU)
3. 国际人造纤维标准化局(BISFA)
4. 国际标准化组织(ISO)

---

① http://web.sac.gov.cn/templet/default/ShowClass.jsp?id=gjbzhzz&pu=2。

5. 食品法典委员会(CAC)
6. 关税合作理事会(CCC)
7. 国际照明委员会(CIE)
8. 国际无线电干扰特别委员会(CISPR)
9. 国际原子能机构(IAEA)
10. 国际航空运输协会(IATA)
11. 国际民航组织(ICAO)
12. 国际辐射单位和测量委员会(ICRU)
13. 国际乳制品联合会(IDF)
14. 国际签书馆协会和学会联合会(IFLA)
15. 国际制冷学会(IIR)
16. 国际劳工组织(ILO)
17. 国际海事组织(IMO)
18. 国际橄榄油理事会(IOOC)
19. 国际辐射防护委员会(ICRP)
20. 国际兽疫局(OIE)
21. 国际法制计量组织(OIML)
22. 国际葡萄与葡萄酒局(OIV)
23. 国际铁路联盟(UIC)
24. 联合国教科文组织(UNESCO)
25. 世界卫生组织(WHO)
26. 世界知识产权组织(WIPO)

拓展资料 10

市场竞争与企业标准化[①]

一个企业能不能在市场竞争当中取胜,决定着企业的生死存亡。企业的标准化工作能不能在市场竞争当中发挥作用,决定着标准化在企业中的地位和存在价值。企业标准化在企业里有多方面的作用,那么在市场竞争这个问题上标准化能起作用吗？能起什么作用呢？

如果就市场竞争而论,标准化的作用简单地说,就是能够"赢得市场竞争"。当然并不是企业一开展标准化就能赢得市场竞争。标准化没那么灵,但是如果把标准化工作做好了,确实能赢得市场竞争。标准化工作应该怎么做才算做好呢？这个不好一概而论,也没有一个固定的公式。根据经验,企业标准化工作要攀登三个台阶或者说要走"三步曲"。

第一步,制定好能确切反映市场需求令顾客满意的产品标准。保证产品获得市场欢迎和较高的满意度,解决占领市场的问题。

第二步,建立起以产品标准为核心的有效的标准体系。保证产品质量的稳定和生产率

---

① http://www.cqn.com.cn/news/zjpd/bztd/80326.html。

的提高,使企业能够站稳市场,不至于刚占领市场就由于质量不稳退出市场。

第三步,把标准化向纵深推进,运用多种标准化形式支持产品开发,使企业具有适应市场变化的能力即对市场的应变能力。市场不是固定的,不是开发出一种产品,制定了一个标准,就几十年可以不变。市场是多变的,企业必须具备应变能力,这就是使企业不仅能够占领市场、站稳市场,还能够适应市场、扩大市场。

标准化要一步一步地跟着企业的市场运作来转,一直转到这个角度,登上制高点,这才能体现出标准化的作用和价值。这三步曲中的每一步,都要遵循市场经济规律,都要抛弃计划经济体制下遗留的种种弊端,每个企业都要从自身的情况出发,通过创新开辟自己的标准化道路。

1. 制定好产品标准是企业标准化的第一步

市场竞争也可以说是争夺顾客的竞争,顾客倒向谁,谁就成功,顾客抛弃谁,谁就失败,因此才有"顾客是上帝"的这种理论。

政府有关部门也在替企业操心,用各种方式抓质量、促质量。

那么,情况怎么样呢?就当前情况来看效果是有的,但值得深思的问题也有,比较普遍的一个现象是许多企业的产品质量经过检验是合格的,但到了市场却不受欢迎,缺乏竞争力,销售不畅,企业效益不佳。这不是个别现象,而是普遍现象。

问题出在哪里呢?原因可能是多方面的,譬如,产品的样式不够新颖,规格不够齐全,价格偏高,等等。但有一点是肯定的,那就是企业上上下下都满足于"合格"两个字,"合格"是他们抓质量的奋斗目标。如果最后"合格"了反而不畅销,那就应该刨根问底,问一个到底为什么?我们该怎么做?

问题出在产品标准上。力争检验合格,提高合格率,这样做错了吗?没错,这是企业始终要坚持的质量管理的方式。问题出在判定是否合格的标准上。产品质量符合标准,那么标准是不是符合市场呢?是不是符合顾客的要求呢?许多标准问题就出在它不符合市场、不符合顾客的要求,是主观上制定的标准,然后把它作为目标去攻,攻了个合格品,但最后达不到自己的目的。根据这样的标准生产的合格品,可以说毫无意义,是一种资源浪费。

现在几乎所有的企业都要用市场眼光认真审视自己所制定的产品标准,是不是存在这样的问题,我认为是大量存在的,所以这个问题是应该引起特别重视的一个问题。

标准的问题又出在哪里呢?标准的问题出在由谁给质量下定义这个最基本的问题上。计划经济年代是由政府下定义或企业自己来定义,企业生产的产品只要符合政府定义的质量标准就算合格品,企业就算100%完成了任务;市场条件下质量是由顾客定义的,不符合顾客要求的产品,不管符合什么标准,顾客一概不认可。这个问题的焦点就在于标准规定的质量是不是由顾客定义的。从前制定的标准本质上不是由顾客定义的,因为没经过那样的程序,没反映顾客的要求。许多企业在制定标准时可能曾经考虑过顾客的要求,甚至进行过市场调研,但不彻底,企业的定义和顾客的定义之间有差距。差距越大的产品越不受欢迎。企业当前的任务就是尽量缩小这个差距,缩小两个定义之间的差距。这既是标准化观念更新的内容,也是标准化工作改革的深层次的问题。

企业只有真正实行以顾客为中心的战略,才能制定出由顾客来定义质量的产品标准。怎样制定出由顾客来定义质量的标准,这就是标准中规定什么以及这些规定如何产生的问题。

企业要通过产品销售赢得市场竞争,就不能凭自己的主观臆想和仅凭以往的经验来制定标准,最关键的是要满足顾客的需求,包括显在的和潜在的需求信息并把这些信息转化为标准中的质量要求。收集的信息越准确,转化得越正确,两个定义之间的差距就越小。

企业把确切反映市场需求、顾客满意的产品标准制定出来,在企业内部认真实施标准,这种情况下出厂的合格品就会是畅销品。这第一个台阶的标志是符合标准的产品占领了市场。

2. 标准形成体系才能发挥作用

制定好产品标准非常重要,因为它是关键,也就是说通过制定产品标准,企业搞清楚了顾客需要什么样的产品,并且把这种需求在标准中用量化了的技术要求清楚地表示出来,使企业的各方面通过标准都能够知道什么叫满足顾客的要求,对顾客的要求具体来说都应该做到什么程度。

在企业里只有一个孤立的产品标准是很难发挥作用的,标准化的作用要通过标准体系才能有效地发挥,仅仅有了产品标准是不够的,故要接着上第二个台阶——建立标准体系。

以产品标准为核心,包括保证产品标准实施所必需的配套标准,共同形成一个有机整体,叫标准体系。

建立标准体系的目的是保证产品标准的实施和产品质量的稳定,从而使企业能稳定地占领市场,不致因质量波动失去顾客的信誉而丢掉市场。这个目标是同质量管理体系一致的,没有任何的矛盾,所以如果企业真正建立了标准体系,应能在标准体系的基础上,轻而易举地实施质量管理体系。在未建质量体系的企业里,要下大力气攀上这第二个台阶。因为只有一个孤立的产品标准是不解决问题的。一个产品质量的形成过程涉及许多内部外部的因素,这些因素得不到有效的控制,产品质量不可能稳定,所以建立标准体系就是对影响产品质量的这些因素制定相应的标准加以规范。

3. 产品开放领域是企业标准化的制高点

现今的市场和消费者的需求已经和计划经济时代完全不一样,企业要想长久地赢得市场,就一定要有适应市场变化的应变能力。

企业的市场应变能力,主要体现在产品开发的创新能力,企业不能适应市场的变化及时推出新产品就无所谓应变,这是企业的生存之本。所以,标准化只有全面支持产品开发并做出突出贡献,才能最终确立标准化在企业中的地位和价值。那么,标准化能不能在这方面做出自己的贡献,表现出自己的价值呢?

工业化时代的标准化是为大规模生产奠定基础的。大规模生产的一个永恒的原则是面向需求统一的市场、生产标准化产品。这是工业化时代的一个显著特征,也是工业化时代标准化得以蓬勃发展的原因。有的学者甚至把工业化时代称之为"标准化时代"。

在最近的二三十年时间里标准化基础上的大规模生产,遇到了越来越强烈的挑战,这就是市场需求统一化的解体和市场多元化,需求多样化、个性化的趋势日渐增强并占据统治地位。发生这种变化的原因是科技进步、经济发展和生活水平提高。

这实际上是市场需求的多样化和个性化挑战,挑战的核心不是大规模生产方式本身,而是其结果——产品品种规格单一,市场强制消费者接受标准产品。

随着市场需求的变化,与市场相关为市场服务的各行各业都发生了变化。从汽车制造业到信息产业、电信业、生活消费品、饮料业、快餐业、银行业、保险业等都对市场的变化做出响应,向消费者开始提供多样化的产品和满足个性要求的服务。由此引发了20世纪80年代开始的产品创新浪潮和一系列新的制造技术和管理技术的应用。过去的大规模生产,产品是标准化的,市场需求是统一的、没被细分的。产品开发周期和产品的生命周期相当长,一切都是有规律的、无条件的。所以,才有十年一贯制,甚至几十年一贯制的标准还能生存的现象。现今的生产模式是多样化和定制式的产品代替了标准化产品,多样化细分的市场,从统一的市场中迅速成长,产品开发周期和产品的生命周期日益缩短。举些行业的例子,首先是汽车业,汽车制造业曾经是典型的大规模生产模式。典型的以标准化为基础的大量流水生产是第一个在美国的福特汽车公司发展来的。到了20世纪70年代左右,汽车的生产模式发生了重大变化,从1982—1990年汽车的车型增加了1/3,达到了200多种,并且多数车型还提供了多种选择,允许客户按自己的爱好定制。比如,客户可以要全轮驱动的,可以要带气囊的,可以要自动传动的,可以要立体声音响的。再如,客户可以要别克车的悬浮系统,要奔驰的13种可以调节车内环境的,从订货到交货的整个过程都在向完全定制的方向发展。各行各业都在发生变化,都在逐渐地摆脱大规模生产而转向一个新的生产模式,人们把这个新的生产模式叫大规模定制式生产。

由于新的制造技术和管理技术(如柔性制造系统、计算机集成制造技术、企业重组、流程再造等)的应用,新的生产方式不仅可以向市场提供多样化、定制式的产品,而且不断增大的生产数量可以实现一定规模生产。

由大规模生产向大规模定制的转变过程中,人们发现以往的那种过分单一的标准产品虽然已经过时,但标准化的方法和原理对大规模定制式生产是极其有用的。

(1) 用标准化零件,按多种方式进行组合,就能形成多种最终产品。采取这样的生产模式,既可以满足多样化的需求,又可以实现一定的生产规模,降低成本。

(2) 产品系列化,不仅基型产品可以满足不同的消费需求,而且还可以根据个性化的需求发展变形产品。在基型产品的基础上发展变形产品,是极其简单的一件事情,企业几乎不需要多大的代价就可以完成的,并由于零部件标准化和系列内的通用化,而提高制造过程的生产批量,又可以进一步降低成本。

大规模定制是适应市场变化的新型生产服务方式,被认为是当今企业竞争的新前沿,这是一种发展趋势,这种趋势势不可挡,企业应该意识到这种发展趋势不仅迟早会向自己发出挑战,而且也会给企业带来竞争的机遇。在实现大规模定制的这种生产模式的过程中,标准化可以发挥出极其有效的作用,除了模块化之外,产品系列化、组合化也符合这个思路。但是我们许多的企业标准化都没有达到这个程度,没有发展到这个深度,只停留在表面上,不客气地说其工作比较肤浅,有的连第一个台阶还没有上,上第二个台阶的就更少了。如果企业上了前两个台阶,那就是说这个企业能生产出标准化的产品,但适应不了大规模定制这种生产模式的挑战。大规模定制正是向大量生产标准化产品这种生产模式的挑战,所以企业标准化工作要一环扣一环地向前发展。首先制定好产品标准,然后形成体系,随着再运用简单化、统一化、通用化、系列化、组合化、模块化这样一些标准化形式使标准化向纵深推进,直到占领制高点,只有这样才能跟上时代发展的步伐。标准化要顺应这种变化,在迈上前两个台阶之后,继续向制高点攀登,在企业竞争的新前沿,创造标准化奇迹。应该意识到,这恰恰是标准化发展的新的机遇,大规模定制是对以标准产品为基础的大量生产的否定,并不是否定标准化本身而是否定标准化从前的模式,这是推动标准化向新模式、向制高点发展的原动力。

上述三个台阶是互相连贯的三个阶段,半途而废和停步不前,都终将被淘汰,只有攀上制高点,才能真正领悟企业标准化的真谛。

任务四　论文、图书信息收集与处理

一、基础知识

1. 数字图书馆概述

数字图书馆(Digital Library)是用数字技术处理和存储各种图文并茂文献的图书馆,实质上是一种多媒体制作的分布式信息系统。它把各种不同载体、不同地理位置的信息资源用数字技术存储,以便跨越区域、面向对象的网络查询和传播。它涉及信息资源加工、存储、检索、传输和利用的全过程。通俗地说,数字图书馆就是虚拟的、没有围墙的图书馆,是基于网络环境下共建共享的可扩展的知识网络系统,是超大规模的、分布式的、便于使用的、没有时空限制的,可以实现跨库无缝链接与智能检索的知识中心。

数字图书馆的服务是以知识概念引导的方式,将文字、图像、声音等数字化信息,通过互联网传输,从而做到信息资源共享。每个拥有任何电脑终端的用户只要通过互联网,登录相关数字图书馆的网站,都可以在任何时间、任何地点方便快捷地享用世界上任何一个"信息空间"的数字化信息资源。

数字图书馆既是完整的知识定位系统,又是面向未来互联网发展的信息管理模式,可以广泛地应用于社会文化、终身教育、大众媒介、商业咨询、电子政务等一切社会组织的公众信息传播。

随着计算机和网络技术的研究和发展,数字图书馆正在从基于信息的处理和简单的人机界面逐步向基于知识的处理和广泛的机器之间的理解发展,从而使人们能够利用计算机和网络更大范围地拓展智力活动的能力,在所有需要交流、传播、存储和利用知识的领域(包括电子商务、教育、远程医疗等)发挥极其重要的作用。

2. 数字图书馆的优点

(1) 信息储存空间小不易损坏

数字图书馆是把信息以数字化形式加以储存,一般储存在电脑光盘或硬盘里,与过去的纸制资料相比占地很小。而且,以往图书馆管理中的一大难题就是资料多次查阅后就会磨损,一些原始的比较珍贵的资料一般读者很难看到。数字图书馆就避免了这一问题。

(2) 信息查阅检索方便

数字图书馆都配备有电脑查阅系统,读者通过检索一些关键词就可以获取大量的相关信息。而以往图书资料的查阅都需要经过检索、找书库、按检索号寻找图书等多道工序,烦琐而不便。

(3) 远程迅速传递信息

图书馆的建设是有限的。传统型图书馆位置固定,读者往往要花费大量的时间在去图书馆的路上。数字图书馆则可以利用互联网迅速传递信息,读者只要登录网站,轻点鼠标,即使和图书馆所在地相隔千山万水,也可以在几秒钟内看到自己想要查阅的信息,这种便捷是以往的图书馆所不能比拟的。

(4) 同一信息可多人同时使用

众所周知,一本书一次只可以借给一个人使用。而数字图书馆则可以突破这一限制,一本"书"通过服务器可以同时借给多个人查阅,这样大大提高了信息的使用效率。

二、实务指导

1. 案例示范

掌握信息的收集方法使你的工作事半功倍

小王是某教育集团总经理秘书,经过一系列的市场调查,公司开设了一门会议管理课程。有一天,总经理把小王叫来,要求小王给他收集与课程相关的教材及会议管理教学法的论文。小王根据在学校学习的信息收集与处理的方法快速地完成了任务,得到总经理的信任和赞许。

2. 案例启示

在基层工作中经常需要收集论文及图书资料,查找专业论文和图书资料可以使用搜索引擎泛泛地查找,但是往往效果不佳,最重要的没有办法看到原文,因此掌握专业论文及图书资料收集的各类数据库就变得至关重要,在实际工作中我们可以根据检索的要求和现有的条件综合运用多种途径查找相关信息。

3. 案例操作流程提示

(1) 论文查找途径

① 中国知网

中国知网中有子数据库,包括:中国期刊全文数据库;中国优秀硕士论文全文数据库;中国优秀博士论文全文数据库;中国重要会议论文全文数据库。

a. 中国期刊全文数据库,相关介绍参见表 3.7。

表 3.7 中国期刊全文数据库简介

简介	该库是目前世界上最大的连续动态更新的中国期刊全文数据库,收录国内 8200 多种重要期刊,以学术、技术、政策指导、高等科普及教育类为主,同时收录部分基础教育、大众科普、大众文化和文艺作品类刊物,内容覆盖自然科学、工程技术、农业、哲学、医学、人文社会科学等各个领域,全文文献总量 2200 多万篇
文献来源	中国国内 8200 多种综合期刊与专业特色期刊的全文
专辑和专题	产品分为十大专辑:理工 A;理工 B;理工 C;农业;医药卫生;文史哲;政治军事与法律;教育与社会科学综合;电子技术与信息科学;经济与管理。十专辑下分为 168 个专题和近 3600 个子栏目

续表

专辑和专题	专辑	所含专题
	理工A	自然科学综合,数学,非线性科学与系统科学,力学,物理学,生物学,天文学,地理学、测绘学、气象、水文与海洋学,地质学,地球物理学,资源科学
	理工B	化学,无机化工,有机化工,材料科学,燃料化工,一般化学工业,石油、天然气工业,矿业工程,金属学、冶金及其他金属工艺,轻工业、手工业,传统服务业,劳动保护,环境科学与资源利用,新能源技术
	理工C	工业通用技术及设备,机械工业,仪器仪表工业,航空、航天技术,军事技术与工程,交通运输,水利工程,农业工程,建筑科学与工程,动力工程,原子能技术,电工技术
	农业	农业基础科学,农田水利工程,农艺学,植物保护,农作物,园艺,林业,野生动物保护,畜牧,动物医学,狩猎,蚕蜂,水产、渔业
	医药卫生	医学科学综合,预防医学与卫生学,中医学,中药学,中西医结合,基础医学,临床医学,内科学基础,传染病等感染性疾病,心血管系统疾病,呼吸系统疾病,消化系统疾病,内分泌腺及全身性疾病,外科学基础及全身性疾病,骨科、整科外科,泌尿科学,妇产科学,儿科学,神经病学,精神病学,肿瘤疾病与防治,眼科,耳鼻咽喉科,口腔科学,性病与皮肤病,特种医学,急救医学,军事医学与卫生,药学,生物医学工程
	文史哲	文学史及创作理论,世界各国文学,中国文学,汉语与语言学,外语研究与教学,艺术理论,音乐、舞蹈,戏剧、电影及电视艺术,书画美术等艺术,人文地理,旅游文化,各国历史,史学理论,中国通史,中国民族史志,中国地方史志,中国古代史,中国近、现代史,人物传记,哲学,逻辑学,伦理学,心理学,美学,宗教,文化学
	政治军事与法律	政治学,行政学,政党及群众组织,中国政治、国际政治,思想政治教育,军事,国家行政管理,法理、法史,国际法,宪法、行政法及地方法制,民法、商法,刑法,诉讼法,司法
	教育与社会科学综合	社会科学综合,社会学,民族学,人口学与计划生育,人才学,教育理论,教育管理,幼儿教育,初等教育,中等教育,高等教育,职业教育,继续教育,体育
	电子技术与信息科学	无线电电子学,电信技术,计算机硬件技术、计算机软件及计算机应用,互联网技术,自动化技术,新闻与传媒、出版事业,图书情报与数字图书馆,档案及博物馆学
	经济与管理	宏观经济管理与可持续发展,经济理论及经济思想史,经济体制改革,农业经济,工业经济,交通运输经济,文化经济,信息经济,服务业经济,贸易经济,财政与税收,金融,证券,保险,投资学,会计,审计,统计,企业经济,市场研究与信息,管理学,领导学与决策学,系统学,科学研究管理
收录年限	1994年至今(部分刊物回溯至创刊)	
产品形式	Web版(网上包库)、镜像站版、光盘版、流量计费	
更新频率	CNKI中心网站及数据库交换服务中心每日更新5000~7000篇,各镜像站点通过互联网或卫星传送数据可实现每日更新,专辑光盘每月更新,专题光盘年度更新	

b. 中国优秀(博)硕士论文全文数据库

简介:中国优秀(博)硕士论文全文数据库是目前国内相关资源最完备、高质量、连续动态更新的中国优秀(博)硕士学位论文全文数据库。

文献来源：全国420家博士培养单位的博士学位论文和652家硕士培养单位的优秀硕士学位论文。

专辑和专题：产品分为十大专辑，即理工A、理工B、理工C、农业、医药卫生、文史哲、政治军事与法律、教育与社会科学综合、电子技术与信息科学、经济与管理。十专辑下分为168个专题文献数据库。专辑和专题内容同中国期刊全文数据库。

收录年限：1999年至今。

更新频率：CNKI中心网站及数据库交换服务中心每日更新，各镜像站点通过互联网或卫星传送数据可实现每日更新，专辑光盘每月更新。

c. 中国重要会议论文全文数据库

简介：中国重要会议论文全文数据库收录我国自2000年以来国家二级以上学会、协会、高等院校、科研院所、学术机构等单位的论文集，年更新约10万篇论文。

文献来源：中国科协及国家二级以上学会、协会、研究会、科研院所、政府举办的重要学术会议、高校重要学术会议、在国内召开的国际会议上发表的文献。

专辑和专题：产品分为十大专辑，即理工A、理工B、理工C、农业、医药卫生、文史哲、政治军事与法律、教育与社会科学综合、电子技术与信息科学、经济与管理。十专辑下分为168个专题和近3600个子栏目。专辑和专题内容同中国期刊全文数据库。

收录年限：2000年至今(部分社科类会议论文回溯至2000年前)。

产品形式：Web版(网上包库)、镜像站版、光盘版、流量计费。

更新频率：CNKI中心网站及数据库交换服务中心每日更新，各镜像站点通过互联网或卫星传送数据可实现每日更新，专辑光盘每月更新，专题光盘年度更新。

② 万方数据库

在万方数据库中可以查找论文的三个子系统，包括学位论文子系统、会议论文子系统和数字化期刊子系统。

a. 中国学位论文全文数据库

万方学位论文库(中国学位论文全文数据库)是万方数据股份有限公司接受中国科技信息研究所委托加工的中国学位论文文摘数据库，收录了自1980年以来我国自然科学领域博士、博士后及硕士研究生论文，其中全文90余万篇，每年稳定新增15余万篇，是我国收录数量最多的学位论文全文库。专业分类为人文、理学、医药卫生、农业科学、工业技术五大类。

b. 中国会议论文全文数据库

中国会议论文全文数据库是国内唯一的学术会议文献全文数据库，主要收录自1998年以来国家级学会、协会、研究会组织召开的全国性学术会议论文，数据范围覆盖自然科学、工程技术、农林、医学等领域，是了解国内学术动态必不可少的帮手。

c. 数字化期刊全文数据库

数字化期刊全文数据库集纳了理、工、农、医、哲学、人文、社会科学、经济管理与教科文艺等八大类100多个类目的近5500余种各学科领域核心期刊，实现全文上网，论文引文关联检索和指标统计。从2001年开始，数字化期刊已经囊括我国所有的科技统计源期刊和重要社科类核心期刊。

③ 维普数据库

维普资讯公司推出的中文科技期刊数据库(全文版)是一个功能强大的中文科技期刊检

索系统。该数据库收录了1989年至今的8000余种中文科技期刊,涵盖自然科学、工程技术、农业科学、医药卫生、经济管理、教育科学和图书情报等七大专辑。

(2) 图书查找途径

① 超星数字图书馆

超星数字图书馆是目前世界最大的中文在线数字图书馆,提供大量的电子图书资源以供阅读,其中包括文学、经济、计算机等50余大类,数十万册电子图书,300万篇论文,全文总量4亿余页,数据总量30 000GB,大量免费的电子图书,并且每天仍在不断的增加与更新。

超星数字图书馆成立于1993年,是国内专业的数字图书馆解决方案提供商和数字图书资源供应商。超星数字图书馆是国家"863"计划中国数字图书馆示范工程项目,2000年1月在互联网上正式开通。它由北京世纪超星信息技术发展有限责任公司投资兴建,目前拥有数字图书80多万种,涉及哲学、宗教、社科总论、经典理论、民族学、经济学、自然科学总论、计算机等各个学科门类。该图书馆已订购67万余册,收录年限的图书从1977年至今。

② 中国数字图书馆

中国数字图书馆是以国家巨额财政投入建立的国家数字图书馆工程为基础,充分依托中国国家图书馆丰富的馆藏资源和国家数字图书馆工程资源建设联盟成员的特色资源,借助遍布全国的信息组织与服务网络建立起来的目前我国规模最大的数字图书馆。其内容覆盖经济、文学、计算机技术、历史、医药卫生、工业、农业、军事、法律等22个门类。

针对企业信息服务,中国数字图书馆还可以为客户提供个性化分类,即在为客户提供中图法标准分类的同时,也可以根据用户需求对分类进行调整。例如,在计算机应用较多的企业,可以按照客户需求将TP3计算机类提取出来与其他的分类并列;对于与经济息息相关的金融单位,也可以将经济类作为主类。

③ 书生之家数字图书馆

书生之家数字图书馆是由北京书生数字技术有限公司于2000年创办的,以中文信息数字化技术为核心的技术资源厂商,2005年书生公司SEP数字纸张技术被列为国家"863"计划。书生公司采用国内外领先的、有自主知识产权的中文信息数字化技术——全息数字化技术,使得原版信息能够完美重现。使用文本形式存储可以做到图文并茂,文字部分可以摘录,图片可以下载,并支持全文检索功能,支持多种类型资源转换(纸介质、电子文档),技术扩展性强,使得学校师生能够充分享受现代科技带来的优势。

数字版权包括出版社及相关作者的双重授权,同时采用TESDI(数字版权保护技术)从技术上加以保护。目前,书生之家数字图书馆已获得400多家出版社的授权及相关作者的授权,这样既保证版权,又让图书馆用得放心。

书生之家数字图书馆资源的收录原则包括:a. 政治性原则;b. 学术性原则;c. 实用性原则。书生之家数字图书馆目前有电子图书50万种,图书包含文、理、工以及科研和教学方面的图书,多数是2000年后出版的新书,资源持续更新。

该图书馆支持书名、作者、出版商、ISBN、摘要、主题词、分类、二次等单项检索功能,可以实现高级检索功能(或称组合检索、与或检索);运用全文检索技术,实现检索定位到页,实现目录检索,读者能在最短的时间里查到自己想要的内容,集中体现数字图书馆的优势。

各种数字图书馆收录图书有一个过程,更新速度慢,要想查到最新的图书信息读者可以运用搜索引擎,以"会议管理"或"会务管理"为关键词进行查询。但是运用搜索引擎查询图书一般只能查询到图书的目录,无法看到图书的全文,所以读者一般将不同的查询途径综合起来运用。

④ 五车数字图书馆

五车数字图书馆为读者和管理人员提供完善的阅读空间和管理功能,体现在系统对海量数据的管理,灵活、准确的检索方式以及个性化的服务。五车数字图书馆是一个综合性资源管理平台,包含多种数字化的资源,如数字图书、数字期刊、视频、音频等,功能强大,方便地实现了对数字资源存储和管理。

(1) 标准分类:对数字图书,根据中图法为标准进行细分,使图书的管理合乎业界标准。

(2) 单项检索:包括书名、作者、ISBN、出版社、全文内容。

(3) 组合检索:根据单项检索条件进行各种灵活地组合检索。

(4) 二次检索:在"单项检索"和"组合检索"的结果中可再次进行检索。

(5) 全文检索:通过和国外先进搜索引擎技术结合,确保了检索的准确率和查全率,多种检索渠道,为读者提供准确、快速的检索功能。

⑤ 网上书店

网上书店一般为用户提供图书资料,读者可以按照书名、作者、出版社、关键词、分类号等检索方式查询。找到书籍后,读者可以直接在网上完成购买图书的过程。除了购买图书,网上书店还提供诸如最新图书介绍、读书俱乐部活动、销售排行榜等信息服务。因此,网上书店是读者查找图书信息的一个非常便捷的信息源。

三、实务训练

1. 实训目的

能够快速准确地查询图书及论文信息。

2. 实训要求

(1) 要查全,尽量通过多种方法和多个数据库或网站查找信息。

(2) 要查准,要能够从各种信息中筛选所需的图书信息。

(3) 准确完整地记录查询信息,图书要记录作者、书名、出版地、出版社、出版时间;论文要记录作者、文章名、期刊名称、期刊期数。

3. 实训课业

(1) 利用不同的检索途径查询题名为"英语单词快速记忆",作者为"张道真"的图书。

(2) 请查找近3年来与会议管理相关的图书,从中选择3本适合高职教学使用的图书。

(3) 查找秘书专家委员会主席张玲莉教授近3年来的图书和论文信息。

(4) 某大学生的毕业论文题目为"高职学生能力素质的培养",请你为他查找论文可供参考的文献资料,包括论文和书籍。

四、知识回顾

1. 图书查找的途径有哪些?

2. 论文查找的途径有哪些?

拓展资料 11

中国知网数据库使用方法[①]

1. 按学科浏览

全部期刊共按学科分 9 个专辑,每个专辑下再分三级类目,第三级类目下可以按主题看到具体的文章。例如,进入 1999 年"电子科学与信息技术"专辑,可以看到 7 个一级类目;点击"图书情报",有 4 个二级类目;点击"情报学、情报工作",有 3 个三级类目;再点击其中的"情报工作",可得到近 300 篇文献。这种浏览方式可以使用户查询某一学科的所有文献,层次清晰,方便快捷。

2. 检索方式

检索方式分为专项检索和组合检索。

专项检索包括全文、篇名、作者、机构、关键词、文摘、引文、刊名、基金九个检索途径。关键词检索指的是对论文中的关键词或主题词部分进行检索,与全文检索不同;引文检索是对文章后的参考文献的检索;刊名检索可以使用户浏览到某一期刊的全部文献。

组合检索即可以将专项检索中的 9 个检索字段使用布尔逻辑"and"或"or"结合起来检索。

3. 检索技术

(1) 算符

系统支持以下算符的运用,但如果词与词之间不加任何逻辑算符,则系统默认为全部匹配。

(2) 布尔逻辑算符

可以在输入检索词时使用布尔逻辑算符:逻辑与为"and"或"＊"号;逻辑或为"or"或"＋"号;逻辑非为"－"号。

(3) 截词符

可以使用"％"作为截词算符,例如在刊名检索中使用"情报％",可以检索出"情报学报"、"情报理论与实践"、"现代情报"等刊物。

(4) 二次检索

首次检索后,在检索结果下方可以找到二次检索的检索框,进行二次检索,使结果进一步精确。二次检索同样包括专项检索和组合检索,方法同上。

4. 检索结果

(1) 检索结果

点击篇名,检索结果首先显示的是原文号、篇名、作者、机构、关键词、文摘、刊名、基金等内容,没有摘要则显示原文的前 300 字,如果需要原文,点击"原文"一栏中号码即可。

(2) 文件格式

期刊目次和摘要为 HTML 文件格式,全文为该系统特定的文件格式".caj"或".kdh"格式,必须在中国期刊网首页上下载使用系统特定的全文浏览器。

---

① http://www.doc88.com/p-4922730b1821.html。

任务五　统计信息收集与处理

一、基础知识

1. 统计信息的概念

统计信息是统计部门或单位进行工作所收集、整理、编制的各种统计数据资料的总称。统计工作所获得的各项数字资料及有关文字资料,一般反映在统计表、统计图、统计手册、统计年鉴、统计资料汇编和统计分析报告中。它是进行国民经济宏观调控的决策依据,是社会公众了解国情国力和社会经济发展状况的信息主题。

统计资料一般存放于国家或各省、市、县等行政单位的统计部门,主要包括社会经济统计数据、人口统计(或普查)数据、工农商业产值数据、各种出口(进口)产品数量数据、环境污染监测数据、各种地球物理现象的观测值、海洋和陆地水文要素的观测数据等。

2. 常用的国内统计资料

(1) 统计年鉴

①《中国统计年鉴》

《中国统计年鉴》是一部反映中华人民共和国经济和社会发展情况的资料年刊。《中国统计年鉴》是一部全面反映中华人民共和国经济和社会发展情况的资料性年刊,每年9月出版,从1981年创刊至今。该年鉴收录了全国和各省、自治区、直辖市2004年经济和社会各方面大量的统计数据,以及历史重要年份和近20年的全国主要统计数据。全书内容分为24个部分,即:a. 行政区划和自然资源;b. 综合;c. 国民经济核算;d. 人口;e. 从业人员和职工工资;f. 固定资产投资;g. 能源生产和消费;h. 财政;i. 物价指数;j. 人民生活;k. 城市概况;l. 农业;m. 工业;n. 建筑业;o. 运输和邮电;p. 国内贸易;q. 对外经济贸易;r. 旅游;s. 金融和保险;t. 教育和科技;u. 文化、体育和卫生;v. 其他社会活动及环境保护;w. 香港特别行政区主要社会经济指标;x. 澳门特别行政区主要社会经济指标。另附台湾省主要社会经济指标,我国经济、社会统计指标同世界主要国家比较。各篇前设《简要说明》对本篇的主要内容、资料来源、统计范围、统计方法以及历史的变动情况作简要概述,篇末附有《主要统计指标解释》等详细内容。

②《中国城市统计年鉴》

《中国城市统计年鉴》是全面反映中国城市经济和社会发展情况的资料性年刊。本书以《中国城市统计年鉴——2010》为例进行介绍,该年鉴收录了全国654个建制城市(含地级及以上城市和县级城市)2009年社会经济发展和城市建设等各方面的统计数据。

《中国城市统计年鉴——2010》的主要内容包括四个部分:第一部分是2009年城市行政区划,列有不同区域、不同级别的城市分布情况以及城市发展综述研究分析报告;第二部分是地级及以上城市统计资料,列有:a. 城市人口、就业、资源资料,包括城市人口、劳动力资源和就业、土地资源;b. 城市经济发展主要指标统计资料,包括综合经济、农业、工业、固定资产投资、商业、对外贸易、利用外资、财政、金融、保险等方面内容;c. 城市社会发展主要统计资料,包括劳动工资、教育、文化、医疗卫生等方面内容;d. 城市环境与基础设施资料,包括交通运输、邮电、供水、供电、城市道路、交通状况和城市环境状况等方面内容;第三部分是县级城市资料;第四部分是附录,包括主要统计指标的含义、统计范围、统计口径、计算方法。

该年鉴所涉及的全国或全部城市统计资料,均未包括香港特别行政区、澳门特别行政区和台湾省。资料中所列"全市"为城市的全部行政区域,包括城区、郊区、辖县、辖市;"市辖区"包括城区、郊区,不包括辖县和辖市。如武汉市辖区合计资料不包含黄陂区、新外区、江夏区和蔡甸区的数据。需要说明的是,该年鉴1997年开始对地级及以上城市和县级城市分别采用不同的指标体系进行统计,有些指标在两类城市之间不具有可比性,故该年鉴将地级及以上城市和县级城市统计资料分为独立的两部分。

《中国城市统计年鉴——2010》适用于各级政府管理部门、城市规划设计部门、城市社会经济研究机构、市政建设及房地产机构、各种中介服务及信息咨询机构等单位的工作者及各大专院校师生使用。该年鉴也是境外投资者、工商界人士及关心中国城市发展的人士的重要参考资料。

(2) 统计手册

统计手册是由国家统计局办公室和中国统计出版社共同组织编制的工具性实用手册,自2004年开始每年一册,逐年编印。该手册兼顾实用性、知识性和可读性,多年来受到广大统计工作者的好评,被誉为"统计工作者的'百宝箱'"、"开启统计大门的'钥匙'"、"统计生活收藏夹"。目前,统计系统内许多单位已人手一册。它不仅成为每个统计人员的必备工具,亦可作为礼品馈赠关心统计工作的领导和朋友。

统计手册具有以下三个特点。

① 实用性

统计手册的版式设计集效率手册和工作手册两项功能为一体。前部分为按日历顺序编排的效率手册,供记录每日的工作要事;后部分为笔记本,用于记载统计工作和其他事项,并附录了全国各省区市统计局及调查总队的地址及电话等实用信息,成为统计人员的好帮手。手册为32开本,双色印刷,美观大方。

② 知识性

手册日历页中插入了丰富的知识性条目。每年结合国家经济工作大政方针和统计中心工作,设立了相应的知识性和信息和性栏目。九年来,手册的知识性栏目共有30多个,知识性条目约3500多条,内容涉及:科学发展观、创建和谐社会、循环经济、奥运经济;我国改革开放新界标、改革开放第一家、改革开放成就之最;新中国"一五"至"十一五"的基本情况、主要成就和最具影响力的事件;"十二五"规划主要目标、任务及有关名词解释;中国之最、世界之最、北京奥运会之最;统计法;农业普查、经济普查、人口普查;主要统计指标、经济指标和常用术语名词解释;新中国统计大事记及统计工作辉煌成就;世界统计史;生活中的统计学及统计格言、统计小幽默、统计笑话等统计趣味知识;历史上的今天等。手册还附录了中国基本国情、中国国民经济与社会发展主要指标、中国主要指标占世界位次及比重等数据,摘编了每年发生的统计要事,基本形成一套浓缩的社会发展成就收藏本。

③ 可读性

统计手册把统计人员需要了解和关心的各方面知识以非常活泼的形式编到了手册中,每页一条,短小精悍,内容新颖,简洁明了。它的最大特点是使学习与工作密切结合,即使用者每天翻开手册时,就可以轻松地学到有关知识、了解有关信息。可一本手册在手,纵览统计百科。这样,日积月累,我们就可以获得比较广博的知识和信息。

(3) 统计资料汇编

① 新中国六十年统计资料汇编

《新中国六十年统计资料汇编》由国家统计局国民经济综合统计司编撰,中国统计出版社于2010年1月出版。

该书是一部中英文对照的大型统计资料书,记录了1949—2008年全国和31个省、自治区、直辖市、新疆生产建设兵团,以及1997年以来香港特别行政区和1999年以来澳门特别行政区的国民经济和社会发展状况。全书分为三大部分,第一部分为全国篇,第二部分为省区市篇,第三部分为港澳篇。统计指标涵盖行政区划、自然资源、国民经济核算、人口、就业、固定资产投资、财政、价格指数、环境保护、农业、工业、能源、建筑业、运输和邮电、国内贸易、对外经济贸易、旅游、金融、教育、科技、文化、体育、卫生等方面。

② 新中国五十五年统计资料汇编

《新中国五十五年统计资料汇编》由国家统计局国民经济综合统计司主编,中国统计出版社于2005年12月出版。

该书是一部中英文对照的大型统计资料书,它以翔实、可靠和权威的数据,记录了1949—2004年全国和31个省、自治区、直辖市,以及1997年以来香港特别行政区和1999年以来澳门特别行政区的国民经济和社会发展状况。

本书内容分为三大部分34个章节:第一部分为全国篇,有87张统计表,由国家统计局编辑整理;第二部分为省区市篇,每一地区有38张统计表(西藏35张),由各省、自治区、直辖市统计局编辑整理;第三部分为港澳篇,有1997年以来香港特别行政区和1999年以来澳门特别行政区统计资料,由国家统计局根据香港特别行政区政府统计处和澳门特别行政区政府统计暨普查局提供的有关资料编辑整理。全书共设置统计指标300多个,涵盖行政区划、自然资源、国民经济核算、人口、就业、固定资产投资、能源、财政、价格指数、环境保护、农业、工业、建筑业、运输和邮电、国内贸易、对外经济贸易、旅游、金融、教育、科技、文化、体育、卫生等方面。

③ 数字中国三十年——改革开放30年统计资料汇编

《数字中国三十年——改革开放30年统计资料汇编》由国家统计局《中国经济景气月报》杂志社编撰,中国统计出版社于2009年出版。

该书汇集了1978年以来我国社会、经济、科技、教育和文化等主要统计数据,客观、全面地展示了改革开放30年来中国社会进步、经济发展和文化繁荣的历史进程。书中选用了大量的数据图表,从中我们可以直观地感受到中国经济改革开放30年的发展脉络,检索出中国经济改革开放30年来的发展成就,感知30年改革开放过程中社会经济的跌宕起伏。除了大量的图表之外,其《增刊》刊载了多篇深度分析报告。其中,《数字中国三十年》以凝练深情的语言颂扬了我国伟大的变革,也寄托了对中国美好未来的期冀;《大改革 大开放 大发展》全面回顾和总结了改革开放的经验以及举世瞩目的光辉业绩;《中国国际经济地位和影响力显著提升》则展示了中国经济从封闭走向开放,从举世瞩目走向举足轻重的变革路径。可以说,这是一本改革开放30年典藏史料的统计百科全书,是了解中国、研究中国的重要参考资料。

④ 科技统计资料汇编

《科技统计资料汇编》由科学技术部发展计划司主编,中国统计出版社于每年出版一册。

该书的内容主要包括每年最新科技统计数据,主要科技、经济指标的国际比较,中国科技统计年度报告,年度全国及各地区科技进步统计监测结果,各地区监测指标值和位次几大部分。

⑤ 中国第三产业统计资料汇编

《中国第三产业统计资料汇编》由国家统计局普查中心主编,中国统计出版社于2000年出版。此后几年一直未编撰出版该书,直到2006年中国统计出版社每年出版《中国第三产业统计年鉴》。

该书是一部全面反映我国第三产业发展历史、现状、结构及其发展趋势的大型资料书。全书共分三部分:a. 综合篇,主要描述改革开放以来,我国第三产业的发展过程和国民经济产业间的关系以及第三产业中各行业的共性资料;b. 行业篇,采取部门统计和基本单位统计相结合的形式,以基本单位普查资料为主线,反映第三产业各行业的发展过程和现状,重点突出不同行业中独具特色的行业活动特征,即经营规模、活动水平及成果等方面的资料;c. 附录,主要包括三次产业划分和国民经济行业分类标准,香港特别行政区、澳门特别行政区和台湾省以及世界各国的第三产业主要统计资料。

3. 收集统计信息的注意事项

统计资料的专业性较强,在检索时需具备一定的统计学和有关专业知识,要清楚各种指标的含义和各种概念的区别,如"国民生产总值"(GNP)和"国内生产总值"(GDP)、"国民收入"(National Income)和"国民经济户"(National Accounts)、"离岸价"(F.O.B.)和"到岸价"(E.I.F.)。在查阅国外统计资料时还要注意是相对数还是绝对数、是估计数还是修正数,注意指数(Index)和基期(Base Period)的选定及其关系。为此,使用者需要掌握一些统计名词术语和统计方法的工具书以便随时查阅,如《社会经济统计辞典》、《统计和统计名词词典》、《统计名词词典》、《国际统计学百科全书》。有的统计工具书如《美国统计文摘》,本身就提供详细的指标注释,对数据收集程序、统计方法、标准、定义、时限、单位予以说明,充分利用这些注释,有利于提高统计资料的准确性和可比性。

二、实务指导

1. 案例示范

掌握统计信息收集方法 有效开展工作

小刘作为祈福集团的员工,其所在的岗位是生产、销售、非工业统计岗,主要负责工业企业生产统计和全集团非工业统计工作,工作内容包括:制作公司的生产年报、月报;监测集团公司所属企业各月生产经营,及时发现异常情况,并汇报给部门领导;将最新的统计数据及时传达给集团公司各级领导,供集团领导决策,发挥统计的咨询与监督职能。公司总裁欲在天津市投资开拓旅游市场,交代给小刘一项任务,要求他负责收集天津市旅游业相关的各种统计信息作为参考。

小刘根据集团领导的要求收集天津市旅游业的相关数据,如红色旅游和乡村旅游等各种旅游形式近几年接待游客的数据,还查找了天津市旅游资源整合开发的情况及旅游宣传情况。收集到这些统计信息后,他将其条理化后提供给集团领导。

2. 案例启示

现代企业管理越来越离不开企业统计的数据。市场经济条件下,企业作为独立的法人,独立生产,自负盈亏,逐渐成了产供销一条龙的局面,管理过程也没有以前那么容易,管理方法和管理手段也层出不穷,管理难度也大大增加。但是,不管采取何种高明的管理方法,其实施都有一个前提,就是要对企业生产经营状况及企业内外SWOT进行具体的、准确的分析,而这些都离不开统计工作的支持。因此,我们要做好企业内部统计工作。此外,在工作中,我们还需要收集本行业及欲涉足的行业的统计信息,收集竞争对手的相关数据信息,为领导决策提供可靠的依据。

3. 案例操作流程提示:统计信息收集途径

(1)中国年鉴全文数据库(中国知网)

中国年鉴全文数据库的相关介绍参见表3.8。

表3.8 中国年鉴全文数据库

简介		中国年鉴全文数据库是目前国内最大的连续更新的动态年鉴资源全文数据库,内容覆盖基本国情、地理历史、政治军事外交、法律、经济、科学技术、教育、文化体育事业、医疗卫生、社会生活、人物、统计资料、文件标准与法律法规等各个领域
文献来源		中国国内的中央、地方、行业和企业等各类年鉴的全文文献
专辑和专题		1.年鉴按级别分类可分为中央年鉴、地方年鉴、行业年鉴、统计年鉴、企业年鉴、学科年鉴、世界年鉴 2.年鉴内容按行业分类可分为地理历史、政治军事外交、法律、经济总类、财政金融、城乡建设与国土资源、农业、工业、交通邮政信息产业、国内贸易与国际贸易、科技工作与成果、社会科学工作与成果、教育、文化体育事业、医药卫生、人物等十六大专辑 3.地方年鉴按行政区划分类可分为北京市、天津市、河北省、山西省、内蒙古自治区、辽宁省、吉林省、黑龙江省、上海市、江苏省、浙江省、安徽省、福建省、江西省、山东省、河南省、湖北省、湖南省、广东省、广西壮族自治区、海南省、重庆市、四川省、贵州省、云南省、西藏自治区、陕西省、甘肃省、青海省、宁夏回族自治区、新疆维吾尔自治区、香港特别行政区、澳门特别行政区、台湾省共34个省级行政区域出版的年鉴专辑
	行业专辑	所含专题
	地理历史	基本国情概况,疆域和行政区划,人口和民族,地理,气候,河流和湖泊,自然资源,历史,环境保护
	政治军事外交	综述,政治学研究,人民代表大会,政治协商会议,中国共产党,民主党派与工商联,社会团体,纪检监察,军事,国际政治,外交,祖国统一、"一国两制",政府工作报告集锦,人口、民族、宗教、侨务,劳动、人事、社会民政,保密、地方志、年鉴,思想政治教育和精神文明建设,社会问题
	法律	法制建设综述,法律法规,案例选编,法学学科研究,纪检监察工作,司法行政工作,法院工作,检察院工作,公安工作,法律服务与律师工作,监狱管理与劳动教养,公证工作,仲裁工作,国际法制

续表

	行业专辑	所含专题
专辑和专题	经济总类	经济发展改革与管理,国有资产管理,工商行政管理,质量监督管理,知识产权与专利,劳动经济管理,安全生产监管理,消费者权益保护,物价管理,对外经济关系,旅游,服务业,民营经济,企业,经济统计工作,会计,审计,管理与咨询,科技园区与开发区,人民生活
	财政金融	财政税务,金融综述,银行,证券,投资,信托,货币与汇兑,保险
	城乡建设与国土资源	城市建设与规划,房地产,市政工程,建筑业,市容环境与园林绿化,国土资源和房屋管理
	农业	综述,农业计划与管理,农业科技,农田基本建设与农垦,农业机械化与农村能源动力,农田水利,农业气象,农业生态和环境保护,农村经济与农民生活,乡镇企业,种植业,畜牧业,渔业,林业,植物保护,农产品加工与饲料工业
	工业	综述,工业管理,工业技术综述,工业经济综述,石油和天然气工业,矿业,煤炭工业,冶金及金属制品业,机械、仪表制造业,交通运输机械工业,航空航天工业,电子工业,计算机与自动化工业,电力工业,化学工业,食品工业,饮料制造业,烟草制造业,纺织工业,服装制鞋业,木材加工及制造业,造纸及纸制品业,印刷工业,文教体育工艺品制造业,建筑与建材工业,水利,日用品制造业,包装工业,其他
	交通邮政信息产业	交通综述,铁路运输,公路运输,水路运输,航空运输,城市交通,邮政,信息产业
	国内贸易与国际贸易	贸易理论研究,国内贸易,电子商务,物价,物流和仓储,广告与展览,国际贸易
	科技工作与成果	自然科学总论,数理科学和化学,天文学、地球科学,生物科学,环境科学,安全科学
	社会科学工作与成果	综述,马克思列宁主义、毛泽东思想、邓小平理论,哲学,宗教,劳动科学,统计学,社会学,人口学,管理学,系统科学,民族学,人才学
	教育	综述,教育理论研究,幼儿教育,小学教育,中学教育,高等教育,师范教育,民族教育,成人及职业教育,教育交流,其他
	文化体育事业	综述,新闻,出版,广播与电视,电影,文学,语言与文字,艺术,图书情报,档案,文物考古博物馆,群众文化活动,体育
	医药卫生	综述,预防卫生与医疗服务,基础医学,临床医学,中医学,外科学,内科学,妇产科学,儿科学,眼科,耳鼻咽喉科学,口腔医学,皮肤病学与性病学,感染性疾病,急救医学,肿瘤,放射医学,特种医学,生物医学,医药,精神疾病
	人物	政治,军事,法制,经济贸易,财政金融,企业家,工程技术,自然科学,哲学社会科学,文化艺术,教育,体育,农业,医疗卫生,英雄模范,其他人物
收录年限		1949年至今
产品形式		Web版(网上包库),镜像站版,光盘版,流量计费
更新频率		CNKI中心网站及数据库交换服务中心每日更新,各镜像站点通过互联网或卫星传送数据可实现每日更新

(2) 中国年鉴信息网

中国年鉴信息网的主要栏目有中国年鉴、研究报告、省市统计、中国名录、省市年鉴、地方志、社会经济、古籍文献、行业数据。通过此网站我们可以获得所需资料的目录信息，并可以通过购买等形式查到原文获取需要的统计信息。

中国年鉴信息网主页如图3.7所示。

图3.7 中国年鉴信息网主页

中国年鉴信息网中年鉴分类如下。

① 统计书架：人口普查；经济普查；统计年鉴；贸易外经；科技能源；人口；教育；城市；国际；工业；农村；零售；餐饮等。

② 经济：商务；经济；金融；保险；证券；财政；基金；投资；海关；税则；税务；世贸；城市等。

③ 能源：电力；石油；煤炭；新能源；水利；能源；企业数据；电池等。

④ 化工：化学；塑料；橡胶；石化经济；化肥；农药；精细化工等。

⑤ 冶金：矿产；钢铁；稀土；有色金属；特殊钢；钨工业；贵金属；铸造等。

⑥ 机械：汽车工业；内燃机；机械工业；零部件；船舶；农业机械；电器；石化设备；模具；工业经济；机车制造；车型手册；二手车等。

⑦ 房地产：房地产；建筑业；水泥；建材；区域地产装饰；地产广告；地产设计；房地产百科等。

⑧ 交通：交通；物流；铁路；航空；港口；航运等。

⑨ 科技：信息产业；高技术；软件；通信；科技；互联网；火炬；信息化；半导体；IT等。

⑩ 医药：医药；卫生；环保；医疗器械；中医药；药品监督等。

⑪ 轻工：城市供水；食品；奶业；酿酒；纺织；印刷；造纸；包装等。

⑫ 农业：农业；农产品；畜牧业；农垦；渔业；乡镇林业；饲料；海洋粮食；肉类等。

⑬ 商业：连锁；大商场；商业；零售；企业管理；中小企业等。
⑭ 媒介：动漫；广告；媒介；广播；旅游；案例；新闻；出版；行业报告等。
⑮ 社会：文学；民族；教育；政治；哲学；法律；人口；工会；文物；气象；人力；体育等。
⑯ 其他：认证；留学生；世界；地方志；政府采购；彩票；学术；知识产权等。

（3）国研网统计数据库（国研网）

国研网统计数据库（国研网）由政府决策支持与经济研究机构国务院发展研究中心主办。

① 子数据库

国研网统计数据库（国研网）的子数据库包括国研报告（中、英文）数据库、宏观经济数据库、金融中国数据库、中国行业经济数据库、世界经济与金融评论、高校管理决策参考数据库、国研财经数据库（下设15个子库）。

② 内容范围

国研网统计数据库（国研网）的内容范围包括：国务院发展研究中心专家的调查研究报告和专题研究成果；国务院发展研究中心资料库；国研网宏观研究部、金融研究部、行业研究部的研究报告；国际知名经济研究机构和媒体（如IMF、高盛公司、摩根斯坦利、野村证券、法国CDC IXIS、德意志银行、《经济学家》杂志等）的最新研究报告；国家统计局、商务部、财政部、农业部、交通部、信息产业部、中国海关、中国人民银行、证监会、保监会等政府职能部门和管理机构的统计资料与研究成果；中国纺织工业协会、中国石油化工协会、中国钢铁工业协会、中国机械工业联合会、中国建材工业经济委员会等行业协会的统计资料与研究成果；国内各研究机构的内部研究报告与资料；国内公开发行的各类报刊媒体中的部分符合选择标准的信息资源。

③ 国研网统计数据库（国研网）的定位

为海内外的投资者、投资机构以及为他们服务的经济研究机构、各级政府部门、研究人员以及高等院校等高级人才培养机构提供关于中国经济政策和发展环境的长期、系统、深入、权威的分析和预测研究成果，满足他们对中国宏观经济和行业经济领域政策导向和经济环境深入了解的需求，对他们的经济研究、学习以及投资决策给予指导，使投资者透过国研网统计数据库（国研网）可以对中国的整体经济环境及其发展趋势有一个全面、深入、及时、准确的了解和把握。

④ 国研网统计数据库（国研网）的建设开发理念

国研网统计数据库（国研网）的建设开发理念是：专业、精品、权威。就是在文献入库以前建立严格的文献质量控制与筛选程序，通过专业的研究人员的全程参与保证每一篇入库文献的馆藏价值，从而减少未来用户的检索成本并满足其需求。

⑤ 国研网数据库（国研网）的特点

a. 专业性——国研网的文献集中于中观及宏观领域的财经领域研究和企业管理研究。

b. 权威性——国研网文献选择标准严格，以提供专业人士研究成果为主，保证成果质量。

c. 指导性——严格遵守选择标准，注重研究成果的有理有据，帮助用户有效地掌握专家的思路、研究方法，并对自己的学习、研究和决策发挥实际指导作用。

d. 包容性——坚持不分门派、兼容并蓄的原则,努力为用户提供相关领域的各方面的分析和见解。

⑥ 国研网的独家优势

国研网拥有独立的经济研究部门以及百位著名专家的顾问支持队伍,具备极强的研究实力,拥有大量独家的信息资源和研究成果;国研网和中国权威的经济研究机构和政府决策部门有着良好的合作或联盟关系,具有丰富的文献整合经验与强大的实力(已经稳健发展近5年);国研网的核心竞争力为具备对国内宏观经济和行业经济领域内的专家学者的整合能力及对该领域内高质量研究成果的整合能力。

⑦ 收录年限

《国研报告》部分收录年限为1985年至今,统计数据部分收录年限为1950年至今,其宏观经济数据库等子数据库收录年限为2000年至今。

⑧ 更新频率

全文报告数据库每日更新,统计数据库80%数据的更新周期为月度更新,20%数据的更新周期为年度更新。

(4) 国家统计局官方网站

国家统计局官方网站主要设有统计法规、统计标准、统计制度、统计公报、统计数据、统计分析、统计咨询、指标解释、统计知识、统计出版等栏目。我们以统计公报为例进行详细介绍,统计公报页面如图 3.8 所示。

图 3.8　国家统计局统计公报页面

① 统计公报分类

统计公报分为年度统计公报、人口普查公报、基本单位普查公报、经济普查公报、农业普查公报、工业普查公报、三产普查公报、R&D普查公报、其他统计公报。其中,年度统计公报的内容参见表 3.9,地方年度统计公报包含的省份名称参见表 3.10。

表3.9 年度统计公报目录

2010 年	2009 年	2008 年	2007 年	2006 年	2005 年
2004 年	2003 年	2002 年	2001 年	2000 年	1999 年
1998 年	1997 年	1996 年	1995 年	1994 年	1993 年
1992 年	1991 年	"七五"时期	1990 年	1989 年	1988 年
1987 年	1986 年	1985 年	1984 年	1983 年	1982 年
1981 年	1980 年	1979 年	1978 年		

表3.10 地方年度统计公报

北京	天津	河北	山西	内蒙古	辽宁	吉林	黑龙江
上海	江苏	浙江	安徽	福建	江西	山东	河南
湖北	湖南	广东	广西	海南	重庆	四川	贵州
云南	西藏	陕西	甘肃	宁夏	青海	新疆	兵团

② 统计数据

统计数据包括月度数据、季度数据、年度数据、普查数据、专题数据和国际数据。其中，月度数据的内容参见表3.11。

表3.11 月度数据

工业增加值增长速度	1月	2月	3月	4月	5月	6月	7月	8月	9月	10月	11月	12月
各地区工业增加值增长速度	1月	2月	3月	4月	5月	6月	7月	8月	9月	10月	11月	12月
工业主要产品产量及增长速度	1月	2月	3月	4月	5月	6月	7月	8月	9月	10月	11月	12月
工业分大类行业增加值增长速度	1月	2月	3月	4月	5月	6月	7月	8月	9月	10月	11月	12月
全社会客货运输量	1月	2月	3月	4月	5月	6月	7月	8月	9月	10月	11月	12月
邮电业务基本情况	1月	2月	3月	4月	5月	6月	7月	8月	9月	10月	11月	12月
固定资产投资(不含农户)情况	1月	2月	3月	4月	5月	6月	7月	8月	9月	10月	11月	12月
各行业固定资产投资(不含农户)情况	1月	2月	3月	4月	5月	6月	7月	8月	9月	10月	11月	12月
各地区固定资产投资(不含农户)情况	1月	2月	3月	4月	5月	6月	7月	8月	9月	10月	11月	12月
七十个大中城市住宅销售价格指数	1月	2月	3月	4月	5月	6月	7月	8月	9月	10月	11月	12月
七十个大中城市新建商品住宅分类价格指数	1月	2月	3月	4月	5月	6月	7月	8月	9月	10月	11月	12月
七十个大中城市二手住宅分类价格指数	1月	2月	3月	4月	5月	6月	7月	8月	9月	10月	11月	12月
社会消费品零售总额	1月	2月	3月	4月	5月	6月	7月	8月	9月	10月	11月	12月
居民消费价格分类指数	1月	2月	3月	4月	5月	6月	7月	8月	9月	10月	11月	12月
宏观经济景气指数	当期											
宏观经济景气指数趋势图	当期		注:宏观经济景气指数相关资料发布当期数据时,前期数据即行调整。									
宏观经济景气指数预警信号图	当期											
各地区居民消费价格指数	1月	2月	3月	4月	5月	6月	7月	8月	9月	10月	11月	12月
商品零售价格分类指数	1月	2月	3月	4月	5月	6月	7月	8月	9月	10月	11月	12月
参阅数据(由中国经济景气监测中心提供)												
消费者信心指数	1月	2月	3月	4月	5月	6月	7月	8月	9月	10月	11月	12月

③ 专题数据
- 金砖国家联合统计手册(2011)。
- 第二次 R&D 资源清查数据。
- 2008 年时间利用调查资料汇编。
- 主要工业品出厂价格。
- 主要农产品价格。
- 大中城市主要食品价格。
- 社会统计数据(2006—2007 年)。
- "双三角洲"统计数据(2006—2008 年)。
- 农产品价格数据(2005—2007 年)。
- 2006 年全国工业企业创新调查统计数据。
- 2006 年劳动统计数据。
- 2006 年及历史主要年份高技术统计数据。
- 2005 年全国 1‰ 人口抽样调查数据。
- 2006 年及历史主要年份科技统计主要数据。
- 科技年度主要数据(2005—2009 年)。
- 大中型工业企业自主创新统计资料(2004—2005 年)。
- 连锁零售业商业企业数据(2003—2008 年)。
- 连锁餐饮业企业数据(2003—2008 年)。
- 环境统计数据(2003—2009 年)。
- 全国百强县(市)数据。
- 软件开发活动统计资料(2002 年)。
- 1987—2002 年部门投入产出表。
- 汽车摩托车产量。
- 西部地区数据比较。

三、实务训练

1. 实训目的

能够快速准确地查询统计信息。

2. 实训要求

(1) 要查全,尽量通过多种方法和多个数据库或网站查找信息。

(2) 要查准,要能够从各种信息中筛选所需的统计信息。

(3) 要能对查询到的统计信息进行鉴别、处理。

3. 实训课业

(1) 利用各种统计网站查询"2010 年国内旅游情况"。

(2) 利用各种统计网站查询近年来天津市的职工平均工资。

(3) 查询 2012 年 7 月各地居民消费价格分类指数。

(4) 查询 2012 年 7 月进出口商品构成表。

四、知识回顾

1. 我们从哪些途径可以查到年鉴？
2. 常用的国内统计资料有哪些？

拓展资料12

《中国城市统计年鉴——2010》目录①

一、2009年城市行政区划与城市发展概况

1. 2009年中国城市社会经济发展概况
2. 城市基本情况统计回顾与展望
3. 中国城市统计指标及其应用

1—1 城市行政区划与区域分布
1—2 分地区城市情况一览表

二、2009年地级及以上城市统计资料

2—1 人口
2—2 劳动力与就业
2—3 按三次产业的单位从业人员就业状况
2—4 单位从业人员就业结构
2—5 按行业分组的单位从业人员（一）
2—6 按行业分组的单位从业人员（二）
2—7 按行业分组的单位从业人员（三）
2—8 按行业分组的单位从业人员（四）
2—9 按行业分组的单位从业人员（五）
2—10 按行业分组的单位从业人员（六）
2—11 土地资源（一）
2—12 土地资源（二）
2—13 综合经济（一）
2—14 综合经济（二）
2—15 工业总产值
2—16 工业企业数
2—17 规模以上企业总产值分组
2—18 规模以上工业企业财务（一）
2—19 规模以上工业企业财务（二）

---

① 国家统计局,《中国城市统计年鉴——2010》,北京.中国统计出版社,2012年版。

2—20 固定资产投资

2—21 商业经济

2—22 外商直接投资

2—23 财政(全市)

2—24 财政(市辖区)

2—25 金融

2—26 劳动工资

2—27 学校数

2—28 专任教师数

2—29 在校学生数(一)

2—30 列在校学生数(二)

2—31 文化

2—32 卫生

2—33 交通运输(全市)(一)

2—34 交通运输(全市)(二)

2—35 邮电

2—36 通信

2—37 供水、供电(市辖区)

2—38 城市煤气用量(市辖区)

2—39 城市道路与交通(市辖区)

2—40 环境治理投资额(全市)

2—41 环境治理主要指标(全市)

2—42 废物处理率(全市)

2—43 城市绿化(市辖区)

三、2009年县级城市资料

3—1 人口

3—2 劳动力与就业

3—3 土地资源

3—4 综合经济

3—5 主要农产品产量

3—6 房地产开发投资完成额

3—7 商业外贸

3—8 教育

3—9 医疗服务

3—10 工资水平

四、附录

主要统计指标解释

项目四
问卷法信息收集与处理

知识目标 通过本章的学习,使学生能够掌握利用问卷法收集与处理信息的方法,掌握问卷的设计方法和注意事项,掌握抽取样本的方法,掌握问卷调查实施时的注意事项,掌握回收统计问卷的方法及调查报告的撰写方法。

技能目标 通过学习并运用相关知识点,使学生能够独立地、熟练地进行问卷设计,独立地确定样本并实行问卷调查,能够回收并对收集到的数据信息进行统计,并能够熟练撰写调查报告。

问卷调查法也称问卷法,它是调查者运用统一设计的问卷向被选取的调查对象了解情况或征询意见的调查方法。调查者将所要研究的问题编制成问题表格,以邮寄、当面作答或追踪访问的方式填答,从而了解调查对象对某一现象或某一问题的看法和意见,所以又称问题表格法。问卷法的运用,关键在于编制问卷、选择调查对象和结果分析。

问卷调查,按照问卷填答者的不同,可分为自填式问卷调查和代填式问卷调查。其中,自填式问卷调查按照问卷传递方式的不同,又可以分为报刊问卷调查、邮政问卷调查和送发问卷调查;代填式问卷调查按照与调查对象交谈方式的不同,又可以分为访问问卷调查和电话问卷调查。

由于问卷调查使用的是书面问卷,所以问卷的回答有赖于调查对象的阅读理解水平。它要求调查对象首先要能看懂调查问卷,理解问题的含义,懂得填答问卷的方法,因此它只适用于有一定文化水平的调查对象。从调查的内容看,问卷调查法适用于对现时问题的调查;从被调查的样本看,问卷调查法适用于较大样本的调查;从调查的过程看,问卷调查法适用于较短时期的调查;从调查对象所在的地域看,问卷调查法在城市中比在农村中适用,在大城市比在小城市适用;从调查对象的文化程度看,适用于初中以上文化程度的对象。

问卷调查法的优点体现在四个方面。一是用问卷调查法收集资料,可不受人数限制,因此,抽样范围较广,在时间、经费方面也比直接调查访问较为经济。二是只需印刷费和邮费,所费不多,且易行。三是问卷调查法可以让调查对象有充分考虑的时间,不受别人的干扰,并自由地表示意见,其结果将更为可靠。四是所拟问题要尽量细密,凡在访问时不能直问或问而不易得到真确回答的事项,皆可在问卷上得到较为满意与可靠的答案。

问卷调查法的使用也存在缺点。一是所选样本若不能代表某种团体的意见,其结果将不可靠,亦即要注意样本的代表性。而问卷调查法由于问卷的回收率较低,使样本的代表性难于保证。二是问题太多会令调查对象生厌,故而置之不理,若问题太少又无法达到调查的目的。三是问题设计的不理想时会散漫零乱,不易整理,且难以应用统计方法分析和对结果进行科学解释。四是有些事情非常复杂,不能用问卷的简单问答就能表明。

任务一　设计调查问卷
任务二　抽取调查样本
任务三　实施问卷调查
任务四　回收统计问卷信息
任务五　撰写市场调查报告

任务一　设计调查问卷

一、基础知识

1. 问卷的含义

问卷是社会调查中用来收集资料的一种工具。它的形式是一份精心设计的问题,用途在于测量人们的态度、行为等特征。

2. 问卷的类型

根据使用方法的不同,问卷可以分为两种主要的类型,一种是自填式问卷,另一种是访问式问卷或访问调查表。

3. 问卷的结构

一份问卷通常包括封面信、问卷主体和结语三个部分。

(1) 封面信

封面信说明该项调查的目的、意义、简单的内容介绍、关于匿名的保证以及对回答者的要求,一般是要求调查对象如实地回答问题,最后要对调查对象的配合予以感谢,并且要有调查对象的机构或组织的名称、调查时间。

(2) 问卷主体

问卷主体是问卷的主要部分,这一部分应包括调查的主要内容以及一些答题的说明。我们一般把问卷主体又分为两部分:一部分是调查对象的背景资料,即关于个人的性别、年龄、婚姻状况、收入等问题;另一部分就是调查的基本问题。一般我们把这两部分分开,很多的问卷出于降低敏感性的考虑把背景资料的问题放在基本内容的后面,但如果我们的调查对象是农村村民,就可以把这一部分放在前面,因为这一部分问题都是好回答的,而且在农村中对这些问题是不太介意告诉别人的。对于回答问题的说明也要写清楚,如怎么写答案、跳答的问题、哪些人不回答等的说明,有经验的调查者还会留出编码位以便于录入方便。

(3) 结语

结语部分是调查的一些基本信息,如调查时间、调查地点、调查员的姓名、调查对象的联系方式等信息的记录。最后,我们还要对调查对象的配合再次给予感谢。

4. 问卷设计的原则

问卷设计要紧紧围绕研究的问题、测量的变量来进行,尽可能做到所收集的正是所需要的资料,不多也不少,既不能漏掉必需的资料,也不能包揽许多无关的资料。

在设计问卷时要考虑调查对象的社会背景、文化程度、心理反应、主观意愿、客观能力等多种因素,尽可能使问卷适合于调查对象。调查对象真诚、有效的合作是问卷调查取得成功的基础。

在设计问卷时还要考虑问卷的使用方式和资料的分析方式,不同的使用方式和分析方式对问卷有着不同的要求。

二、实务指导

1. 案例示范

中国国家博物馆青年思想状况调查问卷[①]

亲爱的青年朋友们:

您好!

为了更好地了解、掌握我馆团员青年的所思所想,促进我馆青年工作更加深入、有效地开展,更好地服务青年、凝聚青年,我们特设置此份调查问卷,请您认真如实填写后,交回馆团委,此卷为不记名调查,谢谢您的合作与支持!亦可在评论栏留言。

(本表若无特别说明,均为单项选择)

1. 填表人基本情况:

(1) 性别(　　)

A. 男　B. 女

(2) 年龄(　　)

A. 28周岁以下　B. 29—35周岁

(3) 文化程度(　　)

A. 初中　B. 高中(中专)　C. 大专　D. 本科　E. 研究生及以上

(4) 政治面貌(　　)

A. 共青团员　B. 保留团籍的中共党员　C. 中共党员　D. 以上都不是

[①] 王茜、肖晗:《社会调查方法》,重庆:重庆大学出版社,2010年版,第56页。

2. 您有明确的人生目标吗?(　　)
   A. 有,我很清楚我以后要干什么　　B. 嗯,差不多吧,有一个大概的方向项原则
   C. 不知道,我很迷茫　　D. 从未想过这个问题
3. 您认为一个人的价值取决于(多选)(　　)。
   A. 金钱的多少　　B. 权力的大小
   C. 社会名望的高低　　D. 生活的是否舒适
   E. 人格是否高尚　　F. 是否干出了一番轰轰烈烈的事业
   G. 对社会贡献的大小　　H. 其他
4. 您对自己的道德认可度(　　)。
   A. 我一直觉得自己是一个高尚的人
   B. 我觉得自己是一个很好的人,只是有时候不太坚定自己的意志
   C. 还需努力吧
   D. 无所谓,没有思考过
5. 人活着是为了什么?(　　)
   A. 完美的物质生活　　B. 自我实现,追求最完美的自己
   C. 平淡的生活,内心的宁静　　D. 快乐,自己的幸福
   E. 我真的是为了别人的幸福而活
6. 您认为人的一生应该怎样度过?(　　)
   A. 为社会的发展而努力学习和工作　　B. 不断充实和完善自己而使自己不落后于时代
   C. 珍惜光阴,享受生活　　D. 吃喝玩乐
   F. 说不清楚
7. 您认为影响国家博物馆发展最主要的因素是(　　)。
   A. 各类业务和管理人才　　B. 正确的博物馆发展战略
   C. 单位的管理体制和竞争机制　　D. 单位文化建设
   E. 博物馆发展的外部环境　　F. 其他(请说明)
8. 北京各类博物馆、纪念馆,您(　　)。
   A. 几乎都参观过　　B. 只参观过比较有名的
   C. 著名的、感兴趣的反复多次参观　　D. 没兴趣参观
9. 您认为您目前的工作状态是(　　)。
   A. 心情舒畅,充满生气　　B. 心情压抑,无聊
   C. 繁忙但有自己的目标　　D. 得过且过
10. 您对您目前职业的态度是(　　)。
    A. 热爱,愿意终身从事　　B. 比较喜欢,愿意努力
    C. 有机会,可能重新选择　　D. 无所谓
11. 您当前在工作中和生活中苦恼的问题是(多选)(　　)。
    A. 收入低　　B. 工作压力大
    C. 人际关系复杂,难以应对　　D. 为职称评定、晋升等焦虑
    E. 没有机会使自己的才能得到充分发挥
    F. 婚恋家庭问题　　G. 其他(请说明)

12. 您愿意通过努力提高自己的职业技能吗？（　　）
    A. 十分愿意　　　　　　　　　　　　B. 愿意，但不想投入太多的精力
    C. 不太想，目前够用就行　　　　　　D. 无所谓

13. 您目前提高自己业务素质的主要途径是什么？（　　）
    A. 自学　　　　　　　　　　　　　　B. 业余时间在进修、深造
    C. 单位提供的培训机会　　　　　　　D. 向周围资深专家、同事请教

14. 您在工作中对自己的要求是（　　）。
    A. 开拓创新、尽善尽美　　　　　　　B. 符合领导的意图、让同志满意
    C. 就事论事、照章办事　　　　　　　D. 无所谓，不出差错就行，混混吧

15. 您在工作中遇到困难时，首先求助于（　　）。
    A. 家人（如父母、爱人）　　　　　　B. 单位领导
    C. 党团工会组织　　　　　　　　　　D. 同学或朋友

16. 您阅读的主要原因是（　　）。
    A. 工作需要　　　　　　　　　　　　B. 主动学习新技能、新知识
    C. 开阔视野增长见识　　　　　　　　D. 其他

17. 您希望团组织开展哪类活动（多选）？（　　）
    A. 思想政治学习　　　　　　　　　　B. 联谊活动
    C. 业务学习与培训　　　　　　　　　D. 文娱活动
    E. 文化知识竞赛　　　　　　　　　　F. 实地交流考察
    G. 为青年展示才华提供机会和平台的活动　　H. 社团沙龙
    I. 青年志愿者活动　　　　　　　　　J. 其他（请举例说明）

18. 您是否愿意参加馆团委开展的各项活动（　　）。
    A. 十分愿意　　　　　　　　　　　　B. 不愿意，没什么意思
    C. 不愿意，没有时间　　　　　　　　D. 遇到自己感兴趣的活动就参加

19. 您认为影响团员青年参加活动积极性的最主要因素是（　　）。
    A. 活动的类型（如野外考察）　　　　B. 活动的意义
    C. 活动的趣味性　　　　　　　　　　D. 其他（请说明）

20. 您认为参加团委活动的频率为几次比较合适（　　）。
    A. 一月一次　　　B. 一季度一次　　　C. 半年一次　　　D. 一年一次

21. 假设馆团委将举办一次集体活动，在得知需要一部分人担任义务工作者之后，你会（　　）。
    A. 主动要求担任　　　　　　　　　　B. 找到自己才担任
    C. 拒绝担任　　　　　　　　　　　　D. 没有考虑过

22. 您认为当前青年最缺乏的品质是（　　）。
    A. 民族自豪感、历史责任感　　　　　B. 社会公德、家庭美德
    C. 乐于助人、无私奉献　　　　　　　D. 与时俱进、开拓创新

23. 您如何看待周围的共产党员和优秀共青团员？（　　）
    A. 与群众有区别，绝大多数是先进的　　B. 与群众有区别，多数是先进的
    C. 多数与群众没区别　　　　　　　　D. 说不清楚

24. 您认为21世纪人才最重要的能力是（　　）。
    A. 团队沟通与协作能力　　　　B. 信息分析与处理能力
    C. 专业知识能力　　　　　　　D. 综合性知识和素养
    E. 创新思维和创造能力　　　　F. 科学态度与科学道德
    G. 社会责任感和使命感　　　　H. 独立思考和解决问题能力

25. 您周围的同事经常议论的中心话题是（　　）。
    A. 经济问题　　　　　　　　　B. 时事政治问题
    C. 奋斗目标问题　　　　　　　D. 婚恋家庭问题
    E. 人事关系　　　　　　　　　F. 日常工作问题

26. 您的主要收入来源是（　　）。
    A. 单位工资　　B. 兼职　　C. 科研稿费　　D. 其他

27. 您每月最大的支出是（　　）。
    A. 还住房贷款　　　　　　　　B. 吃饭穿衣
    C. 社交活动　　　　　　　　　D. 文娱消费
    E. 其他

28. 如果你彩票中奖，你最想做的第一件事是（　　）。
    A. 请客吃饭、唱歌或跳舞　　　B. 旅行
    C. 学习进修　　　　　　　　　D. 孝敬长辈
    E. 用于家庭必要开支　　　　　F. 用于其他个人爱好
    G. 用于储蓄　　　　　　　　　H. 捐助公益事业
    I. 其他

29. 你最崇拜的偶像是（　　）。
    A. 各类明星　　　　　　　　　B. 政治领袖
    C. 商界领袖　　　　　　　　　D. 科技精英
    E. 英雄人物　　　　　　　　　F. 神灵
    G. 其他

30. 您目前的住房情况是（　　）。
    A. 借亲戚朋友的住房　　　　　B. 自己的住房但需每月还房屋贷款（　　元）
    C. 自己的住房并且房款已还清　D. 依然在租房

问题到此结束，谢谢您的支持和参与！如果您对本次调查有关的问题还有什么具体的意见和看法以及对我馆青年工作还有哪些宝贵的意见和建议，请您写在本卷下面的空白处。

中国国家博物馆团委
二〇〇八年七月十五日

2. 案例启示

国家博物馆青年思想状况调查问卷由封面信、问卷主体和简单的结语组成，是一篇完整的调查问卷。问卷主体部分除了调查的基本问题，也包含了调查对象的背景资料，便于对问卷结果进行分类分析。调查内容全面，设计的问题有测量态度的，也有测量行为特征的。问题基本上采用封闭式问题，这样调查对象填答问卷很方便，省时省力，并且便于编码和统计分析。

3. 案例操作流程提示

一般来说,问卷设计可按下列步骤进行:

(1) 根据所调查的问题和理论假设确定需要测量的变量;

(2) 将这些变量经过操作化变成若干具体的指标;

(3) 围绕这些指标编制合适的问题;

(4) 根据调查所采用的方式、统计分析的方法等因素决定问卷的形式和结构,将问题按一定的原则组合成一份问卷;

(5) 在一个同正式调查的样本相似的小样本中,用这份问卷进行试调查,以发现问卷设计中存在的问题;

(6) 根据试调查(可能不只一次)的结果进一步修订问卷,最后形成用于正式调查的问卷。

4. 问卷问题的设计注意事项

(1) 问卷问题的内容

问卷中问题的内容通常包括以下三个基本方面。

① 有关行为方面的,例如,上个星期,你看了几场电影、你们家订了几种报纸杂志?

② 有关态度或看法方面的,例如,你是否赞成一对夫妇只生育一个孩子、你认为选择配偶时最重要的标准是什么?

③ 有关调查对象基本情况方面的,例如,年龄、性别、职业、文化程度、婚姻状况、收入、家庭规模等。

(2) 问卷问题的形式

问卷问题的形式主要有开放式和封闭式两种。

开放式问题,就是不为调查对象提供具体答案,由调查对象自由回答。例如,你最喜欢看哪类电视节目?

封闭式问题,就是在提出问题的同时还给出若干个答案,要求调查对象根据自己的情况进行选择填答的问题。例如,你最喜欢看以下哪一类电视节目? a. 新闻节目;b. 体育节目;c. 文艺节目;d. 广告节目;e. 其他节目(请写明)。封闭式问题的答案要具有穷尽性和互斥性,一方面要包括所有可能的回答,不能有所遗漏;另一方面各种答案互不相容,不能出现重叠。

开放式问题的主要优点是:允许调查对象充分自由地发表自己的意见,所得的资料丰富生动,还可以得到一些意外的收获;其缺点是:资料不易编码和统计分析,要求调查对象具有较高的知识水平和语言表达能力,需要花费较多的时间和精力,还可能产生大量的无价值资料。封闭式问题的优点是:填答问题很方便,省时省力,资料集中,并且便于编码和统计分析;其缺点是:资料失去了自发性和表现力,回答中的各种偏误难以发现。一般来说,在大规模正式调查所用的问卷中,通常以封闭式问题为主,开放式问题常常用在小规模的、探索性调查的问卷中。

(3) 问卷问题的数量

一份问卷应该包括多少个问题,这要根据调查的内容、样本的性质、分析的方法、拥有的人力财力等多种因素来定,没有固定的标准。但总的来说,问题不宜太多,也不宜过长。一一般以调查对象能在30分钟以内完成为宜。问题太多往往会引起调查对象心理上的畏难情绪和厌烦情绪,影响填答的质量和问卷的回收率。

(4) 问卷问题的次序

问卷问题的次序也会影响问卷资料的质量。有关问题的次序的常用规则如下。

把简单易答的问题、能引起调查对象兴趣和动机的问题放在前面,把开放式问题和容易引起调查对象紧张、顾虑的问题(如敏感性问题、个人背景资料问题等)放在后面。

把一般性的问题、调查对象较熟悉的问题放在前面,把特殊性的问题、调查对象较生疏的问题放在后面。

先问有关行为方面的问题,再问有关态度方面的问题,最后问有关个人基本情况方面的问题。

按一定的逻辑顺序排列问题,例如,时间顺序(从最早到最近或相反)、类别顺序等。询问同一类事物的问题尽可能放在一起,不要将它们打乱,以免破坏调查对象回答时的思路和注意力。

(5) 问卷问题的语言

在问卷中,所提的一切问题都是通过语言来表达的。因此,问题的语言是编制合适的问题、构成良好的问卷的关键因素。问题措辞的基本原则是简短、明确,适合调查对象的文化水平,要注意避免下列错误。

① 诱导性问题

即以某种方式暗示调查对象应该如何回答的问题。这类问题的用语不是中性的,一般带有某种倾向性,例如,你每天都看报,是吗?另外,引用权威人士或大多数人的观点也会形成诱导性问题,例如,医生认为抽烟对身体有害,你的看法如何;目前大多数人认为物价太高,你的看法如何?

② 双重问题

即在一个问题中询问两件事情。例如,你的父母是工人吗?这里包含着"你的父亲是工人吗"和"你的母亲是工人吗"这样两个问题。这样的问题往往使那些只适合一种情况而不适合另一种情况的调查对象难以回答。

③ 含糊的问题

即意思不确切,使调查对象难以理解或理解不一致。例如,你对你们厂近年来的情况感觉如何?工厂什么方面的情况在问题中没有显示出来。这里应该明确地指出是生产情况、人际关系情况,还是福利待遇情况等。

三、实务训练

1. 实训目的

能够利用所学的基本知识进行问卷设计。

2. 实训要求

(1) 按照问卷的基本结构,设计一份完整的问卷。

(2) 问卷的问题要不少于15个。

(3) 设计多种提问方式。

3. 实训课业

(1) 设计一份校园内学生上网情况的调查问卷。

(2) 设计一份某校学生食堂满意度的调查问卷。

四、知识回顾

1. 什么是问卷？它在市场信息收集中有什么作用？
2. 问卷设计中问题的措辞要注意哪些方面？
3. 在问卷设计中如何确定问题的次序？

拓展资料 1

大学生就业心态调查问卷[①]

亲爱的同学：

您好，随着中国经济的不断发展，整个社会对高等学校毕业生的要求进一步扩大。近些年，我国高校大规模扩招，大学生就业市场出现了新的形势。为了更好地了解当前大学生的就业心态，以便为广大同学在求职时提供更好的参考意见，我校就业指导中心特别组织了这次调查，希望能够得到你们的支持与合作，本问卷不对外公开，请如实填写。谢谢您的合作与支持！

1. 认为现在形势如何？（　　）
   A. 形势严峻，就业难　　　　　　B. 形势正常
   C. 形势较好，就业容易　　　　　D. 不了解
2. 你对基本就业程序了解吗？（　　）
   A. 是　　　　B. 否　　　　C. 一般
3. 你学习什么专业？_____你认为所学专业前景如何？（　　）
   A. 很有前途　　B. 较有前途　　C. 无所谓　　D. 较无前途
   E. 很无前途
4. 你认为自己的专业技能如何？（　　）
   A. 很好　　　B. 强　　　C. 一般　　　D. 较弱　　　E. 很弱
5. 你认为在就业时，什么最重要？（　　）
   A. 专业　　　B. 学校　　　C. 个人能力　　　D. 其他
6. 你愿意放弃自己的专业，选择一个能够解决就业问题的工作吗？（　　）
   A. 是　　　　B. 否　　　　C. 不知道
7. 参加工作的第一份工作，你最想做什么职业？_____
8. 如果专业不对口，你会选择跳槽吗？（　　）
   A. 会　　　　B. 不会　　　　C. 不知道

---

① http://www.sojump.com/jq/2311116.aspx。

9. 你有选择第二专业吗？你认为重要吗？（　　）
   A. 有,非常重要　　　　　　　　　B. 有,但不怎么重要
   C. 没有,重要　　　　　　　　　　D. 没有,不重要
10. 你想过自主创业吗？（　　）
    A. 是　　　　　B. 否
11. 如果是自主创业,你认为你最需要的是（　　）。
    A. 资金　　　　B. 政策支持　　　C. 技术　　　　D. 其他
12. 你愿意到中小城市或西部去发展吗？（　　）
    A. 是　　　　　B. 否
13. 你有出国深造的打算吗？（　　）
    A. 是　　　　　B. 否
14. 你期望你第一份工作的工资是多少？_____元

任务二　抽取调查样本

一、基础知识

1. 抽样调查的概念

抽样调查是一种非全面调查,它是从全部的调查对象中抽选一部分单位进行调查,并据以对全部的调查对象做出估计和推断的一种调查方法。

2. 抽样调查的特点

抽样调查数据之所以能用来代表和推算总体,主要是因为抽样调查本身具有其他非全面调查所不具备的特点,主要表现在以下四个方面。

（1）调查样本是按随机的原则抽取的,在总体中每一个单位被抽取的机会是均等的,因此,能够保证被抽中的单位在总体中的均匀分布,不致出现倾向性误差,代表性强。

（2）是以抽取的全部样本单位作为一个"代表团",用整个"代表团"来代表总体,而不是用随意挑选的个别单位代表总体。

（3）所抽选的调查样本数量是根据调查误差的要求,经过科学的计算确定的,在调查样本的数量上有可靠的保证。

（4）抽样调查的误差,是在调查前就可以根据调查样本数量和总体中各单位之间的差异程度进行计算,并控制在允许范围以内,调查结果的准确程度较高。

基于以上特点,抽样调查被公认为是非全面调查方法中用来推算和代表总体的最完善、最有科学根据的调查方法。

3. 抽样调查的步骤

（1）界定总体

界定总体,就是根据调查课题的要求,把所要调查对象的范围加以确定。界定总体,首先要界定研究总体,即从理论上明确定义所有调查单位的集合体。要有效地进行抽样,必须

事先了解和掌握总体的结构及各方面的情况,并根据调查的目的明确地界定总体的范围。一个定义明确的总体包含以下四个方面:构成分析的单位是什么;抽样的单位是什么;时限怎么样,即要获取的信息属于哪一段时间;空间限制如何,是哪些地区,是否限于城市或城市的繁华街区?

(2) 编制抽样框

编制抽样框就是收集和编制抽样单位名单。抽样框是抽样的基础,必须把所有的抽样单位编制进去,不能遗漏和重叠。如果抽样分阶段、分层次进行,那么每一阶段、每一层次都需编制相应的抽样框。例如,调查某省高职院校毕业生的就业意向,需要在该省随机抽取若干个高职院校,然后再在这些高职院校的样本中抽取一定数量的大三学生,此时就有两个不同的抽样框,即该省全部高职院校的名单和高职院校样本中所有大三学生的名单。

(3) 选择抽样方法

抽样方法有两类:一类是随机抽样,主要有简单随机抽样、等距抽样、分层抽样、整群抽样和多阶段抽样;一类是非随机抽样,主要有偶遇抽样、判断抽样、定额抽样和滚雪球抽样等。调查者可以根据调查目的和调查要求,结合所要调查总体的具体情况以及各种抽样方法的特点、适用情形,选取不同的抽样方法。

(4) 确定样本规模

样本规模又称样本大小或样本容量,是指样本中含有个体数量的多少。确定样本规模是抽样调查的一个重要步骤,样本规模不仅影响样本的代表性,还直接影响调查的费用和人力花费:太大的样本规模费事费力,有时很难完成;太小的样本规模又会影响代表性,在推论总体时有较大偏差。

样本规模的确定受到多种因素的影响。第一,调查总体规模的大小。总体规模越大,所需调查的样本数量就越多。第二,调查总体的内部差异程度。差异程度越大,所需样本规模就越大。第三,对调查结果的可信度和精确度的要求。所要求的可信度和精确度越高,所需样本规模就越大。第四,抽样方法。抽样方法不同,所需样本规模也不同。一般来说,随机抽样比非随机抽样所需的样本规模要大。第五,调查者拥有的人力、物力和时间。这些条件越充足,可抽取的样本规模就越大。

根据统计学的要求,样本规模一般不少于50。由于社会调查涉及范围广,总体情况复杂,因此,社会调查要求的样本规模一般比统计学要求更多一些。社会调查的样本容量大概在50—5000。

样本规模可以用公式计算,例如,简单随机抽样测定总体平均数时所需样本的计算公式为:$n = t^2 \sigma^2 / v^2$。

在上述公式中,信度系数和误差范围通常由调查者根据研究要求确定,而总体标准差通常是未知的,也无样本数据可代替,此时解决方法有两种:一是用过去的同类调查数据代替;二是组织一次试调查以取得所需数据。

例如,在一个50万职工的城市进行职工收入状况调查。现用简单随机重复抽样方法抽取样本,要求测定的总体人均月收入的允许误差不超过30元,可信度达到95%,以往同类资料表明,总体标准差为400元,在全市范围内应当抽取多少名职工?

根据规定的可信度95%,查正态分布概率表,得概率度t为1.96,且已知$\sigma = 400$元,$v = 30$元,因此

$$n = t^2 \sigma^2 / v^2 = (1.96^2 \times 400^2)/30^2 = 683 \text{人}$$

即采用简单随机重复抽样,在全市范围内需要抽取 683 名职工进行调查才能满足例中所给要求。

(5) 实施抽样调查并推测总体

按照设计的抽样方法和确定的样本规模,从抽样框中抽取需要的样本容量,组成调查样本。

(6) 评估样本

评估样本的目的是检验所抽出的样本的代表性,以免产生太大的误差。样本评估的方法可以采用实地调查和比较相结合的方法,即具体收集一些容易得到的材料,并进行分析研究,对样本和总体进行比较,得出样本对于总体的代表性、准确性程度。如发现样本的代表性、准确性偏差太大,则要及时修正、补充,然后再实施调查。

4. 抽取样本的主要方法

(1) 概率抽样

① 随机抽样——简单随机抽样法

这是一种最简单的一步抽样法,它是从总体中选择出抽样单位,从总体中抽取的每个可能样本均有同等被抽中的概率。抽样时,处于抽样总体中的抽样单位被编排成 1～n 编码,然后利用随机数码表或专用的计算机程序确定处于 1～n 的随机数码,那些在总体中与随机数码吻合的单位便成为随机抽样的样本。

这种抽样方法简单,误差分析较容易,但是需要样本容量较多,适用于各个体之间差异较小的情况。

② 随机抽样——等距抽样法

等距抽样也称系统抽样、机械抽样,它是首先将总体中各单位按一定顺序排列,根据样本容量要求确定抽选间隔,然后随机确定起点,每隔一定的间隔抽取一个单位的一种抽样方式。随机抽样是纯随机抽样的变种。在系统抽样中,先将总体从 1～N 相继编号,并计算抽样距离 $K=N/n$。式中,N 为总体单位总数,n 为样本容量。然后在 1～K 中抽一随机数 k_1,作为样本的第一个单位,接着取 $k_1+K,k_1+2K\cdots$,直至抽够 n 个单位为止。

③ 随机抽样——分层抽样法

该方法是根据某些特定的特征,将总体分为同质、不相互重叠的若干层,再从各层中独立抽取样本,是一种不等概率抽样。分层抽样利用辅助信息分层,各层内应该同质,各层间差异尽可能大。这样的分层抽样能够提高样本的代表性、总体估计值的精度和抽样方案的效率,抽样的操作、管理比较方便。但是抽样框较复杂,费用较高,误差分析也较为复杂。该方法适用于总体复杂、个体之间差异较大、数量较多的情况。

④ 随机抽样——整群抽样法

整群抽样是先将总体单元分群,可以按照自然分群或按照需要分群,在交通调查中可以按照地理特征进行分群,随机选择群体作为抽样样本,调查样本群中的所有单元。整群抽样样本比较集中,可以降低调查费用。例如,在进行居民出行调查中,可以采用这种方法,以住宅区的不同将住户分群,然后随机选择群体为抽取的样本。该方法的优点是组织简单,缺点是样本代表性差。

⑤ 随机抽样——多阶段抽样法

多阶段抽样是采取两个或多个连续阶段抽取样本的一种不等概率抽样。对阶段抽样的单元是分级的,每个阶段的抽样单元在结构上也不同,多阶段抽样的样本分布集中,能够节省时间和经费。调查的组织复杂,总体估计值的计算复杂。

(2) 非概率抽样

在抽样时,由于时间等的限制无法进行严格的概率抽样或是由于样本本身难以严格按一定概率进行抽样时,就只能使用非概率抽样。

非概率抽样依抽样特点可分为方便抽样、定额抽样、立意抽样和滚雪球抽样。

① 方便抽样

使用方便抽样,样本限于总体中易于抽到的一部分。最常见的方便抽样是偶遇抽样,即调查者将在某一时间和环境中所遇到的每一总体单位均作为样本成员。街头拦人法就是一种偶遇抽样。某些调查对调查对象来说是不愉快的、麻烦的,这时为方便起见就采用以自愿调查对象为调查样本的方法。方便抽样是非随机抽样中最简单的方法,省时省钱,但样本代表性因受偶然因素的影响太大而得不到保证。

② 定额抽样

定额抽样也称配额抽样,是将总体依据某种标准分层(群),然后按照各层样本数与该层总体数成比例的原则主观抽取样本。定额抽样与分层抽样很接近,最大的不同是分层抽样的各层样本是随机抽取的,而定额抽样的各层样本是非随机的。总体也可以按照多种标准的组合分层(群),例如,在研究自杀问题时,考虑到婚姻与性别都可能对自杀有影响,调查者可以将调查对象分为未婚男性、已婚男性、未婚女性和已婚女性四个组,然后从各群非随机地抽样。定额抽样是通常使用的非概率抽样方法,样本除所选标识外无法保证其代表性。

③ 立意抽样

立意抽样又称判断抽样,即调查者从总体中选择那些被判断为最能代表总体的单位作为样本的抽样方法。当调查者对自己的研究领域十分熟悉,对调查总体比较了解时采用这种抽样方法可获代表性较高的样本。这种抽样方法多应用于总体小而内部差异大的情况,以及在总体边界无法确定或因调查者的时间与人力、物力有限时采用。

④ 滚雪球抽样

以若干个具有所需特征的人为最初的调查对象,然后依靠他们提供认识的合格的调查对象,再由这些人提供第三批调查对象……依次类推,样本如同滚雪球般由小变大。滚雪球抽样多用于总体单位的信息不足或观察性研究的情况。这种抽样中有些分子最后仍无法找到,有些分子被提供者漏而不提,二者都可能造成误差。

总之,非概率抽样简单易行、成本低、省时间,在统计上也比概率抽样简单。但由于无法排除抽样者的主观性,无法控制和客观地测量样本的代表性,因此样本不具有推论总体的性质。非概率抽样多用于探索性研究和预备性研究,以及总体边界不清难于实施概率抽样的研究。在实际应用中,非概率抽样往往与概率抽样结合使用。

二、实务指导

1. 案例示范

运用不同的方法抽取样本

某学生宿舍楼共 104 个房间(13 个×8 层),请抽出 24 个样本单位(房间)组成样本。请依据不同类型的随机抽样方法抽取样本。

2. 案例启示

我们可以分别使用简单随机抽样、等距抽样、分层抽样、整群抽样抽取样本,抽取方法如下。

第一,运用简单随机抽样法抽样。

每层楼有13个宿舍,共有8层。如果要抽取24个样本,那么平均每层楼要抽取3个房间样本。故准备13张卡片(1—13号),在每一层楼时打乱次序,抽取3张,则相对应的宿舍被抽中作为样本。

第二,运用等距抽样法抽样。

第一步,先将这104个宿舍排列编号。第二步,算出抽样距离,抽样距离 $K=$ 总体规模 $N/$ 样本规模 n,也就是 $104/24=4.3$。第三步,在编号前4个宿舍中,用简单随机抽样方式抽出一个个体,假设抽到3号宿舍,则3号宿舍便为抽样起点。第四步,从3号开始,每隔4个宿舍抽1个,依次抽3,7,11,15…103。这样共24个宿舍组成调查样本。

第三,运用分层抽样法抽样。

将104个宿舍按照所住学生的专业划分层次,假设这一宿舍楼共有8个专业,则可从8个专业中分别抽取3个宿舍作为调查样本。在实际运用时,我们可以根据调查目的的不同,选取分层的标准。

第四,运用整群抽样法抽样。

假设这一楼层有8个专业的学生,平均每个专业有13个宿舍,现在要抽取24个宿舍,我们不是直接去一个一个抽取,而是先将8个专业编号,采取简单随机抽样方式抽取2个专业,这2个专业的学生宿舍(可随机减去2个宿舍)就构成我们的调查样本。

这一案例相对简单,一般用不到多阶段抽样方法。

三、实务训练

1. 实训目的

能够根据调查目的及各种抽样方法的优点和缺点选择合适的抽样方法进行抽样。

2. 实训要求

(1) 要了解各种抽样方法的具体要领与操作步骤,注意区别不同方法之间的异同。

(2) 要注意理论化的方法在实际操作中的变通。

3. 实训课业

(1) 某产品的口味测试,需要运用等距抽样法从某校营销专业90名学生中抽选9名进行测试。

(2) 如何在你所在(籍贯)城市、县城或者乡镇抽取一个200户人家的样本?

(3) 要进行一次全国城市居民家庭平均支出水平的调查,如何按照多阶段抽样法确定样本?

(4) 要调查了解高校考证情况,如何运用抽样调查确定其调查对象,请设计抽样方案。

拓展资料 4

分层比例抽样法案例

某公司要估计某地家用电器的潜在用户。这种商品的消费同居民收入水平相关,因而以家庭年收入为分层基础。假定某地居民为 1 000 000 户,已确定样本数为 1000 户,家庭年收入分 10 000 元以下,10 000—30 000 元,30 000—60 000 元,60 000 元以上四层,其中收入在 10 000 元以下家庭户为 180 000 户,收入在 10 000—30 000 元家庭户为 350 000 户,收入在 30 000—60 000 元家庭户为 3 000 000 户,收入在 60 000 元以下家庭户为 170 000 户。如果采取分层比例抽样法,如何抽样?具体的抽样方法如图 4.1 所示。

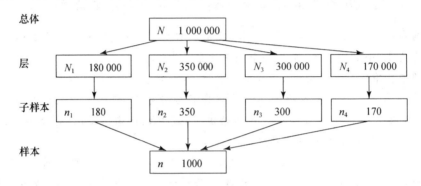

图 4.1 分层比例抽样示意图

任务三 实施问卷调查

一、基础知识

1. 信息收集团队的组织

图 4.2 所示为市场信息收集实施中的人员和分工。

```
专业调查机构 —选派→ 项目主管 ——→ 督导员 ——→ 调查员
                    ↓监督
                   企业
```

图 4.2 市场信息收集实施中的人员和分工

从图 4.2 中我们可以看到,在实施调查中,最重要的管理者是项目主管,他负责管理整个实施工作的顺利操作:挑选督导员和调查员;负责培训督导员和调查员;负责实施过程中的管理和质量控制;负责评价督导员和调查员的工作。

项目主管是通过督导员来进行最终的调查员管理的。督导员是具体的项目运作监督人员,他负责实施过程的检查和实施结果的验收以及尽可能早的检查,通常实地工作的要求是,督导员必须每天检查调查员的访问结果,及时地做总结,并即时与项目主管交流调查的进展情况。整个实施工作最具体的工作人员是调查员,对调查员的挑选、培训和管理是调查工作顺利进行的关键。

2. 调查员的挑选

在调查项目实施中,调查员是一个必不可少的重要因素,其素质观念、条件、责任心等在很大程度上都影响着市场调查结果的准确性和客观性。然而一般情况下,调查机构都不设立长年的调查员队伍。因为调查业务具有突发性,有时没有业务,有时又可能同时有好几个调查一起进行,并且有些调查业务可能涉及多个城市,任何一个调查机构都无力在每个城市设立自己的调查员队伍。因此,调查员的挑选显得尤为重要。在选择调查员时应考虑调查的性质、收集数据的具体方法,尽量选择与调查对象相匹配的调查员。尽管具体的要求会随不同的调查项目而有所变化,但是对调查员的一般要求是基本相同的,主要包括以下六点。

(1) 调查员要有高度认真负责的精神,务求实事求是,要严格按抽样方法抽选样本,严格按抽定的样本进行调查。

(2) 调查员对各自负责的所有调查对象都要进行调查,力求调查对象的应答率为100%。

(3) 调查员不得擅自删改调查问卷中的问题和数据资料。

(4) 调查员要认真对待调查活动,严禁以任何形式影响调查对象回答提问。提问时调查员禁止使用引导性发问,即使调查对象没有理解提出的问题或表达不出自己的观点或想法时,也不要引导调查对象,只能对问题进行必要的澄清式解释,切实做到让调查对象独自作答。

(5) 调查员严禁实施为完成调查任务不访问就自行填表等弄虚作假行为,以确保调查情况的客观真实性。

(6) 调查员要负责调查问卷的收集、整理和保管,严禁丢失、损坏,并要为调查对象保密。

3. 分发问卷

问卷的分发有多种方式,按照问卷的填答者不同,可分为自填问卷和代填问卷。自填问卷,就是由调查对象自己填答的问卷,如报刊问卷、邮政问卷和送发问卷是自填问卷的主要形式。代填问卷,就是由调查员代替调查对象填答的问卷,如访问问卷和电话问卷就是代填问卷。

(1) 报刊问卷

报刊问卷就是随报刊的传递分发问卷,并号召报刊的读者对问卷做出书面回答,然后按照规定的时间将问卷通过邮局寄回报刊编辑部。例如,许多报刊举办的"十佳"产品调查问卷都是随报刊分发的。读者填答完问卷后寄还给编辑部。

报刊问卷以读者为调查对象,有稳定的传递渠道,分布面广,匿名性强,回答的质量高,且能节省费用和时间,因此有很大的适用性。但报刊问卷也有一些个严重的缺点,这就是调查对象的代表性差(非读者的意见无法反映),回复率低(有的不足10%),对影响回答的因素难以控制,甚至还会出现一些虚假现象。例如,有的企业为了使自己的产品评上"十佳",不惜花重金派人四处收买有关报刊,用"自选自"的办法来增加选票。

(2) 邮政问卷

邮政问卷就是调查员通过邮局向被选定的调查对象寄发问卷,并要求调查对象按照规定的要求和时间填答问卷,然后再通过邮局将问卷寄还给调查对象。邮政问卷的分布面广,不受地域的限制,有利于控制发卷的范围和对象,有利于提高调查对象的代表性,而且匿名性强(一般都不要求调查对象署名),回答质量较高,比较节省时间。但是,邮政问卷同样存在着回复率较低、难以控制回答的环境、难以判断回复者的代表性和影响回答的因素等缺点,而且费用比较高。

(3) 送发问卷

送发问卷就是调查员派人将问卷送给被选定的调查对象,待调查对象填答完后再派人收回问卷。这种方法一般适用于集体的有组织的调查对象,如一个单位、一个地区或一个部门的成员,一个会议的代表等。送发问卷的最大优点是回复率高,费用节省,回收的时间迅速、整齐,而且有利于对调查对象作某些口头说明或解释,有利于了解和分析影响回答的因素。但是,它的缺点是:调查对象过于集中;调查范围比较狭窄;回答质量较低。这是因为调查对象之间往往互相询问、互相影响,回答的结果容易失真,甚至还可能出现请人代答的现象。

(4) 访问问卷

访问问卷就是调查员按照统一设计的问卷向调查对象当面提出问题,然后再由调查员根据调查对象的口头回答来填写问卷。访问问卷的优点是,有利于选择调查对象和控制访谈过程,有利于灵活地使用各种访谈方法和访谈技巧,有利于对回答的结果做出正确的分析和评价,而且回复率高,有效率高。但是,访问问卷费人、费时、费钱,只适用于较小的调查范围,而且访问结果往往受调查员的主观素质、调查对象的合作态度以及他们之间相互关系的影响,回答的质量往往因人而异、差别较大,且有些问题还不宜于当面询问。

(5) 电话问卷

电话问卷就是调查员用打电话的方式间接访问调查对象并代替调查对象填写问卷。电话问卷的优点是,有利于调查对象的选择,代表性强,回复率较高,调查时间短。但是,其缺点是不利于调查员对回答的结果做出正确的分析和判断,回答质量不稳定,投入人力较多,调查费用较高。

上述五种问卷分发形式的利弊参见表4.1。

表4.1 五种问卷分发形式的利弊

问卷种类	报刊问卷	邮政问卷	送发问卷	访问问卷	电话问卷
调查范围	很广	较广	窄	较窄	可广可窄
调查对象	难控制和选择,代表性差	有一定控制和选择,但回复问卷的代表性难以估计	可控制和选择,但过于集中	可控制和选择,代表性较强	可控制和选择,代表性较强
影响回答的因素	无法了解、控制和判断	难以了解、控制和判断	有一定了解、控制和判断	便于了解、控制和判断	不太好了解、控制和判断
回复率	很低	较低	高	高	较高

续表

问卷种类	报刊问卷	邮政问卷	送发问卷	访问问卷	电话问卷
回答质量	较高	较高	较低	不稳定	很不稳定
投入人力	较少	较少	较少	多	较多
调查费用	较低	较高	较低	高	较高
调查时间	较长	较长	短	较短	较短

4．信息收集实施中的监督与管理

（1）实施过程中的监管内容

实施过程中的监管内容主要是调查的质量和调查的进度。

向调查员发放劳务费是按照访问分数计件支付的，即每一份有效问卷有固定的劳务费，按照调查员的访问分数的多少计算总额。所以，在调查访问中，督导员要非常严谨地管理调查员的访问质量，如果出现问题，样本作废，就可能在经费上造成一定的浪费。

调查的进度管理很重要，项目主管和督导员要严格控制整个项目的进度，及时调整，保证整个项目按照计划顺利完成。项目的进度和调查员的数量有关，但是调查员的数量也不是越多越好，这里还有督导员对调查员的管理和控制的问题。如果调查员过多，督导员的工作压力增大，可能会直接影响实际的检查和管理进度。项目主管通常实践经验丰富，采用什么调查方法、什么调查规模及所需的调查员的数量，按照经验都可以判断。

另外，督导员还需要控制调查员的访问速度，既不能太快，也不能太慢。速度太快，意味着在访问中肯定存在问题；速度太慢，又直接影响实际工作的进展。所以，每天与所管理的调查员沟通，检查他们已经完成的问卷，这是督导员非常重要的工作。

（2）监督管理的具体方法

① 问卷复核

在问卷调查结束时，督导员必须抽取一定的样本进行重新复查，以检查调查员的工作和调查对象的回答情况。通常复核比例是样本量的20%。复核的内容围绕以下五个方面：调查对象是否接受了调查；调查对象是否符合抽样的条件；确认调查是否按照要求的方式进行；确认调查是否完整；对调查员及调查过程的意见如何。对于发现的问题，督导员要采取及时的补救措施。

② 跟踪检查

● 追查访问

即另派调查员进行复查，以确定调查员是否曾前去访问。需要指出的是，这种方法所需费用较高。

● 电话检查

即通过打电话对调查员进行复查，这种检查方法迅速而准确。但一般局限于有电话者，并因长途电话费过高而只限于在市区之内实施。

● 通信检查

即以信函的方式进行复查，询问调查对象是否被访问过及对整个访问工作是否有补充意见或批评等。

四、知识回顾

1. 分层抽样和整群抽样有什么异同？它们各自适用于什么情况？
2. 非概率抽样有哪几种具体的抽样方法？它们分别如何抽样？
3. 依某种规律性点名（例如 1 号、11 号、21 号、31 号……）是采用了哪种抽样方法？此方法的优、劣表现在哪些方面？

拓展资料 2

2006 年西藏第二次残疾人抽样调查基本情况[①]

本次调查采取分层、多阶段、整群概率比例抽样方法，在我区抽取 6 个县（区），24 个乡（镇、街道），共 48 个调查小区，平均每个调查小区 470 人左右。

本次调查标准时间为 2006 年 4 月 1 日零时，入户调查时间自 2006 年 4 月 1 日起至 5 月 31 日结束。在自治区政府和各抽中县（区）政府直接领导下，组织了 6 个调查队、96 名调查员、54 名各科医生、6 名统计员以及 336 名陪调员，逐户进行询问登记、筛查和残疾评定，现已全部完成入户调查、复查和调查质量的核查工作。

我区共调查了 4928 户、22 571 人，调查的抽样比为 8.10‰。入户见面 19 123 人，占调查总人数的 84.72%；按照《第二次全国残疾人抽样调查残疾筛查方法》，7 岁以上疑似残疾人筛出率为 18.09%，疑似残疾人检查率达到 99.39%。

拓展资料 3

利川市万名干部进万村入万户活动抽样问卷调查抽样方案[②]

（一）问卷调查范围和样本

调查范围为全省辖区内 26 018 个行政村，调查样本为每个工作组所负责村的所有农户（一般每个工作组为 3～4 个行政村），工作组在走访所有农户的基础上，随机等距抽取 50 户左右的农户开展问卷调查。

（二）抽样方法

调查样本为每个工作组在所负责地域内随机抽取 50 户左右农户。

抽样方法为随机等距抽取，即首先由工作组把所负责地域内所有村的全部户的花名册收集在一起，确定总户数 N，计算抽样间距 $d=N/50$（取整数），随机确定抽样起点户 a（a 应在 1 至 d 之间），然后随机等距抽取户 $a+d, a+2\times d, \cdots, a+49\times d$，这样抽取的 50 户即为本工作组的调查样本。

---

① http://cache.baiducontent.com/c?m。
② http://www.lichuan.gov.cn/art/2012/11/art_257_81456.html。

● 路线检查

即指派人员依照调查员预定的路线查看,核对是否按照预定的时间抵达、每次访问的时间以及访问的态度和方法等。倘若调查员有疑难也应随时为其解决。

(3) 绩效评价

对调查员的工作成绩进行评定,可采取以下三种方式。

① 比较成本,即对同一地区的调查员所花费的成本(包括各种费用和补助)加以比较。

② 比较回收率,比较同一地区调查员发生拒绝接受访问的百分比,即对回收率进行比较。

③ 比较问卷的利用率,调查员遵守指示进行市场信息收集,如果回收的问卷因错误或不符合规定而不能利用,则调查员的工作绩效将非常低下,据此来评定调查员的成绩。

评定调查员的工作成绩不仅是对每一位调查员实施奖励的依据,同时其结果还可以作为将来是否继续雇佣的重要参考。

二、实务指导

1. 案例示范

如何快速成长为一名调查员

学习数据统计的小张今年应届毕业,应聘到零点研究集团下属的一个调查公司,协助负责行业和产品的调查统计工作。由于缺乏工作经验,部门主管安排其调查员岗位,小张一直怀有从基层做起的心态,欣然接受岗位安排。如何快速成为一名合格的调查员呢?他正不知如何开展工作之时,公司为一项重要调查作调查员培训,参加培训后小张的收获颇丰,在之后的调查中问卷回收率高,有效率高,出色地完成了调查任务。

2. 案例启示

参加调查员培训是迅速成长为合格的调查员并能完成具体调查项目的最重要和直接的方法。

3. 一般调查员培训的内容

(1) 调查员的责任

一般来说,调查员的责任主要有以下六个方面。

① 保密,这是作为调查员的职业道德。调查员不得向其他人透露有关访问的任何事宜,包括调查内容、调查对象的情况和调查结果。

② 访问,调查员必须根据项目的要求去邀请调查对象并提问,不得自作主张。

③ 记录,调查员一定要清晰、准确、完整地记录调查对象的回答。

④ 审查,调查结束后调查员要检查调查问卷是否准确完成,字迹是否清晰、准确等。

⑤ 发送礼品,在调查中,经常要送给调查对象一定的礼品,作为对方回答询问的酬谢。调查员不得少发或不发礼品。

⑥ 礼貌待人,在访问中,如果遇到调查对象不友好、不礼貌,调查员应该克制,记住自己代表的是企业的形象。

(2) 调查中的注意事项

对于问卷的措辞,调查员不要自作解释,要按问卷原样重复。

调查员不能给调查对象任何暗示,例如,您是不是要选择第一个答案等。

调查员要非常熟悉问卷及各种相关资料。

调查员要保持中立态度,对调查对象的答案不要表示惊奇、赞成或不赞成。

(3) 访问技巧

拒绝访问是市场调查中常见的事情,也是市场调查要努力解决的问题。几乎在每一项调查中,每一位调查员都会遇到这一问题。

拒绝访问的原因有很多,包括调查对象厌恶接受调查、对陌生人不放心、有事情待处理、身体不适等。

针对拒绝访问的理由,调查员可以采取相应的对策。

如果调查对象表示"太忙",调查员可以说:"完成调查只需几分钟。"

如果调查对象表示"年龄大",调查员可以说:"我们正需要听听您的意见。"

如果调查对象表示"不好答、不会答",调查员可以说:"问题一点也不难,答案无所谓对错,很多人都做过,而且都做得很好。"

如果调查对象表示"不感兴趣",调查员可以说:"我们是抽样调查,每一个被抽到的人的意见都很重要,否则结果就会出偏差了,请您协助一下。"

如果调查对象表示"不便说",调查员可以说:"能理解,这也是调查要保密的原因。"

如果调查对象表示"我不太了解情况,访问别人更合适",调查员可以说:"没关系,您把您知道的说出就可以了。"

如果调查对象表示"你的问题太多了",调查员可以说:"对不起,虽然问题看起来多一点,但都很简单。"

如果调查对象表示"不识字,不会做",调查员可以说:"没关系,我们不需要您填写,只需要您回答就可以了。"

(4) 针对具体项目的操作指导

一般来说,具体项目操作指导主要有以下三个方面。

① 向调查员解释问卷问题。

② 分派任务:根据配额表,指定每个调查员在什么时间访问多少人。

③ 访问准备:告诉调查员在访问时所需的各种资料,如问卷、提示卡、礼品、圆珠笔等。

三、实务训练

1. 实训目的

能够根据所选调查课题及设计好的调查问卷实施调查。

2. 实训要求

(1) 学生两人一组,模拟问卷调查过程。

(2) 模拟的内容包括:自我介绍;入户;开始按照问卷进行访谈或直接让调查对象填写问卷;收回问卷结束访问。

(3) 灵活应对在调查期间出现的各种状况。

(4) 学生互相点评,指出在模拟中存在的问题。

(5) 教师点评,指出学生存在的问题,并加以指导、纠正。

3. 实训课业

(1) 调查大学生阅读兴趣状况,请根据所作问卷实施问卷调查。

(2) 调查大学生消费心理状况,请根据所作问卷实施问卷调查。

(3) 调查了解高校考证情况,请根据所作问卷实施问卷调查。

四、知识回顾

1. 常见的分发问卷的形式有哪些?试分析它们的优点和缺点。

2. 如何进行问卷复核?

3. 调查对象拒绝访问的常见理由有哪些?调查员有什么对策来应对?

拓展资料5

入户调查时被访对象提出质询的参考答复[1]

1. 你到底是干什么的?

——刚才我已经提到了,我是××调查公司的访问员,这个研究是关于××的,委托我们进行这项研究的客户希望了解到市民对××是怎么想的,这样他们能更好地按照大家的想法来做好工作。(注意,你应尽量使用"研究"、"访问"的字眼,而少使用"调查"。因为某些市民会把"调查"与侦查、秘密调查等联系在一起,因而会引起他们不必要的顾虑,使访问的成功率大大下降)

2. ××调查公司是怎么回事?

——噢,这是一个专门做调查研究的公司,他们做过很多类似的研究项目,每年都有上万人接受访问。

3. 我怎么知道你是这间公司派出来的?

——这是我的访问员证(出示访问员证),上面有公司研究人员的电话,您可以给他们打电话确认。(如果你有更多有关公司的问题,都可以给公司打电话)

4. 你为什么找到我家?

——是这样的,公司有全市居民的住家号码,他们用一种科学的抽样方法在市民中随机抽取了几百户人家来访问,在这个区大约有10户被抽中,这些人家的意见在研究中就代表全市居民的意见。

5. 我没有什么看法,我的邻居(或我的先生/太太,或××人)就爱说这些,你找他吧?

——谢谢,我相信他们的意见一定很有意思,但公司告诉我们,那些被抽中的人的意见才是最重要的,也只有您的看法在我们看来是最重要的(在少数家庭里,其他的家庭成员会过来凑热闹或参加讨论,你要告诉他们,这次访问只针对他们当中的一个人来进行,希望其他的人不要影响他/她)。

---

[1] 任洪润:《市场信息的收集与处理》,北京.电子工业出版社,2007年版,第146页。

6. 我对你说了些什么,不会有人找我麻烦吧?

——按照《中华人民共和国统计法》的规定,我们要为访问对象所提供的意见及个人资料进行保密。事实上,我们最后会把像您这样几百个人的意见统计起来,看看大家对这个问题有什么样的要求或看法。

7. 看起来,你的问题不少啊?

——其实,这是因为我们把各种答案都已印在上面了,我们只需根据您的回答勾一下就可以了。而您只需要把自己真实的想法说出来就可以了。不是考试,这不复杂也并不像您想象得那么长。

8. 你是大学生,你怎么干这个了?

——因为,研究访问是一种科学的工作,它跟我学的专业很接近,所以实际上是我们运用专业知识的一个机会。我们也通过跟您这样的市民所进行的访问,增长自己的见识,了解社会。

9. 你知道,我很忙的,我没有那么多时间跟你谈完。

——很抱歉需要占用您的一些时间,但我想时间不会太长,而且回答起来也不太难。而您的意见对我们又是那么重要,所以我想最好我们现在就进入正题。

10. 我没有文化,我也看不懂你的卷子。

——这您不用担心,我会把问题读给您听,您听完后再发表意见,我会把您的意见记下来的。

11. 调查,哼,调查有什么用?

——也许您的意见是对的,而且看来您还是有自己的看法的。如果大家都把自己的看法说出来,这样的调查结果也许就会越来越有用了。

12. 我现在没空,过几天再说吧!

——我很抱歉打扰了您,我想我们的访问只需要占用您一点时间。而且公司要求我们必须在今天完成这个访问。事实上,我的同学今天要在全市各个区同时完成访问。其实,我们的问题很简单,比如……(转入问卷。如果他的确手上在忙一件重要的工作,那么问他半个小时后或更长一点时间再来访问他可不可以?)。

13. 你是一个人来的吗?

——不,我们有几个同学同时在这个小区进行访问,访问结束后我们就在小区门口集合。

拓展资料6

进门受拒处理对策[①]

1. 拒绝开门,在你敲门或按门铃时,调查对象在观察孔看一下后不开门。这时你应该继续敲第二次门,事实上差不多有一半人在第二次敲门的情况下开门。如果他在你第二次敲门后仍不开门,你可以第三次敲门。经验显示,三次敲门使90%以上的原本拒绝开门的人

---

① http://wenku.baidu.com/view/2e7c665e312b3169a451a4a9.html。

开门。如果连续三次敲门仍不开门,这表明住户家中无人或者此时住户因某种特殊原因(例如,心情不好,有重要事情在做,家中只有老人或儿童在家,不便给陌生人开门等情况)而不便开门,这时我们可以按一次未遇处理,继续访问下一家住户,一定时间后进行回访。

2. 开门听取你的解释之后,调查对象表示因为太忙或不感兴趣这种情况的发生比第一种情况多一些。在这种情况下,你要再次说明,这只是需要占用他几分钟时间,而且只是要他说一些有关他的简单想法。有一种方法被证明十分有效,访问时对调查对象说:"事实上我们要了解的是一些本来就有的想法,内容非常简单,比如你是否觉得现在物价上涨非常严重……"这样一下转入到问题上,许多的调查对象往往一下子不自觉地被带入访问。

有一些调查对象在开门听取你的介绍(甚至没有听完)就关上了门,记住,你一定要耐心地再次敲门,直到敲到第三次。你要让他感到"我们大家都很忙,但这就是我的工作,我必须访问你"。

我们要大家坚持在态度并不友好的家庭中进行访问,是因为他们往往是代表了居民中的一个特殊的群体(通常是收入比较高、职位较高的人),如果我们轻易放弃了对他们的访问,则有可能使我们得到了一个偏差很大的(缺少这一群人的意见)的市场信息收集结果。而且我们的抽样是随机进行的,如果过多地放弃随机选中的样本,则样本总体的代表性会下降。

另外,一些调查员在受拒访时会有受到挫折感而放弃对这种家庭的访问,觉得这样没面子或有些厚脸皮。我们需要清楚的是:对于一个调查员来说,你最高的职业标准是成功地实施对特定调查对象的访问,并为此付出你的耐心和智慧,正如一个推销员的业绩在于他能把商品推销出去一样,你的能力不在于能访问几个对你友好的家庭,而在于你能够应付那些对你并不友好却最终接受你访问的家庭。

拓展资料7

不可以访问的人[①]

1. 不可以访问盲、聋、衰老的人。
2. 不可以访问自己的朋友、邻居或亲戚。
3. 不可以访问上次研究时已访问过的人。
4. 如果现有其他人不断地扰乱或批评该项访问,应停止访问。
5. 语言不通的人士,就算家人愿意翻译也不可以作为访问对象。
6. 不可访问不识字的人。
7. 不可访问与该项研究有业务联系的人。
8. 调查对象或其家人如在市场研究公司、传播媒介(电视台、电台、报纸)或广告公司工作,皆不可访问。

---

① 任洪润:《市场信息的收集与处理》,北京.电子工业出版社,2007年版,第149页。

拓展资料 8

市场调查员资格认证①

为进一步深度开发全国市场营销职业人员培训认证体系,加快培养和造就一批职业化、现代化、国际化的专业市场调查人员,满足企业对市场调查人才日益增长的需要,国家商务部中国商业技师协会市场营销专业委员会系全国市场调查人员资格培训认证的管理、实施部门,无锡时代卓越管理培训中心是授权的中国市场调查人员培训、考核的无锡工作站。

开展中国市场调查人员培训认证工作,以整合我国市场调查和研究资源为目的;以社会需要为导向;以企业管理为宗旨,从而使市场调查和研究人员的业务素质得到高水平的提高。

一、资格认证的等级

中国市场调查人员资格认证分为四个等级:

1. 市场调查人员;
2. 助理市场调查师;
3. 市场调查分析师;
4. 高级市场调查总分析师。

注:目前推出前三个级别。

二、资格认证申报条件

凡申报中国市场调查人员资格认证的人员,应遵守《中华人民共和国宪法》和法律,具备良好的职业道德和敬业精神。

(一)市场调查员申报条件

1. 具有中等专业学校毕业以上文化程度。
2. 从事相关工作一年以上。

(二)助理市场调查师

1. 具有大专以上文化程度或同等学力。
2. 从事相关工作两年以上。

(三)市场调查分析师

1. 具有大学以上文化程度或同等学力。
2. 从事本专业工作 3 年以上,并取得一定的业绩。

(四)高级市场信息分析师

1. 具有大学以上文化程度或同等学力。
2. 从事本专业工作 5 年以上,并拥有在本领域内取得显著的业绩成果。

三、培训考评内容

1. 培训以中国商业技师协会市场营销专业委员会统一编写的教材为主,辅于一定数量的案例讲座和实务操作辅导,使学员在知识领域及操作能力上均有不同程度的提高,而适应

---

① http://cache.baiducontent.com/c?m。

职业生涯发展的需要。

2. 一年全国统考四次,即3月、6月、9月、12月,考试和考评主要内容包括市场调查方面的基础知识和专业知识、相关知识和实际操作能力。考试以笔试为主,考评以测定实务操作能力。

四、证书颁发

凡符合条件参加培训的学员经全国统一考试和考评合格(均为60分),由中国商业技师协会中国市场营销专业委员会颁发各相应等级的《中国市场调查职业人员资格证书》,此证全国通用。

任务四 回收统计问卷信息

一、基础知识

1. 回收问卷

对于回收的问卷,必须认真审查。在回收的问卷中,总会有一些回答不正确、不完整的无效问卷。如果对回收的问卷不经过审查就直接进行整理、加工,往往会出现中途被迫返工或降低调查的可靠性和准确性的严重后果。因此,调查员对于回收的每一份问卷都要进行严格审查。只有坚决淘汰一切回答不合格的无效问卷,把调查资料的整理、加工工作建立在有效问卷的基础上,才能保证调查结论的科学性。

问卷回收率是信息收集的必要前提,是关系整个问卷调查成败的重要标志。一般来说,回收率如果仅在30%左右,资料只能作为参考;回收率在50%以上,可以采纳建议;回收率在70%~75%以上时,方可作为研究结论的依据。因此,问卷的回收率一般应不少于70%。

影响回收率的因素很多,在调查中我们必须从下述方面努力,以提高问卷的回收率。

(1) 争取知名的权威机构的支持

调查机构主办者的权威性和知名度往往会影响调查对象对问卷调查的信任程度和回答意愿。一般来说,党政机关主办的调查回收率较高,企事业单位主办的调查回收率较低;上级机关和高级机构主办的调查回收率较高,下级机关或低级机构主办的调查回收率较低;专业机构主办的调查回收率较高,一般性机构主办的调查回收率较低;以集体或单位名义主办的调查回收率较高,以个人名义主办的调查回收率较低。调查员应尽可能争取权威大、知名度高的调查机构主办或者取得它们对问卷调查的公开支持。

(2) 挑选恰当的调查对象

调查对象的合作态度,理解和回答书面问题的能力,对问卷的回收率往往产生巨大的影响。一般来说,对问卷调查的内容比较熟悉的调查对象,有一定文字理解能力和表达能力的调查对象,初次或较少接受访问的调查对象,其回答问卷的积极性较高,反之,积极性就低,甚至不予回答。因此,调查员根据问卷内容的特点和难易程度,选择恰当的调查对象进行调查,对于提高回收率具有十分重要的意义。

(3) 选择具有吸引力的调查课题

调查课题是否具有吸引力,往往会影响调查对象的回答意愿和兴趣。那些重大的社会问题,关系人们切身利益的问题,已成为社会舆论中心的问题,以及那些具有新鲜感和特异性的问题,往往会引起调查对象的浓厚兴趣和回答的积极性,问卷的回收率就高,反之,回收率就可能很低。因此,根据不同时期、不同地域、不同对象的实际情况,选择具有吸引力的调查课题是提高问卷回收率的一个重要条件。

(4) 提高问卷的设计质量

问卷的设计质量对问卷的回收率和有效率往往会产生巨大的乃至决定性的影响。问卷的质量首先取决于问卷的内容,特别是问题的选择、排列和表述以及回答的类型和方式;同时,它也取决于问卷的形式,特别是问卷的长度和版面。比较简短、版面清晰的问卷回收率和有效率较高,反之,回收率和有效率就较低。目前,许多问卷的设计过于冗长和复杂,这是造成回收率不高的重要原因之一。

(5) 采取回收率较高的问卷调查方式

调查方式对问卷的回收率有重大影响,根据一般的经验,报刊问卷的回收率约10%~20%,邮政问卷的回收率约为30%~60%,送发问卷的回收率约为60%~80%,访问问卷的回收率最高,有时可以达到100%。因此,在条件允许的情况下,应尽可能采取送发问卷和访问问卷的方式进行调查。

2. 审核资料

审核是指在着手整理调查资料之前,调查员对原始资料进行审查和核实的工作过程,目的在于保证原始资料的客观性、准确性和完整性,为下一阶段的资料整理和统计打下坚实的基础。

(1) 审核的原则

审核资料的基本原则主要有以下三点。

① 真实性原则

真实性原则要求调查员对所收集到的资料要根据实践经验和基本常识进行辨别,看其是否真实可靠地反映了调查对象的客观情况。一旦发现有疑问,调查员就要及时根据事实进行核实,排除其中的虚假成分,以保证资料的真实性。

② 准确性原则

准确性原则要求调查员要对资料进行逻辑检查,检查调查得来的资料中有无不合理和相互矛盾的地方。例如,某调查对象的年龄栏中填写的是33岁,而结婚时间长短栏中填写是25岁,这显然是不合逻辑的,对于这类资料要认真审核处理。对收集到的各种统计图表调查员应重新计算、复核,利用历史资料更要审查文献本身的可靠性程度。

③ 完整性原则

完整性原则要求调查员要检查调查资料是不是按照调查方案的要求收集齐全。如果资料残缺不全,将会影响调查目标的实现。

(2) 审核的内容

原始资料的审核主要是对市场调查收回的问卷的齐备性、准确性、完整性和时效性进行分类汇总前的审核,以防止有问题、有差错的问卷进入分类汇总作业流程,导致数据汇总处理出现严重问题。原始数据已经汇总处理,其差错就被掩盖起来了。因此,原始资料的加工整理首先要重视对收回的问卷进行审核,以确认有无问题,并采取补救措施,审核的内容如下。

① 齐备性

即检查收回的问卷的份数是否齐全,是否达到了调查方案设计的样本量的要求。如果调查问卷的份数不够,应告知调查组织者查明原因,采取补救措施,如派调查员重新面访拒绝调查或访问时不在家的调查对象,或更换样本单位进行访问。

② 完整性

即检查审核问卷填答得项目是否完整。不完整的答卷一般分为三种情形。第一种是大面积的无回答或相当多的问题无回答,对此应宣布为废卷。第二种是个别问题无回答,应为有效问卷,所遗空白待后续工作采取补救措施。第三种是相当多的问卷对同一个问题(群)无回答,仍作为有效问卷,但对此项提问可作删除处理。

③ 准确性

即检查问卷中的项目是否存在填答错误,一般也有三种情形。一是逻辑性错误,表现为某些答案明显地不符合事实或者前后不一致。对这类错误能够用电话核实的可进行更正,无法核实的可按不详值对待。二是答非所问的答案,这种错误到了审核阶段一般很少存在,一旦发现应通过电话询问进行纠正或者按不详值对待。三是乏兴回答的错误,这类错误一般是调查对象对回答的问题不感兴趣,如问卷中所有的问题答案都选择某一固定编号的答案或一笔带过若干个问题。如果这种乏兴回答仅属个别调查问卷,应彻底抛弃;如果乏兴回答的答卷有一定数目且集中出现在同一类问题群上,应把这些问卷作为一个独立的子样本看待,在资料分析时给予适当的注意。

④ 时效性

即针对问卷的访问时间、有关数据的时间属性进行检查,以评价调查数据是否符合时效性的要求。一般来说,调查员应在规定的期限内完成所有样本单位的访问,如果因某种原因延迟了访问,则应做出不同情况的处理,若延迟访问对调查结果没什么影响,则问卷仍然是合格的;若延迟访问影响到数据的时间属性(时点数的时点、时期数的计算时距)不一致时,则应废弃这样的问卷。

⑤ 真伪性

即对问卷的真实性进行检验,评价调查员是否存在伪造问卷的行为。一般采用抽样复检的办法进行核实,即从回收的全部问卷中随机抽取一部分,然后用电话或派人上门与调查对象联系,核实调查员是否到访以及访问的时间、地点等。如果发现问卷是伪造的,则应作废弃处理,并要派员重访。

一般来说,在市场调查过程中,为确保调查的质量,调查组织者往往制定了调查访问过程中实地审核制度和办法,尽管如此,集中上来的问卷仍不可避免地存在各种的问题。因此,在分类汇总前,集中审核仍然是必要的。

(3) 审核的作业方式

较大规模的市场调查项目收回的问卷往往是大量的,需要聘用审核员进行集中审核。审核员一般是调查机构聘用的专职人员,应具有较丰富的审核经验和各方面的阅历。审核工作开始之前,调查项目主持人应向审核员交代本项目的调查内容、调查问卷的设计格式和特点,样本选择方式、调查时间、访问背景等情况,使审核员明确审核的内容和要求。

审核的作业方式应该是在问卷分配给审核员的基础上,实行一卷或一表从头审到尾,而不应采用分段交叉的作业方式。因为一卷或一表从头审到尾,有利于贯彻审核的一致性原则和明确审核员的责任,而分段作业和分段把关虽有可能提高审核的效率,但不利于贯彻一致性原则,也容易产生责任不清的问题。

(4) 审核的办法

① 逻辑审核

逻辑审核是审核员利用逻辑和经验判断法,检查问卷的填答项目是否合理,项目之间有无相互矛盾的地方,有无不应有的空白,有没有不合理的填答,有无乏兴填答、答非所问或部分项目不回答等。例如,某人的年龄栏里填写52岁,而政治面貌栏中则填写团员,倘若发现类似的问题,则需要审核员在资料审核过程中根据有关内容做出判断并进行纠正。

② 计算审核

计算审核主要是审核员对数据进行计算性的检查,例如分项相加是否等于合计,数据之间该平衡的是否平衡,各项数据在计算方法、计算口径、计量单位、时间属性等方面是否有误等。

③ 判断审核

判断审核即审核员根据已知资料来判断数字资料是否真实准确。例如,已知某单位是比较落后的单位,而调查指标的数字却明显超过先进单位,那么,对于这些数字就应该设法进一步审查和核实。

3. 资料的分组汇总

(1) 资料的分组

所谓资料分组,也称统计分组。它是根据信息收集的目的和要求,按照一定的标志将调查总体划分为若干组的一种资料整理方法。分组处理的目的在于使原始数据分门别类,使资料综合化、条理化和层次化。资料分组从现象总体角度看,它是"分"的过程,是将现象总体中的各个单位划分为若干性质不同的组成部分;从现象个体角度看,它又是"合"的过程,是把现象总体中性质相同的单位组合成一组。资料分组的要求是通过分组应起到"组内同质、组间异质"的效果。

对于调查资料进行分组的关键在于分组标志的选择。所谓标志,是指反映调查单位属性和特征的名称。它有品质标志和数量标志之分。品质标志是反映调查单位属性的名称,数量标志是说明调查单位数量特征的标志。例如,在进行残疾人生活状况调查时,残疾人的性别、婚姻状况、文化程度都属于品质标志,它只能用文字语言表示;残疾人的年龄、家庭人口、工资收入都是数量标志,它可以用数值表示。

分组标志是资料分组的依据,分组标志选择是否恰当直接影响资料分组的作用和效果。因此,分组标志的选择应遵循以下原则。

① 根据调查目的选择分组标志

调查对象一般具有众多的特征,如何从这些特征中选择分组标志,应根据调查目的和任务来确定。例如,老年人具有年龄、性别、文化程度、民族、职业、经济收入、生活费用支出等特征。如果要了解老年人的生活状况,调查员可以选择经济收入、月生活费用作为分组标志,而要分析老年人对待火葬的态度,则应选择年龄、文化程度作为分组标志。

② 选择能反映现象本质特征的标志

在调查对象的诸多标志中,有的标志是主要的、本质的;有的标志是次要的、非本质的。只有选择了本质的、主要的标志作为分组标志,才能达到反映现象本质或主要特征的目的。例如,研究居民生活水平状况,可以按照"民族"这一标志进行分组,也可以按照城乡地区这一标志进行分组,从现实状况看,按照城乡分组比按照民族分组更能反映所调查问题的本质。又如,分析老年人对养老服务方式的态度,若以老年人的经济条件、身体状况作为分组标志,更能揭示老年人对养老服务方式的不同态度的主要原因。

③ 考虑现象所处的具体时空条件

社会现象随着时间、地点、条件的变化而发生变化。同一分组标志,在某一时期、某一地点适用,在另一时间、另一地点就不一定适用。因此,调查员应针对各种具体情况进行具体分析。例如,研究解放初期农村经济政策时,按照阶级成分分组是基本的分组;而研究当前农村经济问题,选择生产水平、经济收入为分组标志比较恰当。

④ 组别的设定要考虑穷尽性

分组后,每个总体单位都可以归属于某一个组内,不允许任何数据遗漏在外,即要求每次分组时,列出一切可能的类别,避免出现无组可归的总体单位。分组时最大组的上限必须大于原始数据中的最大值,最小组的下限必须小于原始数据中的最小值。例如,某企业某月的商品销售额为75.3万元,如果最大组为60万~70万元,则会出现该企业月销售额无组可归,若改为60万元以上,就不存在问题了。

(2) 资料的汇总

从汇总计算所用的手段来看,汇总技术分为两大类,即以手工为主的传统汇总技术和以计算机为主的现代汇总技术。在调查总体的单位数目不多的情况下,经常运用手工汇总。计算机汇总对大型调查资料的处理表现出快捷、准确等特点,是手工汇总无法比拟的。

① 手工汇总

手工汇总是指用算盘或小型计算器进行的汇总。利用手工处理统计资料有悠久历史,其方法虽然比较落后,效率较低,但方法灵活简便易行,即使在计算机广泛应用的情况下运用这种方法处理统计资料仍然有一定的必要性。在我国的基层单位,主要采用手工汇总的方法。常用的手工汇总方法有以下四种。

● 画记法

画记法也称点线法,它是用点或线等符号代表每个总体单位,汇总时看总体单位属于哪个组,就在哪个组的栏内点一个点或画一条线,最后计算各组的点或线的数目,得出各组的单位数。这种方法手续简便,但只适用于对总体单位数的汇总,不适合对标志值汇总。

● 过录法

过录法是将调查资料过录到事先设计好的整理表上,计算出各组的单位数及标志值的合计数,然后再编制统计表。这种方法的优点是既能汇总单位数,也能汇总标志值;缺点是全部资料都要过录,工作量大,也容易产生过录差错。因此,过录法适用于总体单位数不多,分组较简单的情况。

● 折叠法

折叠法是将问卷中需要汇总的某一横行或某一纵栏的统计资料折在边上,然后按顺序叠放整齐,进行加总计算,将汇总的结果填入统计表中。这种方法的优点是简便易行,适用于对标志值汇总;缺点是一旦发生差错,须从头做起。

● 卡片法

卡片法是利用专门制作的卡片作为分组记数的工具进行汇总的方法。卡片法大体的汇总步骤分为以下三步。

第一,编号。

根据分组标志,对每一种分组,按组的顺序编号,并且在问卷的有关项目中注上所属的编号。

第二,摘录。

将问卷上注明的组号和标志值分别摘录在卡片的相应格中。每一张卡片只摘录一个调查单位的材料。

第三,分组计数。

将卡片按组号分为若干组。分组后各种卡片数就是各组的单位数。汇总标志值时,将各组卡片重叠起来,只露出边缘数字进行加总。最后将各组单位数和标志值填入统计表中。这种汇总方法比较准确,一般适用于大规模专门调查资料的汇总。

② 计算机汇总技术

在现代市场调查中,由于调查课题设计的调查内容多,调查范围大,样本量也很大,由问卷提供的原始资料往往有上千份或几千份,同时又要求进行多方向的数据加工开发,因此,一般都采用计算机技术进行汇总处理。利利用计算机进行问卷数据处理,不仅速度快、精度高,而且数据的分组、汇总和列表均能够自动完成。而要做到这一点,必须遵循以下程序。

● 开发合适的数据处理软件

开发合适的数据处理软件就是根据问卷设计的内容、数据分组处理的要求等先进行信息需求分析,然后对数据处理的流程、数据的结构、数据记录、单变量分组、双变量交叉分组、三变量交叉分组、平行分组、数据编码、数据录入、逻辑检查、汇总计算、列表输出等进行详细的设计,设计方案经评审确定后,即可进行详细的设计和测试,开发出适合特定问题的数据处理软件。在实践中,可直接利用现成的具有调查问卷数据处理功能的统计软件包,如 sas、spss 等。

● 编码

编码是指对一个问题的不同回答进行分组和指派数字代码的过程。在问卷中,大多数问题都是封闭式的,并且已预先对备选答案进行编码,这意味着问卷本身也设定了不同答案的数学代码。例如,01 代表性别问项,010 代表女,011 代表男,这就是预先编制的编码,称为预编码。大型的市场调查,其问卷一般都采用预编码,或者在问卷之外另行制作登录卡,供从问卷上的文字答案转换成数码之用。登录卡从格式上看是一张空白的数码矩阵表,编码人员可根据编码规则将问卷中所载答案转化成数码填入适当的矩阵单元内,供录入时使用。在编码工作中,有下列两个问题需要进行事后编码:开放式问题的答案整理与编码。开放式问题的答案整理采用意见分类归纳法,然后根据分组的结果制定编码规划。在编码工作中,需要进行事后编码的另一个问题:交叉分组处理的编码。预编码一般只能解决简单分组处理与平行分组处理的分组和汇总统计,而不能解决两变量或三变量交叉分组与汇总统计的问题,为此,编码人员必须根据交叉开发的要求进行事后编码处理。这种编码通常需要同时考虑两个或三个问项的备选答案的对应编码,故称复编码。

- 数据录入

数据录入前,一般应对所有的问卷编号,以便按照问卷编码顺序进行每份问卷数据的录入。数据录入一般由数据录入人员根据编码的规则(编码明细单)将数据从调查问卷上直接录入到计算机数据录入软件系统中,系统会自动进行记录和存储。数据录入一般不采用先编制登录卡,然后根据登录卡再进行数据录入的方式,因为这种方式在转录过程中容易产生大量的错误,而且费时费力。

- 逻辑检查

全部调查问卷的数据录入完毕,问卷回收统计人员应运用事先设计的计算机逻辑错误检查程序进行检查,以防止录入的逻辑错误的产生。逻辑错误录入是指录入时违反了跳答方式(录入问项的顺序及跳过某些不需要录入的问项)和录入了不可能的代码(例如可能的代码只允许为1或2,却输入了3)。但逻辑检查不能识别下述情形:把本应该"是"的回答记录为"否"的回答。逻辑检查也可以由计算机输出一份关于每一问项答案的频数分布清单,检查者可以据此判断录入过程中是否正确遵循了跳答方式,是否出现了不适代码。如果逻辑错误被查出,那么一定要找出相应的原始问卷,并对计算机数据文件进行纠正。

- 汇总制表

当逻辑检查确认数据录入无逻辑错误后,则可利用设定的计算机汇总与制表程序自动生成各种分组类,包括简单分组频数表、平行分组频数表、交叉分组频数表,从而为分析研究准备综合化的数据。

4. 制作统计表和统计图

制作统计表和统计图,就是对统计数据分别归类,并用数字表述资料间的相互关系,以便相互比较的一种方式。所谓数据统计分类,就是根据被测对象的特征进行区分,然后将所有的数据划分到各类别中去。

(1) 统计表

统计表就是依据被测对象的特征的类别及其所包含的数据制成的。统计分类所依据的特征称为分类的标志。分类的标志有性质的和数量的两种,因而分类的类别可分为性质类别和数量类别。

表4.2是一张最简单的统计表。

表 4.2 某班级学生人数表

性 别	人 数
男	31
女	19
总数	50
性质类别	数量类别

根据数据分类所依据的被测对象的特征数目的不同,统计表可分为单项表、二项表、三项表等。特征越多,表就越复杂,一般常用的是二项表,有人也称二项表为双项表。

表 4.2 的数据只有性别一项分类,因而它是一种单项表。表 4.3 不仅将性别数据分了类,也将成绩类别分了类,所以它是一种二项表。

表 4.3 某班级语文成绩统计表

成绩 性别	优	良	中
男	3	16	14
女	1	12	10
总计	4	28	24

统计表编制的一般要求如下。
① 表题应写在表的上方,并简明扼要,切合表的内容。
② 表中各项目应按比较特征的性质、数量、重要性、一般习惯或其他标准顺次排列。
③ 说明项或备注应写在表的右面与下面。
④ 表中各栏要用纵向直线划分,项目与数字间、数字与合计间也要用横向直线隔开。
⑤ 若表过长,每五行宜隔一空行。
⑥ 表中数据应排列整齐,上下对正。数字的小数点要上下对齐成一线,以便阅读和计算。
⑦ 表中数字在 4 位以上的,须用 1/4 空格隔开,例如,4 000 000。
⑧ 表的顶边及底边应采用粗线。
⑨ 表的标题、说明项或统计数字所未能表明的意义,以及表内资料的来源应加表注说明。表注标在表的底线下方。

(2) 统计图

统计图也叫分布图,就是用图形来表示变量的分布。与统计表相比,统计图虽然不如其精确,但却更直观、更生动、更醒目。常见的统计图有条形图、饼形图、折线图等。用以绘制统计图的一个很好的工具是微软公司的 Excel 软件,如果调查员用该软件制作统计表,那就非常容易在该表的基础上制作出相应的统计图。

5. 完成资料整理

资料整理的一般要求主要有以下三个方面。

(1) 真实性

所谓真实性,是指整理后的资料必须是确实发生过的客观事实,而不是弄虚作假或杜撰的情况。如果整理过的资料不真实,那比没有收集到资料更危险,往往会使调查员得到错误的结论。真实性是资料整理的最根本的要求。

(2) 准确性

所谓准确,是指整理后的资料中事实要准确,尤其是数字资料更应该准确无误。对准确的要求应从实际出发,以能说明问题为原则,而不是越精确越好。例如,调查我国人均消费水平问题,精确到"元"就可以了,没有必要计算到几角几分。如果精确度过高,会增加许多无效的工作量,并且能使调查和整理的数据出现更多的错误。

(3) 完整性

所谓完整,是指整理后的资料必须尽可能全面,以便能反映客观事实的全貌。完整主要是指时间范围上的完整、空间范围上的完整和调查项目上的完整。如果调查资料不完整,则调查资料就是失去了研究价值。

二、实务指导

1. 案例示范

谈谈问卷调查中的编码技巧[①]

在问卷调查中大量的问卷收回后,需要对每个问题的答案进行整理、汇总。为了充分利用问卷中的调查数据,提高问卷的录入效率及分析效果,需要对问卷中的数据进行科学的编码。编码就是对一个问题的不同答案给出一个电脑能够识别的数字代码的过程,在同一道题目中,每个编码仅代表一个观点,然后将其以数字形式输入电脑,将不能直接统计计算的文字转变成可直接计算的数字,将大量的文字信息压缩成一份数据报告,使信息更为清晰和直观,以便对数据进行分组和后期分析。这就使问卷编码工作成为问卷调查中不可缺少的流程,也成为数据整理汇总阶段重要而基本的环节。

通常,问卷中的问题有两类:一类是封闭式问题,即在提出问题的同时,列出若干可能的答案供调查对象进行选择;另一类是开放式问题,即不向调查对象提供回答选项的问题,调查对象使用自己的语言来回答问题。下面就不同问题的编码列出不同的编码方法。

(1) 封闭式问题的编码方法

事实上在问卷开始设计的时候,编码工作就已经开始了。因为有些问题的答案范围调查员事先是知道的,如性别、学历等。这样的问题,在问卷中以封闭式问题的形式出现,调查对象在回答问题时只要选择相应的现成答案就可以了,例如:

Q1.请问您通常在什么地方购买日常用品?［多选］

小杂货店/便民店 …………………… 1
仓储/超市 …………………………… 2
商场内超市 …………………………… 3
百货商场 ……………………………… 4
零售摊点 ……………………………… 5
批发市场 ……………………………… 6
直销/邮购 …………………………… 7
网上购买 ……………………………… 8
其他 …………………………………… 9

封闭式问题的问卷,在问卷回收后就可以直接录入电脑,这对调查来说是非常便捷有效的。所以,正常的问卷调查都尽可能地使用封闭式问题。即便是那些事先不容易知道答案

[①] http://cache.baiducontent.com/c?m。

的问题,例如购买某种商品的地点类型、使用某种商品的主要原因等也可以采用此类形式,但通常会在封闭式问题的答案中增加一个"其他"选项,就是为了保证所有的调查对象在回答问题时都有合适的备选对象,并且这个选项被选择的机会应当是可以预见到很少的,不会超过主要答案被选择的机会。

(2) 开放式问题的编码方法

一些问卷的设计者在设计问卷时是不完全知道答案,这样的问题在问卷中一般有两种形式。一种是只有问题没有备选答案,称作完全开放式问题,例如:

Q2. 请问您不喜欢吃巧克力的原因有哪些?(需要追问)

另一种是有部分备选答案同时还有要求调查对象注明的"其他"选项,称作半开放式问题或隐含的开放式问题,例如:

Q3. 请问对于××产品,您愿意接受什么样的促销活动?[多选]

免费试用……………………………1
价格打折……………………………2
赠送相关产品………………………3
礼品盒/礼品包………………………4
抽奖…………………………………5
会员式活动…………………………6
集旧包装换取新产品、奖品等………7
其他[请注明]＿＿＿＿＿＿＿＿＿＿

对于开放式问题,调查对象需要用文字来叙述自己的回答。问卷回收后这些答案不能马上录入电脑,需要后期的人员对其进行"再编码"。"再编码"是为了方便数据处理,对原编码进行有效补充,有时还是对原编码的调整修改。"再编码"往往伴随着重新归类分组,由于电脑对数字型数据的偏爱,以及某些统计分析程序只能处理数字型数据,因此经过再编码,数据处理更方便、更可行。

(3) 开放式问题的编码步骤

对回收问卷的"再编码"主要是针对开放式问题的。开放式问题的编码工作需要进行四个步骤才能进行数据的录入。

第一步,录入答案。由于录入技术的进步,传统上让调查员对着问卷逐条寻找不同的答案并列在一份大清单上的烦琐做法应当废止,而代之以全部录入答案,然后再按照下列步骤实施编码。

第二步,尝试用不同的方法对录入的答案进行排序、归类(许多软件例如 Excel、spss 甚至 Word 的汉字版等都有按笔画和按拼音排序的功能),并结合主观判断,然后合并意思相近的答案,并且对明显相同的答案统计其出现的次数,例如:

Q4. 请问您不喜欢吃巧克力的原因有哪些?

对于这一开放式问题我们先统计问卷不同答案出现的次数(参见表 4.4)。

表 4.4　开放式问题答案次数统计表

Q4.原因	次数
价格不合理	5
价格有点贵	4
糖多怕胖	10
热量高,怕发胖	8
妈妈说上火	4
天气太热了,易上火	15
天气热想吃清淡的	6
价格原因	1
……	……

第三步,编码人员及问卷设计者根据调查的目的对抄出的答案进一步归纳,形成类别数量适当的"编码表"。以上题为例,归纳的结果参见表 4.5。

表 4.5　编码表

Q4.合并原因	编码
价格不合理	1
担心发胖	2
易上火	3
……	……

从表 4.5 中可以看出,答案的数量减少了,每一个保留的答案是对实际填写的同类答案的总结。

第四步,调查员根据"编码表"中的编码对所有开放式问题的答案进行逐一归类,并在每个问题的旁边写上实际答案在编码表中对应的号码(参见表 4.6)。

Q4.请问您不喜欢吃巧克力的原因有哪些?

表 4.6　调查问题对照表

Q4.原因	对应编码
热量高,吃了怕发胖	2
价格有点贵	1
……	……

到此为止问卷上的文字答案经过归纳变成了数字,方便了录入人员的录入、统计。

2. 案例启示

不论是调查前还是调查后的编码工作都有相同的原则,从这些原则既可以看出编码工作做得好坏,也可以看出问卷设计是否科学、合理。在进行编码时我们有以下六点建议。

(1) 提倡使用统一编码表和对编码表进行测试

无论是开放式问题还是半开放式问题,在几道问题的选项或答案内容相同、相近、类似等情况下,将这几道题目采用统一的编码表。这样做一是易于控制编码,二是给后期的数据处理、分析带来很多的方便。另外,对于确定的编码表,在正式开展调查前应在小范围内对编码表进行测试(测试问卷 50 份左右),以便对编码表进行修正,并使编码人员充分理解编码表。

（2）编码的合理性

首先,编码应充分反映调查项目之间的内在逻辑联系。例如,对地区的编码与对本省地市的编码值应该接近,以反映本省地理位置接近这一客观事实,并且在处理和汇总时容易设定条件。其次,还要遵循以下数字的用法:能用自然数,绝不用小数;能用正数绝不用负数;能用绝对值小的整数,绝不用绝对值大的整数。

（3）编码的广泛性和概括性

这包含两方面含义:① 每个答案都可以在最终的编码表上找到合适的对应,否则编码表是不完备的;② 最终的编码表应当全面地涵盖问题设计时所要收集的各个方面的信息,有时候出现频次少但观点特别的回答可能代表一个特定的重要群体,从调查的角度来说包含这类编码也是非常重要的。在确定最终编码表的时候,编码人员可以通过经验判断编码表是否包含了各个角度的回答。

（4）编码的唯一性和排斥性

不同的编码值不能表示相同的内容或有重叠交叉。每个答案只能有唯一的编码条目与之对应,不应出现同一个答案对应两个或两个以上编码条目的情况,否则编码表就不满足唯一性。例如,如果编码表中出现"5——高兴"、"8——愉快",那么对于"快乐"这个答案就可以编成 5,也可以编成 8。这种情况就需要对编码表重新进行归纳。

（5）严格界定回答问题的角度

对于同一个问题,不同的人可能从不同的方面或角度考虑,每一个方面又会有多种有关的观点和事实。例如,对于"您现在的职业"这个问题,有可能得到就业状态的回答如全职、兼职、失业、待业等;有可能得到所属行业的回答如农业、制造业、商业、金融业、教育、艺术等;还有可能得到职称的回答如农民、工人、商人、会计师、律师、教师等。如果这些答案都出现在同一道问题中,会给编码工作造成麻烦。例如,统计部门的统计师,既可以编为统计师的代码,也可以编为统计部门的代码,同时它也符合全职的含义,在这种情况下编码工作就不能保证唯一性的要求。此类问题是编码人员无法解决的,要避免这种情况的出现应尽量在正式问卷确定之前根据调查目的调整提问的方式。如果调查目的需要了解一个问题多个方面属性的话,可以将一个问题分为多个问题,每个问题要求从一个方面进行回答。

（6）详略应当适当

在归纳确认最终编码表的时候经常会遇到将一些答案归纳在一起还是将它们分开的情况。对于这样的问题要根据调查目的和数据分析上的要求确定取舍。如果问卷的问题是询问事实的,例如"您使用什么牌子的洗发水",问卷的设计者可能会按调查的要求保留出现频次最高的前 20 个品牌,而将其余归纳为"其他品牌"。如果问卷的问题询问的是观点、意见,例如"您为什么喜欢某牌子的洗发水",对较分散的答案则不能简单地按照频次确定取舍。对于调查目的来说,即便只有很少的调查对象因为"味道"而喜欢一个品牌,也可能是很重要的回答;而过于细致的分类又可能造成分析的不便。所以,对这类问题,编码工作是否能做好决定于问卷的设计者对调查目的的理解程度如何。因此,要想对调查问卷的编码做得科学合理规范,问卷的设计者必须对整个调查目的有一个详细的了解。

三、实务训练

1. 实训目的

能够对回收的问卷进行审核并进行汇总。

2. 实训要求

(1) 分小组对所选调查课题中回收的问卷进行审核,剔除废卷,筛选出有效问卷。

(2) 分小组对所选调查课题中回收的问卷进行分组汇总。

3. 实训课业

(1) 对大学生阅读兴趣状况的调查问卷进行审核、分组和汇总,并制作相应的图表。

(2) 对大学生消费心理状况的调查问卷进行审核、分组和汇总,并制作相应的图表。

(3) 对高校考证情况的调查问卷进行审核、分组和汇总,并制作相应的图表。

四、知识回顾

1. 审核问卷应从哪几个方面着手?
2. 审核问卷的方法有哪些?
3. 常用的手工汇总方法有哪些?
4. 计算机汇总有哪几个程序?
5. 如何提高问卷的回收率?

任务五 撰写市场调查报告

一、基础知识

1. 市场调查报告的概念

市场调查报告是市场调查人员以书面形式,反映市场调查内容及工作过程,并提供调查结论和建议的报告。市场调查报告是市场调查研究成果的集中体现,其撰写得好坏将直接影响整个市场调查工作的成果质量。一份好的市场调查报告,能给企业的市场经营活动提供有效的导向作用,能为企业的决策提供客观依据。

2. 市场调查报告的种类

市场调查报告可以从不同的角度进行分类。

按照写作内容的不同划分,市场调查报告可以分为预测性市场调查报告、反馈性市场调查报告、经验性市场调查报告。

按照调查对象的不同划分,市场调查报告可分为市场需求调查报告、市场价格调查报告、竞争对手调查报告、市场消费行为调查报告。

按照功用的不同划分,市场调查报告可分为研究性市场调查报告和经营性市场调查报告。

3. 市场调查报告的特点

（1）材料的真实性、详细性

市场调查报告的目的决定了市场调查报告的材料必须真实、详细，报告中的事实材料相当于军事行动中的情报信息，可想而知，情报信息如果不准确或者粗线条，那么军事行动的结果该是什么样子？因此，市场调查报告的材料要求真实、详细。

（2）提出问题、分析问题的逻辑性

市场情况错综复杂，市场形势瞬息万变。用于市场调查报告的材料和数据繁多，因此在对问题进行分析和说明的时候，要求严密、系统，有逻辑性，观点和材料统一，不是为了观点找材料，而是通过材料来提出观点。

（3）语言表述的朴素性、客观性

市场调查报告的事实和事例，有的具有很强的故事性和情节性，在表现的时候要求客观朴实，不能加以夸张和渲染，不能带有个人的情感因素和倾向性，以免影响观点的正确性。

（4）写作时机的时效性

市场时刻在变化。市场调查报告只有及时、迅速和准确地发现和反映市场的新情况、新问题，才能让经营者、决策者及时掌握情况，不失时机地做出相应的决策，调整经营方向，提高企业的应变能力和竞争能力，确保产销对路，从而避免和减少风险。过时的市场调查报告是没有任何价值的。

与普通的调查报告相比，市场调查报告无论从材料的形成还是结构布局方面都存在着明显的共性特征，但它比普通的调查报告在内容上更为集中，也更具专门性。

4. 写作要求

（1）市场调查报告力求客观真实、实事求是

市场调查报告必须符合客观实际，其引用的材料、数据必须是真实可靠的；要反对弄虚作假或为了迎合上级的意图，挑他们喜欢的材料撰写。总之，市场调查报告要用事实来说话。

（2）市场调查报告要做到调查资料和观点相统一

市场调查报告是以调查资料为依据的，即市场调查报告中所有的观点、结论都有大量的调查资料为根据。在撰写过程中，要善于用资料说明观点，用观点概括资料，二者相互统一，切忌调查资料与观点相分离。

（3）市场调查报告要突出市场调查的目的

撰写市场调查报告，必须目的明确，有的放矢，任何的市场调查都是为了解决某一问题或为了说明某一问题。市场调查报告必须围绕市场调查的上述目的来进行论述。

（4）市场调查报告的语言要简明、准确、易懂

市场调查报告是给人看的，无论是厂长、经理，还是其他一般的读者，他们大多不喜欢冗长、乏味、呆板的语言，也不精通调查的专业术语。因此，在撰写市场调查报告时语言要力求简单、准确、通俗易懂。

5. 写作注意事项

市场调查报告对于所列数据要有文字描述和说明。描述如"呈下滑（上升）态势"、"进入低谷"、"升为波峰"、"低速增长"、"持续失控"、"跨上新台阶"……说明主要是背景、原因的说

明,例如"自2005年以来,日本国内水产罐头产量以10%的年递减率连续下降,到2008年为××吨。下降的主要原因有两个:一是日本经济滑坡,日本产品在国际市场竞争力骤降;二是产品基地向海外转移,取代了部分国内生产。"

由于市场的概念很宽泛,调查范围可大可小,时间可长可短,既有全面和局部的区别,又有综合和专项的不同,因而据调查写出的报告就有很大的差异。在写作时,可依循市场调查报告所介绍的大体格局写,也可视具体的调查目的和手头所掌握的材料增减一些内容和变动一下体式,没必要拘泥于一种固定写法而束缚住自己的手脚。

二、实务指导

1. 案例示范

××市居民家庭饮食消费状况调查报告[①]

为了深入了解本市居民家庭在酒类市场及餐饮类市场的消费情况,特进行此次调查。调查由本市某大学承担,调查时间是2012年7月至8月,调查方式为问卷式访问调查,本次调查选取的样本总数是2000户。各项调查工作结束后,该大学将调查内容予以总结,其调查报告如下。

一、调查对象的基本情况

(一)样品类属情况。在有效样本户中,工人320户,占总数比例18.2%;农民130户,占总数比例7.4%;教师200户,占总数比例11.4%;机关干部190户,占总数比例10.8%;个体户220户,占总数比例12.5%;经理150户,占总数比例8.52%;科研人员50户,占总数比例2.84%;待业户90户,占总数比例5.1%;医生20户,占总数比例1.14%;其他260户,占总数比例14.77%。

(二)家庭收入情况。本次调查结果显示,从本市总的消费水平来看,相当一部分居民还达不到小康水平,大部分的人均收入在1000元左右,样本中只约2.3%的消费者收入在2000元以上。因此,可以初步得出结论,本市总的消费水平较低,商家在定价的时候要特别慎重。

二、专门调查部分

(一)酒类产品的消费情况

1. 白酒比红酒的消费量大。分析其原因:一是白酒除了顾客自己消费以外,用于送礼的较多,而红酒主要用于自己消费;二是商家做广告也多数是白酒广告,红酒的广告很少。这直接导致白酒的市场大于红酒的市场。

2. 白酒消费多元化。

(1)从买白酒的用途来看,约52.84%的消费者用来自己消费,约27.84%的消费者用来送礼,其余的是随机性很大的消费者。

买酒用于自己消费的消费者,其价格大部分在20元以下,其中10元以下的约占26.7%,10~20元的占22.73%,从品牌上来说,稻花香、洋河、汤沟酒相对看好,尤其是汤沟酒,约占18.75%,这也许跟消费者的地方情结有关。从红酒的消费情况来看,大部分价格也都集中

---

① http://wenku.baidu.com/view/2010ecc8d680203d8ce2f24e8.html。

在10~20元,其中,10元以下的占10.23%,价格档次越高,购买力相对越低。从品牌上来说,以花果山、张裕、山楂酒为主。

送礼者所购买的白酒其价格大部分选择在80~150元(约28.4%),约有15.34%的消费者选择150元以上。这样,生产厂商的定价和包装策略就有了依据,定价要合理,又要有好的包装,才能增大销售量。从品牌的选择来看,约有21.59%的消费者选择五粮液,10.795%的消费者选择茅台,另外对红酒的调查显示,约有10.2%的消费者选择40~80元的价位,选择80元以上的约5.11%。总之,从以上的消费情况来看,消费者的消费水平基本上决定了酒类市场的规模。

(2) 购买因素比较鲜明,调查资料显示,消费者关注的因素依次为价格、品牌、质量、包装、广告、酒精度,这样就可以得出结论,生产厂商的合理定价是十分重要的,创名牌、求质量、巧包装、做好广告也很重要。

(3) 顾客忠诚度调查表明,经常换品牌的消费者占样本总数的32.95%,偶尔换的占43.75%,对新品牌的酒持喜欢态度的占样本总数的32.39%,持无所谓态度的占52.27%,明确表示不喜欢的占3.4%。可以看出,一旦某个品牌在消费者心目中形成是很难改变的,因此,厂商应在树立企业形象、争创名牌上狠下功夫,这对企业的发展十分重要。

(4) 动因分析。主要在于消费者自己的选择,其次是广告宣传,然后是亲友介绍,最后才是营业员推荐。不难发现,怎样吸引消费者的注意力,对于企业来说是关键,怎样做好广告宣传,消费者的口碑如何建立,将直接影响酒类市场的规模。而对于商家来说,营业员的素质也应重视,因为其对酒类产品的销售有着一定的影响作用。

(二) 饮食类产品的消费情况

本次调查主要针对一些饮食消费场所和消费者比较喜欢的饮食进行,调查表明,消费有以下几个重要特点。

(1) 消费者认为最好的酒店不是最佳选择,而最常去的酒店往往又不是最好的酒店,消费者最常去的酒店大部分是中档的,这与本市居民的消费水平是相适应的,现将几个主要酒店比较如下。

泰福大酒店是大家最看好的,约有31.82%的消费者选择它;其次是望海楼和明珠大酒店,都是10.23%;然后是锦花宾馆。调查中我们发现,云天宾馆虽然说是比较好的,但由于这个宾馆的特殊性,只有举办大型会议时使用,或者是贵宾、政府政要才可以进入,所以调查中作为普通消费者的调查对象很少会选择云天宾馆。

(2) 消费者大多选择在自己工作或住所的周围,有一定的区域性。虽然在酒店的选择上有很大的随机性,但也并非绝对如此,例如,长城酒楼、淮扬酒楼也有一定的远距离消费者惠顾。

(3) 消费者追求时尚消费,如对手抓龙虾、糖醋排骨、糖醋里脊、宫爆鸡丁的消费比较多,特别是手抓龙虾,在调查样本总数中约占26.14%,以绝对优势占领餐饮类市场。

(4) 近年来,海鲜与火锅成为市民饮食市场的两个亮点,市场潜力很大,目前的消费量也很大。调查显示,表示喜欢海鲜的占样本总数的60.8%,喜欢火锅的约51.14%,在对季节的调查中,喜欢在夏季吃火锅的约有81.83%,在冬天的约为36.93%,火锅不但在冬季有很大的市场,在夏季也有较大的市场潜力。目前,本市的火锅店和海鲜馆遍布街头,形成居民消费的一大景观和特色。

三、结论和建议

（一）调查结论

（1）本市的居民消费水平还不算太高，属于中等消费水平，平均收入在 1000 元左右，相当一部分居民还没有达到小康水平。

（2）居民在酒类产品消费上主要是用于自己消费，并且以白酒居多，红酒的消费比较少，用于个人消费的酒品，无论是白酒还是红酒，其品牌以家乡酒为主。

（3）消费者在买酒时多注重酒的价格、质量、包装和宣传，也有相当一部分消费者持无所谓的态度。对新牌子的酒认知度较高。

（4）对酒店的消费，主要集中在中档消费水平上，火锅和海鲜的消费潜力较大，并且已经有相当大的消费市场。

（二）建议

（1）商家在组织货品时要根据市场的变化制定相应的营销策略。

（2）对消费者较多选择本地酒的情况，政府和商家应采取积极措施引导消费者消费，实现城市消费的良性循环。

（3）由于海鲜和火锅消费的增长，导致城市化管理的混乱，政府应加强管理力度，对市场进行科学引导，促进城市文明建设。

2．案例启示

本文开头部分概括了调查的基本情况，接下来用具体的数据和事实分析了酒类产品的消费情况和饮食类产品的消费情况，最后得出结论并提出具体的对策建议，符合市场调查报告的写作要求和写作内容。

3．市场调查报告的写作要点

从严格意义上说，市场调查报告没有固定不变的格式。不同的市场调查报告写作，主要依据调查的目的、内容、结果以及主要用途来决定。但是，一般来说，各种市场调查报告在结构上都包括标题、导语、主体和结尾四个部分。

（1）标题

标题必须准确揭示市场调查报告的主题思想。标题要简单明了、高度概括、题文相符。标题主要有以下三种类型：

① "调查的对象＋调查内容＋文种"式，如《××市居民住宅消费需求调查报告》；

② "内容＋文种"式，有时也可以在前面加上"关于"字样，如《关于商品房市场发展趋势的调查报告》；

③ 文章式标题，即市场调查报告的标题可以写成普通文章的标题形式，也可以有副标题，如《昔日的先进为什么变成了落后？》、《发展有农村特色的乡镇企业——关于桃林砖瓦厂的调查报告》。

（2）导语

长篇的市场调查报告都需要有引言。引言可长可短，一般不外乎以下 3 个内容，或兼而有之，或单写一项。

① 简要介绍所调查的产品的情况，这又分为两类。第一，介绍性能、用途。如一篇关于合成纤维的市场调查报告，开头就介绍了合成纤维具有涤纶、锦纶、腈纶、维纶等品种，并介

绍了它们的物理性能、化学性能及在纺织、装饰、建筑行业的用途。

第二,介绍该产品行业(在我国)的兴起、发展情况。如调查洗碗机市场就可先说说洗碗机制造业在我国的发展历史及世界地位等。

② 简要叙述一下所调查的国家或地域的经济情况。如在一篇调查南非工艺品市场的市场调查报告中,就先写了这么一些话:"南非是一个发展中的发达国家,它拥有较强的经济实力和较高的消费水平,对来自外部的商品的需求逐年增加……"

③ 交代调查目的、方法及组织等情况。如"……为了解决这一问题,中国统计信息咨询服务中心率先组织有关专家进行了首次大规模抽样调查,并应用工业工程、系统工程和市场学的理论和技术进行了深入的分析和研究"。

(3) 主体

这是市场调查报告中的主要内容,是表现市场调查报告主题的重要部分。这一部分的写作直接决定市场调查报告的质量高低和作用大小。主体部分要客观、全面地阐述市场调查所获得的材料、数据,用它们来说明有关问题,得出有关结论;对有些问题、现象要做深入的分析、评论等。总之,在撰写市场调查报告的过程中我们根据自己的调查目的有针对性地选择生产情况、消费情况、市场情况部分组织成文。

(4) 结尾

结尾主要是形成市场调查的基本结论,也就是对市场调查的结果作一个小结。有的市场调查报告还要提出对策措施,供有关决策者参考。有的市场调查报告还有附录。附录的内容一般是有关调查的统计图表、有关材料出处、参考文献等。

三、实务训练

1. 实训目的

能够熟练地撰写市场调查报告。

2. 实训要求

(1) 市场调查报告的撰写要力求客观真实、实事求是。

(2) 市场调查报告的撰写要做到调查资料和观点相统一。

(3) 市场调查报告的语言要简明、准确、易懂。

3. 实训课业

(1) 张华在某移动公司工作,为了扩大市场容量,更多地占有客户资源,培养忠诚用户,维护自身的形象,公司开展了校园手机租赁业务,在大学生消费者中深入地打响了移动品牌渗透与客户培养的新一轮的营销战役,然而此项业务在××学院开展得却不很顺利,究竟是什么原因呢?为此,公司管理者决定对这一特殊的群体做分析研究,请分小组完成调查,并撰写市场调查报告。

(2) 请对2012年天津市北辰区的楼盘状况进行调查,可参考下列材料确定调查的方面(售楼处调查、价格分析、户型分析、绿化分析、配套分析、业主分析、销售现状分析、营销推广分析、当地楼盘知名度分析、本地各大楼盘状况综述)。

四、知识回顾

1. 市场调查报告的写作要点有哪些？
2. 市场调查报告的写作要求有哪些？

拓展资料 9

例文 1

江苏兴化市民购房需求调查报告[①]

前　言

兴化作为一特定的区域市场，其消费习惯、文化观念存在较为明显的地域性。这一特性在当今以用户为中心的时代，对楼盘开发具有重要意义。本次调查从 8 月 7 日至 9 日，为期二天。共发问卷150份，其中售楼处门口有强烈购房意向的有效问卷为 28 份，沿街随机访问的有效问卷 117 份。调查内容涉及购房意向、楼盘特色、定价方式、户型设计、物业配套、现行媒体推广、消费者个人资料等多个层面，对兴化购房消费趋势作了一次全面的社会问卷调查。

本次调查分市民随机调查（以下称 A 项）和售楼处有强烈购房意向人士调查（以下称 B 项）两部分。

一、兴化市民购房原因调查分析

从 A 项调查问卷分析结果看，40%的被调查者欲在 1~2 年内购房，31%不予考虑，23%想在半年至一年内购房。B 项调查问卷分析结果显示，56%的被调查者欲在 1~2 年内，33%想在半年至一年内购房。改善居住环境为兴化消费者购房的主要原因，占 46%。其次为给孩子买，占 24%，结婚用房、投资、其他因素分别占 11%、7%、7%，为父母购买比例最小，仅为 4%。

二、购房因素关心程度及楼盘特色喜好分析

从 A 项调查结果看，交通方便占各要素之首，有 38%的人认为这最重要。其次为价格、地段、居住环境，分别占 28%、25%、11%。B 项则显示，价格为各购房者最为关心，占 33%；其次才为交通方便，占 26%。居住环境、地段、配套设施分别占了 19%、11%、11%。在对所喜欢的楼盘特色的问题上，A、B 两项一致表明，兴化人比较喜欢"以绿化为特色的生态花园"。A 项有 68%、B 项有 52%的人表示了这种意向。

三、兴化市民在购房中对交通要求（略）

四、兴化市民对住房配套要求（略）

五、兴化市民对面积、户型、价格要求（略）

六、兴化市民对物业要求及收费（略）

七、兴化市民对小区环境的要求（略）

---

① http://www.docin.com/p-377360456.html。

八、市民购房需求调查综述（略）

【点评】 本文开头概括介绍了调查的基本情况，下文从八个方面用具体的事实和数据分析了兴化市市民购房需求及购房过程中考虑的因素。中心突出，条理清晰，观点和材料相结合，客观真实地反映了市民购房需求，是一篇不错的市场调查报告。

例文 2

"百事可乐"市场调查结果分析[①]

此次调查采取了直接访问和网上调查两种形式。发出问卷 18 份，回收有效问卷 18 份。调查对象中，小于 16 岁、16—30 岁、31—50 岁各 6 人，三个年龄层次男女比例为 1∶1。现就调查结果进行分析。

一、消费群体

该饮品消费群体主要有三种：学生、白领和层次较高的自由职业者（广告人、自由撰稿人等）。消费群体以"小于 16 岁"和"16—30 岁"这两个年龄段最为集中。以上职业和年龄段的消费群体正是年轻富激情、对时尚最为过敏的一族。

二、购买因素

在对"喜欢喝百事可乐的理由"一项调查中，可窥见其购买因素。在列出的诸多因素中，"品牌知名度高"、"觉得气流喷出也体现着一种年轻的时尚感"、"包装时尚"依次位居三甲。对于鱼龙混杂的碳酸饮料市场，特别是对于百事可乐（有其强劲品牌对手——可口可乐），品牌是关键因素。

三、饮用场合

各列出项排名从高到低依次为看球赛时、思考时、聚会时、游玩时、口渴时、无聊时、身心疲惫时。可见，饮用该饮品的场合多与年轻、激情、时尚有关。

四、购买场地

在列出的诸多购买场地中，"想喝就买，不在乎在什么地方买"远胜于其他选项而高居榜首。这也符合该饮品消费群体的随性、洒脱的个性。

五、提供/购买者

统计表明，大约 90% 的受调查者是由自己购买百事可乐的。这也与该饮品消费群体的独立性格相符合，证实了年轻人的"喜欢的，就自己去争取"这一理念。

六、代言人拟定

在"如果让您来为百事可乐挑选代言人，您会最偏向于谁？"一项调查中，受调查者偏向于"虚拟人物"（如古墓丽影中的劳拉等）。这与深受年轻一族喜爱的电子游戏和 Flash 不无关系。

结合以上分析可进一步确定百事可乐的推广定位。"百事可乐"增加市场渗透率的关键在于进一步打品牌。目标消费对象是渴望激情、追求时尚、个性张扬、勇于挑战自我的年轻一族。

[①] http://cache.baiducontent.com/c?m。

【点评】 这篇市场调查报告的开头介绍了调查方法、调查对象等调查的基本情况,主体部分从不同方面分析了百事可乐消费市场的状况,最后总结得出结论明确了百事可乐的目标消费群体和品牌销售策略的正确性。全文结合调查结果实事求是,分析客观准确,是一篇不错的市场调查报告。

项目五
文献法信息收集与处理

知识目标 通过本章的学习,使学生能够掌握文献法信息收集与处理的方法和注意事项,掌握常见的检索工具和检索途径,掌握摘取文献的方法,掌握审核整理文献的原则和方法。

技能目标 通过学习并运用相关知识点,使学生能够自主运用文献法进行资料收集,能够摘录、筛选并评估二手资料的价值,能够整理二手资料并对二手资料进行衔接和融会贯通。

　　文献资料是智慧的结晶,是知识的海洋,对于人类社会历史文化的发展和研究工作都有着重要的价值。任何科学研究要充分地占有资料,就必须进行文献研究,掌握研究课题相关渊源、科研动态,了解前人已经取得的研究成果和其他研究者取得的进展。文献法是指研究人员根据一定的研究目的或研究课题,通过调查文献来获得资料,从而全面地、正确地了解掌握所要研究问题的一种方法。它是一项经济且有效的信息收集方法,通过对与工作相关的现有文献进行系统性的分析来获取工作信息,具有方便快捷的特点,被广泛用于各种学科研究中。

任务一　分析待查项目,明确主题概念
任务二　确定检索工具和检索途径
任务三　文献的摘取
任务四　审核整理文献资料

任务一 分析待查项目,明确主题概念

一、基础知识

1. 文献的概念和类型

文献原意是指有参考价值的图书资料,现在泛指有参考价值的记录知识或保存信息的一切载体,有时也指其中的知识或信息。关于文献的类型,根据不同的分类标准,通常分为以下主要类型。

(1) 按照编辑出版的不同形式分类,文献可分为图书、期刊、报纸、科研报告、会议文件、学位论文、政府出版物、档案、统计资料等。

(2) 按照文献的来源分类,文献可分为外部资料(政府统计资料、商业资料两大类)和内部资料(调查主体所在机构内部记载的资料)。

(3) 按照文献的形式分类,文献可分为文字资料、数字资料、图像文献和有声文献。

文字文献是指用文字记载的文字资料。它是最广泛的文献形式,包括出版物,如报纸、杂志、书籍等;档案,如会议记录、备忘录、人事档案等;个人文献,如日记、信件、笔记等。

数字文献是指用数据、表格等形式记载的资料,如统计报表、统计年鉴等。

图像文献是指用图像反映社会现象的文献,包括电影、电视、录像、图片、照片等。

有声文献是指用声音反映社会现象的文献,包括唱片、录音磁带等。

(4) 按照对文献内容的加工程度分类,文献可分为零次文献、一次文献、二次文献、三次文献。

零次文献是指交谈和会议上交流和传递的有用信息,是未经发表付印的书信、手稿、草稿和各种原始记录。

一次文献亦称未加工的原始文献,一般是指作者根据本人的生产或调查研究为依据而撰写的文献。

二次文献又称检索性文献,是指对一次文献加工整理并使之序化和浓缩化的文献,如目录、文摘、索引、题录等。

三次文献又称参考性文献,是指在一二次文献基础上,经过分析、综合而编写的文献,如综述、述评、年鉴、手册、辞典等。

2. 文献信息收集方法

文献信息的收集是指机构或个人有计划、有目的、有系统地获取有价值的文献信息的全过程。文献信息的系统收集和保存,是利用的前提和基础,也是科学研究活动的保障和重要组成部分。

按照信息交流渠道的不同,文献信息的收集方法一般分为非正式渠道和正式渠道两种。通过非正式渠道收集信息,就是通过实地调研取得信息的方法。这些方法主要包括调查同行单位、参加会议和解剖实物等。通过正式渠道收集信息,就是通过文献检索的方法。

文献信息收集方法主要包括以下五种。

(1) 企业整理法

企业整理法主要包括企业内部的各种文件、简报资料、计划、统计、会计、业务资料、其他资料等。例如,本企业的营销战略、策略及管理制度;劳动力、资金、设备、物质等的利用情况;企业各项财务报告、销售记录、业务员访问报告、企业平日剪报、同业资料卷宗等方面的资料;进货来源与销售去向的变化情况等。内部资料的收集,主要从本企业内部的会计、统计等科室的原始记录、台账、报表上摘选,业务部门的订货单和销售表也是资料收集的重要途径。

(2) 购买法

在市场经济条件下,信息是一种商品,因此购买是获得信息资料的常用方法。企业可以向信息资料的所有者直接购买,也可以向掌握信息资料的商业机构购买。信息资料价格的高低取决于信息的重要性和获取的难易程度。有偿购买情报,肯定首先考虑获取情报的费用与由此带来的经济效益。所以,有偿收集更讲究信息的针对性、可靠性、及时性和准确性。

(3) 交换法

交换法是指不同企业和不同部门之间相互交换各自拥有的信息资料的方法。交换的目的是企业为了从对方获得自己需要的信息资料。交换可以是企业之间的交换、合作者之间的交换、企业与学术机构之间的交换、企业与信息咨询机构之间的交换。

(4) 索取法

索取法是一种无偿收集信息资料的方法。企业可以向一些免费提供信息资料的机构直接索取。例如,政府部门的部分信息是免费提供的;有些企业为了促销或树立形象,也免费提供信息资料(免费赠送产品目录、产品说明书等资料);有的网站也免费提供信息;一些以举办展览会、交流会提供咨询为营业内容的机构也会提供相当部分的免费信息;一些外国驻我国的商务机构也免费提供一些关于所在国的资料。

(5) 网上收集法

网上收集法主要有 WWW、BBS、E-mail 和搜索引擎,目前全球有 8 亿个 Web 网页。

3. 文献法信息收集的特点

文献法通过文献中介进行调查,因而它属于一种间接调查方法。

(1) 历史性

从时间角度看,文献法是一种"历史"的研究。无论是上下五千年的远古文献,还是现代乃至当今的文献,只要是先于研究者当前研究的成果,研究者都可进行研究。可是,文献法的历史特性是一种相对性,即相对于今天来说,昨天就是历史。

(2) 灵活性

从操作角度看,文献法不受时空限制,具有相当强的灵活性。例如,在文献研究中研究者不用亲临现场,在研究时不受教育环境、学校、工作计划以及学生、教师、家长等因素的制约和限制,在时间上,既可以在工作时间研究,也可以在业余时间研究,教师也可以利用寒暑假进行研究,研究者可以灵活安排时间,或几天时间,或日积月累,或研究数载。

(3) 继承性和创造性

文献法的运用本身就是一种继承与批判的过程。文献法的根本目的就在于比较和借鉴,通过检索、收集、鉴别以及研究与运用这一系统化过程,最终实现对某一时代或社会教育现象的某些特点进行描述的评论,分析其形成的客观原因;对原有文献加以重新组合、升华、从而找出事物间的新联系、新规律,形成新观点,创造出新理论。

4. 文献法信息收集的优点和缺点

(1) 文献法信息收集的优点

① 通过文献法初步收集二手资料,有助于明确或重新明确探索性研究中的研究主题。

② 通过文献法初步掌握资料,可以提醒市场研究人员应该注意的潜在问题和困难。

③ 通过文献法可以掌握必要的背景信息。

④ 文献法收集的二手资料可以作为收集原始资料的重要的备选方法和必选方法。

(2) 文献法信息收集的局限

① 缺乏相关性:从不同的渠道利用各种方法收集的二手资料往往是零散的,信息资料有其不同的角度和针对性,因而缺少系统性和完整性。

② 缺乏准确性:从不同的渠道利用各种方法收集的二手资料有时是信息的查找线索,有时是所需信息的部分,往往很难查到关于所需资料的直接信息。

③ 资料不充分:有时通过各种渠道也很难查到查全所需资料。

5. 查找文献的步骤

查找文献一般分为三个步骤:分析研究课题;确定检索工具及检索方法;确定检索途径。选定研究课题后要收集相关的文献资料,第一步要做的就是分析待查项目,明确主题概念,具体包括以下任务。

(1) 分析主题内容

分析待查项目的内容实质、所涉及的学科范围及其相互关系,确定检索的学科范围与检索范围,可以是全部期刊,也可以是核心期刊,明确要查证的文献内容、性质等。不同类型的文献各具特色,市场研究者要根据自己的检索需要确定检索文献类型范围。

(2) 明确主题概念

根据要查证的要点提炼出主题概念,先找出文献中涉及的各种概念,再进一步查明它们之间的关系,从而形成若干完整的主题。从一篇文献分析出的主题数量可以是多个,再明确哪些是主要概念,哪些是次要概念,并初步定出逻辑组配。

二、实务指导

1. 案例示范

"留守儿童"相关文献的收集方法

首先必须确定搜索关键词,想要查找的文献范围包括所有关于留守儿童的,重点关注农村方面以及教育方面的,所以最好确定的搜索关键词是"留守儿童"、"教育"、"农村"。接着选择时间范围,再以"主题"为检索项,搜索范围是"全部期刊",使用"精确"匹配。先以"留守儿童"进行一级搜索,在查找到的文献中,分别使用"教育"、"农村"这两个关键词进行二级搜索。

2. 案例启示

在分析研究课题的基础上,形成反映研究课题内容的主题词和关键词。每一个检索课题都包含一个或多个甚至一系列的标识,应该分析出主要的、有检索意义的标识。要注意尽量避免使用一些无关概念,所谓无关概念即一般性的泛词或专指度不高的词。

三、实务训练

1. 实训目的

掌握文献及文献法的基本概念,理解文献信息收集的特点及优、缺点,了解文献信息收集的一般步骤;培养学生分析待查项目,明确主题概念的能力。

2. 实训要求

以小组为单位开展文献收集,选择一个研究课题,具体包括:

(1) 复习文献法的实施步骤,了解操作程序;

(2) 将全班学生每5~6人一组分组,并选出小组负责人,教师说明训练内容及成果要求;

(3) 每个小组结合兴趣围绕实训课业选择研究主题;

(4) 分析选定研究课题,确定检索标识。

3. 实训课业

(1) 大学生医疗保险各地相关政策文件资料摘取。

(2) 农民工养老保障各地具体政策措施资料摘取。

(3) 新型农村合作医疗各地具体政策措施资料摘取。

任务二 确定检索工具和检索途径

一、基础知识

文献收集有广义与狭义之分。广义的文献收集是指将文献按照一定的方式集中组织和存储起来,并按照文献用户需求查找出有关文献或文献中包含的信息内容的过程,它包括文献的存储和文献的检索两个过程。狭义的文献收集则专指后者。在社会调查中文献法所使用的是狭义的文献收集概念。

1. 文献资料收集的渠道

(1) 国家统计资料

国家统计资料包括国家公开的一些规划、计划、统计报告和统计年鉴等。

(2) 行业情报资料

行业情报资料包括行业协会经常发布的一些行业销售情况、生产经营情况及专题报告。

(3) 图书资料

图书资料包括从图书馆或其他途径获得的一些出版物、专业杂志、报纸所提供的信息资料。

(4) 媒体信息资料

我们可以从大众媒体,包括电视、广播、报纸、杂志等收集信息;可以从户外媒介,如路牌、招贴、灯箱、霓虹灯、电子显示屏等收集信息;可以通过各种交通媒介,如在车站、机场等场所收集信息;可以通过直邮广告等收集信息。

(5)档案资料

档案资料包括国际组织、国际商业组织定期发布的大量的市场信息资料。例如,联合国国际贸易中心发行的《世界外贸统计指南》,经济合作与发展组织发行的《OECD外贸、统计C类:商品贸易,市场概述》。

2．了解文献信息检索工具

(1)检索工具的种类和特点

文献信息检索工具种类繁多,数量庞大,且表现形式各异,因此,可以从不同的角度对文献信息检索工具进行分类。

① 按照检索手段或设备划分

● 手工检索工具

手工检索工具是指以普通卡片目录和书本式文摘、索引等形式,以手工方法检索为基础的文献信息检索工具。其历史悠久,至今在我国仍是最主要的检索方式。手工检索几乎不需要任何设备,查找方法简便灵活,检索费用低,但费时费力,检索效率低,检索效果差。

● 机械检索工具

机械检索工具是指运用一定的机器设备来辅助检索文献信息的检索工具,主要有机器穿孔卡片检索工具和缩微文献检索工具。

以穿孔卡片为载体的检索工具,是手工检索到机械检索的过渡。最早的手检穿孔卡片检索工具出现于1904年,后来发展到边缘穿孔卡片、比孔卡片到机械穿孔卡片等。但是自计算机检索出现后,穿孔卡片检索工具已逐渐不再单独使用。

缩微文献检索工具又称光电检索工具,它是以文献缩微品作为文献库,用一定的光电设备从中进行文献信息检索。一张缩微平片可以缩摄存储几十页至几千页的文献,且存储时间较长,已普遍运用于一些珍贵文献的复制保存。

● 电子计算机检索系统

电子计算机检索系统是以磁性介质为载体,以计算机来处理和查找文献的一种电子化自动化系统,由计算机、检索软件、文献数据库、检索终端及其他外用设备组成。用户可以通过终端设备和通信线路与相关检索系统联系,查找所需文献。电子计算机检索的速度和效果都明显优于其他的检索方式,目前在世界各国都已得到了迅速发展。

② 按照物质载体形式和种类划分

● 书本式检索工具

书本式检索工具又可细分为期刊式、单卷式和附录式三种。

期刊式检索工具是在一个名称之下,定期连续刊行的一种检索工具,具有期刊的特点,是目前查找科技文献的主要检索工具。其优越性在于收录文献新,报道文献快,且能够比较完整系统地收选一个学科领域的有关文献信息,便于回溯检索和全面了解该学科领域的发展状况,同时也便于装订、保存、借阅、管理。

单卷式检索工具大多是以一定的专题为内容而编印、单独出版的。它收集的文献比较集中,往往积累了一段相当长时间的文献,并以特定范围的读者作为对象。对于专题文献检索比较方便,有较高的使用价值。

附录式检索工具不独立出版,而是附于有关书刊之后,但具有一定的参考价值。尤其是作为情报信息研究成果的综述、述评所附的参考文献目录,往往是通过全面收集大量的文献进行精选而成,所以具有较大的价值,也越来越受到人们的重视。

● 卡片式检索工具

卡片式检索工具是文献收藏单位揭示馆藏文献信息的常用检索工具,如图书馆目录。它把每条款目写在或印在一张卡片上,然后按一定的方式将卡片一张张排列起来,成为成套的卡片,一般包含主题目录、分类目录、篇名目录、著者目录等。其优点是可以随时抽排,不断充实、更新,及时灵活地反映现有文献信息。其缺点是占有较大的馆藏空间,体积庞大,成本费用也比较昂贵,制作费时费力等。

● 机读式检索工具

机读式检索工具是将书目著录按照一定的代码和一定的格式记录在特定载体上,专供计算机"阅读"的检索工具。只有借助于计算机,才能对它进行检索。例如,一盘规格为2400英尺的机读磁带,可记录4000万个字符,相当于每页6000字的文献6600页,而记录时间仅需20~30分钟,并可实现多种形式的输出,如在计算机上显示出来或用打印机打印,还可以存储在个人磁盘中保存等。其优点是查找文献迅速准确,检索效果好。

③ 按照收录的内容范围划分

● 综合性检索工具

综合性检索工具收录范围和涉及学科广,文献类型和语种多,因而适应面非常广,是科技人员最常用的检索工具。世界著名的三大综合性检索工具为日本的《科学技术文献总报》、苏联的《文摘杂志》、法国的《文摘》。此外,美国的《工程索引》(EI)、《科学引文索引》(SCI)、《科学文摘》(SA)也是世界著名的综合性检索工具,只是包括的学科不如三大综合性学科多。我国编制的《全国报刊索引》(科技版)、《中文科技资料目录》是检索科技文献资料常用的综合性检索工具。

● 专业性检索工具

专业性检索工具的收录范围限于某一学科领域,适应于检索专业信息。例如,《中国石油文摘》、《美国石油文摘》、《中国地质文摘》、《中国石化文摘》、《中国化学化工文摘》等都是专业性检索工具。

● 单一性检索工具

单一性检索工具只限于收录某一种特定类型文献。学科范围可宽可窄,通过检索特定类型文献,检索效果往往比综合性、专业性检索工具好。

(2) 选择检索工具的注意事项

在选择检索工具时,我们要注意:要熟悉检索工具的类型、特点和功用,用书目、索引查找书刊的线索;参考工具书用于事实检索和数据检索;专深的用专业性检索工具,综合性的用综合性检索工具,要选择权威的、全面的、方便的检索工具。

选择恰当的检索工具,是成功实施检索的关键。选择检索工具一定要根据待查项目的内容、性质来确定,选择的检索工具要注意其所报道的学科专业范围、所包括的语种及其所收录的文献类型等,在选择中,要以专业性检索工具为主,再通过综合型检索工具相配合。

如果一种检索工具同时具有机读数据库和刊物两种形式,应以检索数据库为主,这样不仅可以提高检索效率,而且还能提高查准率和查全率。为了避免检索工具在编辑出版过程中的滞后性,还应该在必要时补充查找若干主要相关期刊的现刊,以防止漏检。

3. 确定文献资料检索途径

检索工具有多种索引,可以提供多种检索途径。一般来讲,检索途径可以分为分类途径、主题途径、著者途径和其他途径四种。

(1) 分类途径

分类途径是指按照文献资料所属学科(专业)类别进行检索的途径,它所依据的是检索工具中的分类索引。

分类途径检索文献关键在于正确理解检索工具的分类表,将待查项目划分到相应的类目中去。一些检索工具(如《中文科技资料目录》)是按分类编排的,可以按照分类进行查找。

(2) 主题途径

主题途径是指通过文献资料的内容主题进行检索的途径,它依据的是各种主题索引或关键词索引,检索者只要根据项目确定检索词(主题词或关键词)便可以实施检索。

主题途径检索文献关键在于分析项目,提炼主题概念,运用词语来表达主题概念。主题途径是一种主要的检索途径。

(3) 著者途径

著者途径是指根据已知文献著者来查找文献的途径,它依据的是著者索引,包括个人著者索引和机关团体索引。

(4) 其他途径

其他途径包括利用检索工具的各种专用索引来检索的途径。专用索引的种类很多,常见的有各种号码索引(如专利号、入藏号、报告号等),专用符号代码索引(如元素符号、分子式、结构式等),专用名词术语索引(如地名、机构名、商品名、生物属名等)。

确定检索途径要注意:一般的检索工具都根据文献的内容特征和外部特征提供多种检索途径,除主要利用主题途径外,还应充分利用分类途径、著者途径等多方位进行补充检索,以避免单一种途径不足所造成的漏检。

二、实务指导

1. 案例示范

文化人类学对武当山道教文化的研究课题检索[①]

(1) 课题初步拆分:文化人类学;武当山;道教。

(2) 对相关知识的了解:

对文化人类学的了解(从书籍和刊物),文化人类学的目的是了解人类的行为。它既研

[①] http://wenku.baidu.com/view/9fd4add9d15abe23482f4d50.html。

究处于边远地区的鲜为人知的具有奇特风俗习惯的民族,也研究社会中一般的、日常生活的风格习惯。田野调查是人类学收集资料的基本方法。

对武当山道教文化的认识,武当山是中国著名的道教圣地,有着深厚的道教文化底蕴,包含了丰富多彩的文化内容,九宫八观等古建筑举世无双,武当内家拳法及武当道教音乐享誉中外。

(3) 分析课题:用文化人类学理论研究武当山道教文化的起源与发展,在研究过程中,武当山地区的民族特征、民俗、民风将是考察重点。

(4) 确定检索策略及途径:通过书籍构建有关文化人类学与道教文化的知识体系以及地方文化;通过期刊收集一些有关武当山道教文化的资料并收集田野调查法对武当山文化研究的资料,查询的年代范围是 1980 年以来。

(5) 构建检索语言:武当山〈and〉文化人类学;武当山〈and〉民俗〈or〉民风;武当山〈and〉风俗习惯;武当山〈and〉田野调查;武当山〈or〉武当〈and〉道教〈and〉文化……

(6) 数据库选择:中国学术期刊全文数据库;中文科技期刊全文数据库;万方数字化期刊数据库;SciFinder;Elsevier Science……

(7) 检索结果分析:以武当山〈and〉文化人类学检索结果 0 条;武当山〈or〉武当〈and〉道教〈and〉文化检索结果 48 条。

2. 案例启示

查找文献要尽可能以检索工具查找法为主,从检索结果中不断丰富知识。

三、实务训练

1. 实训目的

掌握各项检索工具及检索途径,能够结合研究课题选择适宜的检索方法。

2. 实训要求

以小组为单位开展文献检索,具体包括:

(1) 复习文献检索的实施步骤,了解检索工具;

(2) 将全班学生每 5~6 人一组分组,并选出小组负责人,教师说明训练内容及成果要求;

(3) 每个小组结合兴趣围绕实训课业选择检索渠道;

(4) 确定检索工具及途径。

3. 实训课业

(1) 大学生医疗保险各地相关政策文件资料检索方法。

(2) 农民工养老保障各地具体政策措施资料检索方法。

(3) 新型农村合作医疗各地具体政策措施资料检索方法。

任务三　文献的摘取

一、基础知识

文献的摘取是指从检索出的文献中摘取并记录与研究课题有关的信息的过程。

1. 查找文献线索，索取原文

应用检索工具实施检索后，获得的检索结果即为文献线索，对文献线索进行整理，分析其相关程度，根据需要，可利用文献线索中提供的文献出处，索取原文，其方法主要如下。

（1）顺查法

顺查法是根据检索课题的时间范围，按由远及近、从旧到新的顺序查找。该方法适用于围绕特定主题，普查一定时期、一定范围的文献资料，查全率高，但费时费力。

（2）倒查法

倒查法是按由近及远、从新到旧的顺序查找。该方法适用于检索新学科、新知识、新理论方面的文献资料，针对性强，省时高效，但不像顺查法那样全面、系统，容易漏检。

（3）引文查找法

引文查找法也叫追溯法或扩展法，是以文献后的参考文献为线索，逐一追踪不断扩展的一种检索方法。从已有文献后的参考文献入手逐一检索原始文献，再从原始文献的参考文献进一步扩检，如此反复向前追溯检索，就像"滚雪球"一样检索到越来越多的文献。引文查找法适用于开创性课题及学科性质不容易确定的文献，容易占有他人掌握的资料进行选择和利用，涉及范围集中易于查准，但易漏检。

（4）综合查找法

综合查找法是将各种方法结合使用，综合几个检索方法的长处，以达到检索目的。

2. 文献摘取的步骤

（1）浏览——确定有关题目、部分（篇、章、节、段），这是一种"走马观花"式的阅读。

（2）精读——确定有关内容，这是一种"下马观花"式的阅读。

（3）记录——对那些有价值的文献篇、章、节或段应做好记录工作，以备后用。

3. 进行文献资料的摘录和筛选

摘录是指从文献中抄录或浓缩有关内容，但不能打乱原文的结构、顺序和曲解原意。查阅到可供调查的资料档案内容及资料来源，凡是与研究课题有关的、有用的资料都应该摘录。它主要有两种形式：一是指示性文摘，即对题目、作者、出处、主题等进行概括；二是报道性文摘，即对文摘的主要内容、主要观点、主要材料、主要数据等进行叙述。

筛选就是根据研究目的选择有用的文献类型和文献篇目。它是文献资料的选择比较过程。通过筛选相关的资料，作适用性、重要性评估，再加以重点摘要之后，资料便进入了可使用状态。从时间上，要选用不同时期的代表作，特别是选用那些最先阐述某一理论的见解以及往后各时期发展这一理论的新观点；从内容上，要选择那些不同事实阐述不同观点的代表作。

筛选分析的具体过程如下。

(1) 对有可能得到的文献进行分类(按照外在形式、内容等),从中选择适合于研究使用的一种或几种文献类型。

(2) 在选出的文献类型中浏览文献目录(如果没有现成的文献目录,则需要市场研究人员自己制作)。目录是查找文献的向导,一般有卡片式分类目录、书名目录、著者目录和主题目录。

(3) 把全部目录划分为使用价值高、较高、低以及没有价值四种类型。评估这些资料时要遵照以下原则:切题性,不切主题的资料要舍弃;准确性,资料要避免内容夸张、失真和错误;专题性,使用的资料要有一定的内涵和深度,有实质的内容;经济性,耗时长、处理成本过高的资料要舍弃。

二、实务指导

1. 案例示范

教学模式系列文献的摘取

教学模式的文章,研读了 50 余篇,概括起来,我国课堂教学模式可分为三类。

(1) 传统教学模式——"教师中心论",主要理论根据是行为主义学习理论,是我国长期以来教学主要模式。它的优点……,缺点……

(2) 现代教学模式——"学生中心论",主要理论依据是建构主义学习理论。它的优点……,缺点……

(3) 优势互补教学模式——"主导-主体论"。兼取行为主义和建构主义学习理论之长并弃其之短。它的优点……,缺点……

2. 案例启示

信息摘取要系统全面地反映研究对象的历史、现状和趋势,文字简洁,尽量避免大量地引用原文,注意引用文献的代表性、可靠性和科学性。

三、实务训练

1. 实训目的

了解信息摘取的原则和程序,培养学生去粗取精、去伪存真的能力。

2. 实训要求

以小组为单位对任务一和任务二中收集的文献进行摘取,具体包括以下内容。

(1) 快速浏览:将收集到的文献资料普遍、粗略地翻阅一遍,大致了解文献内容,初步判明文献价值。

(2) 慎重筛选:去粗取精、去伪存真,选取有代表性的文献。

(3) 认真阅读:紧紧围绕研究课题,对筛选出的可用文献要认真、仔细地阅读,同时着重在理解、联想、评价等方面下功夫。

(4) 及时记录:将数据资料、重点观点等有价值的信息记录下来。

3. 实训课业

(1) 大学生医疗保险各地相关政策文件资料摘取。
(2) 农民工养老保障各地具体政策措施资料摘取。
(3) 新型农村合作医疗各地具体政策措施资料摘取。

任务四　审核整理文献资料

一、基础知识

文献的审核是指在着手整理文献资料之前,对原始资料进行审查和核实的工作过程。文献的整理是指市场研究人员对已经掌握的、经过鉴别的文献进行创造性的分析、综合、比较、概括等思维加工的过程。通过这种思维加工,形成与研究课题相关的科学认识。文献整理的具体方法主要是运用逻辑的分析、判断、推理、综合和辩证思维等方法,从文献资料中做出一些事实判断,或归纳、概括出某些原理或原则,把文献归类整理。

1. 对文献资料的要求

引用文献资料要特别谨慎,不仅要对资料的有效性进行评价、甄别,还要认真准确地评估资料的可用价值。

(1) 要弄清楚文献资料是什么时候的,不能用过时的资料充代,因为过时的信息利用价值一般不会太大。
(2) 要了解文献资料的来源,不同调查机构的资料可信赖程度是不一样的。
(3) 要了解文献资料的研究对象,不同的研究对象对同一问题的回答是不一样的。
(4) 对信息的收集途径与分析方法也应该做到心里有数,努力辨明原研究人员在此过程中带入的偏见。

2. 文献审核的原则

(1) 真实性原则

即市场研究人员对所收集到的资料要根据实践经验和基本常识进行辨别,看其是否真实可靠地反映了研究对象的客观情况。如果整理过的资料不真实,那比没有收集到资料更危险,往往会使市场研究人员得到错误的结论。真实性是资料整理的最根本的要求。一旦发现有疑问,就要及时根据事实进行核实,排除其中的虚假成分,保证资料的真实性。

(2) 准确性原则

即市场研究人员要对收集到的资料进行逻辑检查,检查收集得来的资料中有无不合理和相互矛盾的地方。对收集到的各种统计图表应重新计算、复核,利用历史资料更要审查文献本身的可靠性程度。对准确的要求应从实际出发,以能说明问题为原则,而不是越精确越好。

(3) 完整性原则

即市场研究人员要检查研究资料是不是按照研究方案的要求收集齐全。完整主要是指时间范围上的完整、空间范围上的完整和调查项目上的完整。如果资料残缺不全,将会影响研究目标的实现。

（4）新颖性

所谓新颖，是指在整理资料时，要尽可能从新的角度审视资料，组合资料，尽量避免按照陈旧的思路考虑问题，更不能亦步亦趋简单地重复别人的老路。只有按照实际情况从调查资料的组合中发现新情况，才能为创造性研究打下基础。

3. 文献审核的内容

审核文献的作者、出版者的背景，因为他们的政治背景及态度对文献是有影响的。有时可能会出现有意的"错误"，即作者在编撰文献时，可能隐瞒或歪曲事实。一般建议使用引用率比较高的文献为好。

审核文献编制的时间，尤其是对于那些记叙性的文献，必须将文献编制的时间和文献中所描述的事件的时间加以对照。

当市场研究人员参考的是财政等文献时，在审核过程中则特别需要留心伪造的文献，如某些企业的财务文献，可能由于各种原因在某些方面出现伪造的现象。必要的时候，在资料审核过程，市场研究人员需向该领域的专家请教，他们可能有一套专门鉴定文献的方法和技术。

4. 文献资料加工整理

文献资料的加工整理是指对文献调查法、网络调查法等方法收集的二手资料进行再加工整理，使之符合市场研究人员对特定的市场问题研究的需要。二手资料有各种不同的来源，它们的收集目的、总体范围、指标口径和计算方法等与现有问题研究的要求可能存在一定的差别。因此，要使二手资料适用，必须进行再加工整理，其程序如下。

（1）确认

确认又称甄别，使之对次级资料的真假、准确性、时效性、可靠性等进行检查和判定，以便从中选定哪些是可供利用的资料。确认的主要内容包括：确认二手资料原来研究的目的是什么；确认资料收集的方法是什么；确认调查的总体范围是什么；确认调查的样本量有多大；确认指标口径、计算方法和数据分类怎样。通过这些方面的确认来判定二手资料是否适合当前问题研究的需要，决定取舍。

（2）评价

评价是根据当前问题研究的需要，对所选定的二手资料的可利用程度进行评价，以判别哪些资料可直接利用，哪些资料需要进行加工处理后才能利用。

（3）加工

加工即对不能直接利用的二级资料进行改造制作，使其符合分析研究的需要。加工改造的方法主要有以下三种。

① 调整法

当二手资料的总体范围、指标口径、计算方法等因种种原因造成前后时期数据不可比时，一般可用加进、减去、换算等方法进行调整。例如，由于行政区域、组织系统、隶属关系和经营范围变更导致的数据不可比，应以现行的行政区域、组织系统、隶属关系和经营范围为准，调整过去的统计数据。如果统计数据的计量单位和计价标准前后时期不一致，则应按现行的计量单位和计价标准进行加工换算。

② 推断法

当分析研究所需要的二级资料中的个别年份或月份的数据有缺口,既无法直接计算,又不能进行实际调查时,可运用平衡推算法、因素推算法、比例推算法、回归估算法等进行科学估计推算。科学的推算虽然是有根据的合理推算,但推算的结果仍然是近似的数据,不可能十分准确,因此应慎重地使用推算法。

③ 再分组法

当二级资料的分组方法不科学,不能满足当前问题研究的需要时,应进行再分组处理。再分组处理有两种情形:一是分组标志是合适的,但划分的组距不科学,不同质的个体单位没有分开,为此,可对原来的分组做出调整,即采用原有的分组标志划分新组;二是不同时期的同类型资料的分组方法不统一,不便于比较,应按同一分组方法进行再分组处理。

(4) 整理

二手资料经过确认、评价、加工之后,为了使历史数据和有关资料实现有序化,更好地满足分析研究的需要,还应对二手资料进行整理,主要包括数据的列表陈示、各类统计表的汇总、编印资料手册、文献资料的分门别类、归档管理等。

在二手资料的加工整理中,历史数据的整序往往是最主要的工作。历史数据能否满足市场分析研究的需要,除了必须重视历史数据的收集之外,还必须重视历史数据的整序和多方向开发。历史数据的整序主要采用时间数列陈示历年的或历年分月(季)的各项统计指标数值,使数据动态化、有序化,为动态分析和外推预测提供数据支持。时间数列是同一统计指标或变量在不同时间的数值,按发生的先后顺序排列而成的统计数列。编制时间数列的目的在于揭示现象发展变化的过程、趋势和规律。因此,保证各期统计指标数值的可比性,总体范围应统一,指标内容应统一,计算方法、计量单位、计价标准应统一。

二、实务指导

1. 案例示范

"高职院校新生导师制培养模式的实证研究"课题文献收集

课题组要了解高职院校人才培养模式,进行高职院校新生导师制培养模式的实证研究,就要根据需要确定查找文献的范围和深度。首先根据自己对课题的理解、自己的知识结构、现有的资料,确定所需要查阅的文献范围,结合学校图书馆和国际网等条件开始检索。

2. 案例启示

本课题需要收集大量的文献,建议课题组进行以下五个方面的信息收集工作。

(1) 图书目录:查阅相关的图书,特别是原著或名人的著作。

(2) 期刊目录:主要是核心期刊,如《职业技术教育》、《中国成人教育》、《教育与职业》、《职教论坛》、《成人教育》、《教育研究》、《教育研究与实验》、《中国教育期刊》、《教育理论与实践》、《教育评论》、《高等教育研究(武汉)》、《教育发展研究》、《中国高等教育》、《江苏高教》、《中国高教研究》、《高教探索》、《黑龙江高教研究》以及各学科教育期刊。

(3) 索引:如华东师范大学编的《教育文献资料索引》,中央教科所编的《国内外教育论文索引》,中国人大书报资料中心编印的《教育学》。

(4) 文摘:中央教科所编的《教育文摘》,山西教科所编的《国内外教育文摘》,中央教科所主办的《教育文摘周报》,四川省教委主办的《教育导报》等。

(5) 网络:利用网上的各类数据库收集相关文献,如中国知网、万方数据库、维普期刊网等。

3. 案例操作流程提示(常用的文献资料正规来源简介)

(1) 常用的国内统计资料

参见项目三"网络法信息收集与处理"任务5"统计信息收集与处理"相关内容。

(2) 名录资料

① 《中国工商企业名录》

本名录收录了中国工商企业名录资料,按国民经济行业分类标准进行分类划分,包含了中国国民经济48大类,涉及34省市中国企业名录数据库。中国工商企业名录信息包括单位名称、详细地址、邮政编码、联系电话、企业负责人、产品名称(或经营范围、职能范围)、所属行业、职工人数等。

以《2011中国工商企业名录》为例,收录中国行业大类有48种,中国工商企业名录地区分类为34个。34省市中国企业名录为浙江工商企业名录、河南工商企业名录、山西工商企业名录、贵州工商企业名录、甘肃工商企业名录、北京工商企业名录、重庆工商企业名录、福建工商企业名录、云南工商企业名录、江西工商企业名录、宁夏工商企业名录、上海工商企业名录、江苏工商企业名录、四川工商企业名录、安徽工商企业名录、辽宁工商企业名录、澳门工商企业名录、广东工商企业名录、陕西工商企业名录、湖南工商企业名录、黑龙江工商企业名录、内蒙古工商企业名录、青海工商企业名录、山东工商企业名录、香港工商企业名录、广西工商企业名录、湖北工商企业名录、新疆工商企业名录、西藏工商企业名录、天津工商企业名录、台湾工商企业名录、河北工商企业名录、吉林工商企业名录、海南工商企业名录。

② 《新编企事业名录》

《新编企事业名录》由张东华主编,中国商业出版社1995年出版。全书分上、中、下三卷,收录了企事业单位近30万个。根据《中国邮政编码》的排列顺序,分省、市、县将收集单位按照行业逐级排列,如要查找某个单位,从目录中找出省、市、县,再在其下按行业查找即可。每条名录包括单位名称、地址、电话、邮政编码等四项内容。

③ 《亚太地区经贸企业名录》

《亚太地区经贸企业名录》由周捷、张华锦主编,中国对外经济贸易出版社1993年出版。

④ 《国际贸易机构和博览会名录》

《国际贸易机构和博览会名录》由中国国际贸易促进委员会主编,企业管理出版社1995年出版。

此外,还有各行业名录,如《中国48大类行业名录》、《中国制造企业名录》、《中国中小企业名录》、《中国制造业营业额超5000万企业》、《中国外资企业名录》、《中国新注册公司企业名录》、《中国制造企业名录》、《中国国有企业名录》、《中国民营企业名录》、《中国大中型企业名录》、《中国中小型企业名录》、《中国大型企业名录》、《中国企业与产品购销手册》、《中国工商企事业信息与产品黄页》、《中国工商黄页》、《中国工业企业大黄页》、《中国电话号簿(中国大黄页)》、《中国工商企事业信息与产品黄页》、《中国工商信息黄页》、《珠江三角洲黄页》、《中国电话号簿》、《长江三角洲黄页》、《长江三角洲黄页》等。

值得注意的是,《新编企事业名录》、《亚太地区经贸企业名录》及《国际贸易机构和博览会名录》近年来都未更新内容再编撰出版,但更多的名录是随时更新的。

(3) 常用的中文书刊检索工具书

① 《全国总书目》

《全国总书目》是图书年鉴性质的综合性、系列性图书目录,自中华人民共和国成立以来,逐年编纂。它依据全国各正式出版单位每年向中国版本图书馆缴送的样书信息编纂而成。《全国总书目》每年出版一套数据检索光盘,该光盘共收录当年图书书目数据12万余条。该书目检索光盘可为用户查找已出版图书提供服务,为图书馆、出版社及文献收藏单位的图书分类、编目、建立书目数据库提供服务,为各级领导机关决策和出版单位选题策划提供参考。光盘界面格式含中图法分类索引和全国各出版社索引,光盘中每条书目数据包含书名、著者、出版者、关键词、主题词、分类号、ISBN号、内容提要等内容,用户可进行全方位的组合检索和单项检索。

② 《全国新书目》

《全国新书目》是中国新闻出版署主管、由新闻出版署信息中心主办的一份书目检索类期刊,该刊创刊于1951年8月,每月出版一期,全面介绍当月的新书出版信息。该书目设有"书业观察"、"特别推荐"、"新书评介"、"书评文摘"、"畅销书摘"、"精品书廊"和"新书书目"等栏目。其中,"新书书目"使用了国际标准图书分类法,读者可以简便、快捷地检索到所需内容。全刊信息多而重点突出,杂却有条有理。

③ 《中文核心期刊要目总览》

《中文核心期刊要目总览》由北京大学出版社出版,已于1992年、1996年、2000年、2004年、2008年、2011年出版过六版,主要是为图书情报部门对中文学术期刊的评估与订购、为读者导读提供参考依据。为了及时反映中文期刊发展变化的新情况,编者开展了新一版核心期刊的研究工作。课题组认真总结了前四版的研制经验,对核心期刊评价的基础理论、评价方法、评价软件、核心期刊的作用与影响等问题进行了深入研究,在此基础上,进一步改进评价方法,使其更加科学合理,力求使评价结果尽可能更准确地揭示中文期刊的实际情况。本版核心期刊定量评价,采用了被索量、被摘量、被引量、他引量、被摘率、影响因子、获国家奖或被国内外重要检索工具收录、基金论文比、Web下载量等9个评价指标,选作评价指标统计源的数据库及文摘刊物达80余种,统计文献量达32 400余万篇次(2003—2005年),涉及期刊12 400余种。本版还加大了专家评审力度,5500多位学科专家参加了核心期刊评审工作。经过定量评价和定性评审,从我国正在出版的中文期刊中评选出1980余种核心期刊,分属七大编73个学科类目。该书由各学科核心期刊表、核心期刊简介、专业期刊一览表等几部分组成,不仅可以查询学科核心期刊,还可以检索正在出版的学科专业期刊,是图书情报等部门和期刊读者不可或缺的参考工具书。

④ 《全国报刊索引》

《全国报刊索引》为月刊,由上海图书馆出版,收录全国社科、科技期刊6000多种,报纸200余种,基本覆盖全国邮发和非邮发的报刊。其内容涉及哲学、社会科学、科学与技术方面的各个学科。该索引是我国收录报刊种类最多,内容涉及范围最广,与新文献保持同步发展的权威性检索刊物,也是查找中华人民共和国成立以来报刊论文资料最重要的检索工具。

⑤《复印报刊资料索引》

《复印报刊资料索引》由人大书报资料社编辑,1980年之前,每季度编印一本,1980年开始编印年度索引,所收报刊的种数多至七八百种。著录项目有篇名、著者、原载报刊、复印资料页码。对于增收未复印的篇目,在著录出处时加符号表明。

⑥《中国工具书大辞典》(社会科学卷)

《中国工具书大辞典》(社会科学卷)由杨牧之主编,福建人民出版社于1990年出版,1996年出版了《中国工具书大辞典续编》。该辞典收录了中国古代至1989年的哲学、社会科学工具书7200多种,把工具书分为13种类型,逐层次展开。该书分类缜密,质量较高。工具书也可从CNKI中国工具书集锦中查找。

⑦《中国大百科全书》

《中国大百科全书》是第一部综合性、学术性的大型工具书,1980年按学科分卷出版。《中国大百科全书(简明)·金山词霸版》是金山公司最新推出的又一款实用软件。这是一款功能齐全、数据丰富、界面友好的工具软件。《中国大百科全书(简明)·金山词霸版》是在《中国大百科全书》的基础上,结合了多重检索功能编辑而成的,展现给用户的是一款完整、实用的综合性电子版百科全书。它概述古今中外各学科、各领域一般知识的、注重简明实用的百科工具。知识体系以《中国大百科全书》为基础,包括历史、地理、哲学、宗教、人类社会、政治、法律、军事、经济、文学艺术、文化教育、自然科学、工程技术等门类的75个学科或知识领域。该软件新增了知识总论、国家、能源、材料、信息、旅游、民俗以及服饰、烹饪、家政等方面的条目。它面向21世纪,充分反映了近现代——尤其是近20年来中国出现的新科技、新事物、新情况、新成就。

⑧《中文科技资料目录》

《中文科技资料目录》是由文献出版社出版的双月刊,迄今为止按学科共出版31个分册,医药卫生分册是其中的一个分册。该目录于1963年4月创刊,目前收录500多种与医药卫生相关的期刊、汇编、会议资料等,由中国医学科学院医学信息研究所编辑。

三、实务训练

1. 实训目的

能够利用常见文献检索工具及数据库收集各类信息。

2. 实训要求

(1) 要查全,尽量通过多种方法和多种途径查找各类文献资料。

(2) 要查新,要求查找最近3年的重要的可参考的文献资料。

(3) 要查准,按照要求对收集到的信息进行审核筛选。

(4) 请分类列出可参考的文献信息,包括书籍(作者、书名、出版社、出版时间)和文章(作者、文章名、出处、期刊期数)。

(5) 要熟悉名录这种工具书,掌握名录的编写内容,能从其中快速查找相关内容。

3. 实训课业

(1) 要进行天津市 2012 年城市教育发展状况调查,请收集文献资料(提示:首先根据自己对研究课题的理解、自己的知识结构、现有的资料,确定所需要查阅的文献范围,结合学校图书馆和国际网等条件开始检索)。

(2) 要进行天津市 2012 年城市公共交通发展状况调查,请通过文献资料查找列出可参考文献的目录。

(3) 郁美净集团公司的情况(法人代表、联系方式、经营范围)。

(4) 天津市南开区的餐饮公司有哪些?

(5) 北京市东城区的街道有哪些?

四、知识回顾

1. 常见的目录资料有哪些?
2. 审核文献资料的基本原则有哪些?
3. 《中国工商企业名录》中一般收录企业的哪些信息?

拓展资料 1

名　　录①

一、名录的含义及种类

名录是提供有关专名(人名、地名和机构名录等)的简要工具书,内容涉及比较广泛。人们可以从名录中查找关于人物生平、机构组织和某一行政区划沿革等信息。名录按收集信息的内容的不同,可分为人名录、地名录和机构名录。

名录,从中文意思上可理解为:收录企业名称及联络方式的名录册及载有姓名及联络方式的各种名录册。

人名录,简要介绍有关人物的生卒年、籍贯、学历、经历及著作等,一般以当代在世的人物为主,是科技人员常用的工具书,尤其对出国进修和协作更有参考价值,如《现代日本名人录》、《咨询人才名录》。

地名录是收录经审定的规范化的地方名称,并注明所属的国家、行政区划以及在地图集上的具体位置的工具书。查找地名可以首先使用地名录、地图集、地理图册、地名词典等参考工具书,有时还可以使用百科词典、专业手册来查检,或者直接查大百科全书,如利用其书后的地名索引应当更准确,书中对异地同名的地名及历史地名都有特别注释,以示区别。

机构名录又叫机构指南,以工商企业名录居多,汇集机构名称、机构类型、经营范围、经济类型、注册日期、注册资金、职工人数等相关资料的一种工具书,具有简明、新颖、确实等特

---

① http://baike.baidu.com/view/650666.htm。

点。名录是一种具有事实便览性的工具书,虽只提供有关机构、人物等的简要资料,但能起指引情报源的作用,对沟通信息、促进交流、加强协作提供了很大的方便。

二、名录信息来源

1. 社会信息渠道

定期从工商注册、企业名录发行物、城市黄页、海关、上市公司公告、各类企业排行榜、质量监督部门、行业协会名录、新闻公告和媒体报纸杂志等社会公开渠道采集企业数据信息。

2. 互联网信息渠道

活跃型企业都会在互联网上和自己的网站上留下企业信息、产品信息和联系方式,以便他人能主动与自己联系。从2005年起,精确客户数据仓库通过自主开发的企业信息搜索引擎,采集这些互联网上公开的企业信息,对这些信息进行分类、加工清洗、处理,建立起贸易活跃型企业名录数据库。

3. 会员信息许可合作

市场调研机构、行业网站、B2B网站、企业黄页网站拥有大量的会员数据,用户可以通过合作方式使用其会员信息,并按照企业标准化的企业名录信息格式,对这些数据进行加工处理后入库,最大程度保障名录资源的丰富性、准确性和新鲜度。

4. 国际数据机构资源合作

精确客户数据仓库广泛与国内商业数据、展会机构、DM公司等进行数据交流,整合及校对、清洗约1000万家企业的数据。同时,这些机构会向其他一些拥有全球企业数据的国际权威数据机构进行商业采购。

5. 企业名录应用使用回馈

通过企业名录信息挖掘和数据应用服务的客户回馈,名录服务机构执行了大量企业信息挖掘和数据库营销服务项目。通过这些项目,名录服务机构每天可以从客户处获得有关企业信息准确率、到达率的回馈情况。

整合以上信息来源,透过精确客户数据仓库企业名录独有的数据匹配清洗平台,将来自政府数据、工商注册、企业黄页、互联网、项目更新数据等各种渠道的企业信息进行核对、入库和管理,形成自身优质、高效、动态、完善的企业客户信息数据库。

三、中国名录现状

中国国家统计局仅做过两次大型全国基本机构普查,即1997年普查(法人单位430万家、产业活动单位640万家)和2001年普查(法人单位500万家、产业活动单位700万家),合计建立约1200万家的社会开放数据库。这1200万家的数据,加上2002年后全国各地工商局流出的不完整版(非合法)的企业注册增补信息,是网上所售卖的1600万中国企业名录库的基础来源。

国家统计局的最后一次(2001年全国基本机构普查)数据流入市场已经12年,中国私营企业平均生命期仅为19个月,加之电话号码及区号变更升级,企业注册地址搬迁等因素,这些企业数据的准确率只在20%~40%。对这类源自政府渠道,采集发布周期长、准确率低,需二次加工、核实和规范格式后才能使用的企业数据信息,在国际数据业界被称为静态数据或基础数据库。

信息收集与处理

四、企业名录的作用

企业名录让用户明确掌握和了解企业名称、负责人、联系人、电话、手机、地址、传真、邮编、企业人数、年营业额、注册资金、公司邮箱等内容,特别是定制的名录可以满足不同的企业、不同的个人、不同客户的不同需要,是企业提高业绩的重要方式,其主要功能如下:

(1)企业名录,无论是海量的,还是精准的,都可以节约时间,提高工作效率;

(2)一般的专业名录数据库都可以包含大约数百个行业,涉及范围非常广泛;

(3)让用户直接与企业高层领导联络商谈业务,直接同供货厂商联系,避开之间的一些烦琐环节;

(4)降低进货成本,增加企业的经济利益;

(5)让更多其他行业的企业了解用户,有需要的企业或个人可能就会主动联系该企业,增加了商业活动;

(6)加强了商业洞察力,用户还可以直接在上面寻找自己需要合作的目标客户;

(7)增加企业与企业之间的交流与合作,提高了企业与企业之间的成交率;

了解同行的信息,有利于企业学习好的经验,开拓了贸易渠道。

五、企业名录应用服务

企业名录网拥有中国地区、行业分类最翔实的企业名录数据库,例如北京企业名录数据、上海企业名录数据、深圳企业名录数据等。基于精准、丰富的数据资源,名录服务机构可以根据用户的个性化不同需求提供专业的数据内容服务,支持企业开展电话营销、直邮、E-mail营销、短信、网络推广等基于数据库的精准营销活动。

(1)直邮广告:根据详尽的目标客户信息,通过直接邮寄来宣传企业的产品和信息。

(2)电话销售:利用信息避开前台工作人员,直接与企业高层管理人员对话从而进行销售。

(3)寻求合作:寻求投资伙伴,以迅速推广科研成果或专利产品。

(4)信息咨询:了解行业分布状况,了解客户需求,超越竞争对手。

(5)采购产品:直接同供货厂商联系,避开中间环节,降低进货成本。

(6)销售产品:寻求现成的相关经销商,发展销售代理,促进产品销售。

(7)降低成本:避免企业营销活动的无的放矢,降低企业的营销成本。

(8)精准营销:利用客户数据仓库实现精准化营销,直接面对目标客户群来高效营销。

(9)客户管理:协助企业建立属于自己的客户数据仓库,提高客户管理服务水平和客户满意度。

(10)抢得先机:在竞争激烈的市场尽快实现产品信息传递,寻找到客户即意味着发展的权力。

六、企业名录查询途径

1. 名录网

威网资源名录部分首页如图5.1所示。

图 5.1 威网资源名录部分首页

名录网的栏目主要有省市名录、行业名录、外商名录、国际名录、500强企业、进出口名录。

例如,2012天津企业名录收录了 160 651 家企业信息。企业单位公司名录信息包括单位代码、单位名称、联系人(负责人)、行政区划代码、通信地址、区号、电话号码、传真号码、邮政编码、电子邮箱、网址、经营范围、企业人数、规模大小、所属行业、登记注册类型、机构类型等。

天津企业名录是由优库资源网以多年专业数据挖掘分析团队,整合了国内权威数据机构等不同渠道获得的天津企业名录信息资源,进行多种数据库筛选、比对、去重、清洗、匹配建立起的国内市场最专业最具有针对性的天津企业名录营销数据库。[①]

2. 中国名录(中国年鉴信息网的重要栏目)

中国名录是中国年鉴信息网的重要栏目之一,其子栏目主要有政府名录、外资名录及分行业的企业名录(如机械、金融、电子、轻工、房地产、能源、教育、食品、物流、医药、农林渔牧、钢铁、医药等)。每部分内包含相关的名录信息,如高等教育下包含四个名录:江苏历代教育名人录(科技篇)、《江苏历代教育名人录(教育篇)》《大学名录2011》(电子版)和《中国教育科研行业名录2011》(电子版)。中国名录主页如图5.2所示。[②]

---

① http://localhost/tianj/726.html。
② http://www.chinayearbook.com/minglu/。

图 5.2 中国名录主页

拓展资料 2

《中文核心期刊要目总览》摘录(2011 年版)[①]

A/K 综合性人文、社会科学类核心期刊表

1.中国社会科学 2.北京大学学报·哲学社会科学 3.学术月刊 4.中国人民大学学报 5.北京师范大学学报·社会科学版 6.清华大学学报·哲学社会科学版 7.浙江大学学报·人文社会科学版 8.南京大学学报·哲学、人文科学、社会科学 9.复旦学报·社会科学版 10.吉林大学学报 11.华中师范大学学报·人文社会科学版 12.江海学刊 13.文史哲 14.南开学报 15.中山大学学报·社会科学版 16.河北学刊 17.社会科学研究 18.学术研究 19.厦门大学学报·哲学社会科学版 20.天津社会科学 21.华东师范大学学报·哲社版 22.上海师范大学学报·哲学社会科学版 23.浙江社会科学 24.江苏社会科学 25.社会科学战线 26.陕西师范大学学报·哲学社会科学版 27.浙江学刊 28.求是学刊 29.华东师范大学学报·哲学社会科学版 30.湖南师范大学·社会科学学报 31.南京师大学报·社会科学版 32.学习与探索 33.西北师大学报·社会科学版 34.天津师范大学学报·社会科学版 35.人文杂志 36.东北师大学报·哲学社会科学版 37.南京社会科学 38.中州学刊 39.广东社会科学 40.东南学术 41.甘肃社会科学 42.武汉大学学报·哲学社会科学版 43.学海 44.江汉论坛 45.四川大学学报·哲学社会科学版 46.河南大学学报·社会科学版 47.郑州大学学报·哲学社会科学版 48.西安交通大学学报·社会科学版 49.深圳大学学报·人文社会科学版 50.江西社会科

---

① http://cache.baiducontent.com/c?m。

51.湘潭大学学报·哲学社会科学版 52.国外社会科学 53.山东大学学报·哲学社会科学版 54.思想战线 55.福建论坛·人文社会科学版 56.山东社会科学 57.西南大学学报·社会科学版 58.湖南大学学报·社会科学版 59.首都师范大学学报·社会科学版 60.上海大学学报·社会科学版 61.西北大学学报·哲学社会科学版 62.重庆大学学报·社会科学版 63.湖南科技大学学报·社会科学版 64.河南师范大学学报·社会科学版 65.学术界 66.广西师范大学学报·哲学社会版 67.同济大学学报·社会科学版 68.探索与争鸣 69.烟台大学学报·哲学社会科学版 70.兰州大学学报·社会科学版 71.云南大学学报·社会科学版 72.云南师范大学学报·哲学社会科学版 73.学术论坛 74.中国社会科学院研究生院学报 75.东岳论丛 76.河北大学学报·哲学社会科学版 77.社会科学辑刊 78.学术交流 79.河南社会科学 80.上海交通大学学报·哲学社会科学版 81.中国地质大学学报·社会科学版 82.中国青年政治学院学报 83.云南社会科学 84.北方论丛 85.东南大学学报·哲学社会科学版 86.安徽师范大学学报·人文社会科学版 87.华中科技大学学报·社会科学版 88.华南师范大学学报·社会科学版 89.福建师范大学学报·哲学社会科学版 90.东疆学刊 91.武汉大学学报·人文科学版 92.暨南学报·哲学社会科学版 93.安徽大学学报·哲学社会科学版 94.四川师范大学学报·社会科学版 95.湖北社会科学 96.新疆师范大学学报·哲学社会科学版 97.齐鲁学刊 98.高校理论战线 99.北京社会科学 100.山西大学学报·哲学社会科学版 101.河北大学学报·哲学社会科学版 102.徐州师范大学学报·哲学社会科学版 103.贵州社会科学 104.武汉理工大学学报·社会科学版 105.社会科学家 106.东北大学学报·社会科学版 107.天津大学学报·社会科学版 108.辽宁大学学报·哲学社会科学版 109.苏州大学学报·哲学社会科学版 110.湖南社会科学 111.南昌大学学报·人文社会科学版 112.学习与实践 113.内蒙古社会科学 114.广西社会科学 115.杭州师范大学学报·社会科学版 116.天府新论 117.浙江师范大学学报·社会科学版 118.山西师大学报·社会科学版 119.福州大学学报·哲学社会科学版 120.吉首大学学报·社会科学版 121.河北师范大学学报·哲学社会科学版

G4 综合性教育

1.教育研究 2.北京大学教育评论 3.比较教育研究 4.清华大学研究 5.教育与经济 6.教育科学 7.教育理论与实践 8.教师教育研究 9.全球教育展望 10.教育学报 11.中国教育学刊 12.外国教育研究 13.华东师范大学学报·教育科学版 14.当代教育科学 15.电化教育研究 16.国家教育行政学院学报·教育科学版 17.教育评论 18.河北师范大学学报·教育科学版 19.中国电化教育 20.湖南师范大学教育科学学报 21.教育探索 22.教育学术月刊 23.学校党建与思想教育 24.思想理论教育 25.内蒙古师范大学学报·教育科学版 26.教育财会研究

G61 学前教育

1.学前教育研究

G62/63 初等/中等教育

1.课程、教材、教法 2.教育研究与实验 3.教学月刊·中学版 4.上海教育科研 5.人民教育 6.教育科学研究 7.外国中小学教育 8.教学与管理 9.中小学管理 10.现代中

小学教育

  G623.1,G633.2 初、中等教育(政治)

  1.中学政治教学参考　2.思想政治课教学

  G623.2,G633.3(语文)

  1.中学语文教学　2.语文建设　3.中学语文教学参考

  G623.3,G633.4(外语)

  1.中小学外语教学·中学篇　2.中小学英语教学与研究

  G623.4,G633.5(历史、地理)

  1.历史教学　2.中学地理教学参考

  G623.5.G633.6(数学)

  1.数学教育学报　2.数学通报　3.中学数学教学参考

  G633.7(物理)

  1.中学物理教学参考　2.物理教师·高中版(改名为:物理教师·教学研究版)

  G633.8(化学)

  1.化学教育　2.化学教学

  G64 高等教育

  1.高等教育研究　2.教育发展研究　3.中国高等教育　4.中国高教研究　5.学位与研究生教育　6.江苏高教　7.高等工程教育研究　8.现代大学教育　9.复旦教育论坛　10.黑龙江高教研究　11.高教探索　12.辽宁教育研究(改名为:现代教育管理)　13.大学教育科学　14.中国大学教学

  G71/79 各类教育

  1.中国特殊教育　2.教育与职业　3.民族教育研究　4.职业技术教育　5.高等农业教育　6.开放教育研究　7.中国职业技术教育　8.职教论坛　9.北京成人教育　10.中国远程教育

项目六
访谈法信息收集与处理

知识目标　通过本章的学习,使学生能够掌握访谈法信息收集与处理的方法和注意事项,掌握访谈计划和访谈提纲的撰写方法,掌握访谈过程的几个环节及注意事项,掌握访谈记录方法及访谈报告的写法。

技能目标　通过学习并运用相关知识点,使学生能够独立地、熟练地撰写访谈计划和访谈提纲,进行各项准备,进行访谈过程控制,并撰写访谈报告。

访谈,就是研究性交谈,是以口头形式,根据被访者的答复收集客观的、不带偏见的事实材料,以准确地说明样本所要代表的总体的一种方式。尤其是在研究比较复杂的问题时需要向不同类型的人了解不同类型的材料。

访谈法收集信息资料是通过调查员与被访者面对面直接交谈方式实现的,具有较好的灵活性和适应性。访谈广泛适用于教育调查、求职、咨询等,既有事实的调查,也有意见的征询,更多用于个性、个别化研究。

访谈有正式的,也有非正式的;有逐一采访询问,即个别访谈;也可以开小型座谈会,进行团体访谈。访谈可分为结构型(标准化)访谈和非结构型(非标准化)访谈,前者的特点是按定向的标准程序进行,通常是采用问卷或调查表;后者指没有定向标准化程序的自由交谈。为了追寻被访者更深层的东西(如无意识动机或遭受过的挫折等)还可作投射法访谈。这种深入到被访者自我深层的访谈称为深层访谈。深层访谈在临床心理学中有广泛的应用。

访谈法的优点在于非常容易和方便可行,引导深入交谈可获得可靠有效的资料;团体访谈,不仅节省时间,而且被访者可放松心情,作较周密的思考后回答问题,相互启发影响,有利于促进问题的深入。

访谈法的局限主要有以下五个方面。

一是成本较高。访谈调查常采用面对面的个别访问,面对面的交流必须寻找被访者,路上往返的时间往往超过访谈时间,调查中还会发生数访不遇或拒访,因此耗费的时间和精力较多。另外,较大规模的访谈常常需要训练一批调查员,这就使费用支出大大地增加。

二是缺乏隐秘性。由于访谈调查要求被访者当面作答,这会使被访者感觉到缺乏隐秘性而产生顾虑,尤其对一些敏感的问题,往往会使被访者回避或不作真实的回答。

三是受调查员影响大。由于访谈调查是调查员单独的调查方式,不同的调查员的个人特征,可能引起被访者的心理反应,从而影响回答内容;而且访谈双方往往是陌生人,也容易使被访者产生不信任感,以致影响访谈结果。另外,调查员的价值观、态度、谈话的水平都会影响被访者,造成访谈结果的偏差。

四是记录困难。访谈调查是访谈双方进行的语言交流,如果被访者不同意用现场录音,对调查员的笔录速度的要求就很高,而一般没有进行专门速记训练的调查员,往往无法很完整地将谈话内容记录下来,追记和补记往往会遗漏很多信息。

五是处理结果难。访谈调查有灵活的一面,但同时也增加了这种调查过程的随意性。不同的被访者回答是多种多样的,没有统一的答案,这样,对访谈结果的处理和分析就比较复杂,由于标准化程度低,就难以作定量分析。

任务一 制订访谈计划、访谈提纲

任务二 进行访谈准备

任务三 进行现场访谈

任务四 撰写访谈记录和访谈报告

任务一 制订访谈计划、访谈提纲

一、基础知识

1. 访谈计划

无论是单位还是个人,无论办什么事情,事先都应有个打算和安排。有了访谈计划,访谈工作就有了明确的目标和具体的步骤,就可以协调大家的行动,增强工作的主动性,减少盲目性,使访谈工作有条不紊地进行。同时,访谈计划本身又是对工作进度和工作质量的考核标准,对大家有较强的约束作用和督促作用。所以,访谈计划对工作既有指导作用,又有推动作用,做好访谈计划是提高访谈工作效率,保障访谈顺利正常进行的重要手段。

访谈计划的内容一般包含以下六点:

(1)确定访谈的目的;

(2)确定访谈的题目和内容;

(3)确定访谈工作的进程时间表;

(4)确定访谈的方式;

(5)确定必要的备用方案;

(6)访谈记录方法。

2. 访谈提纲

在进行访谈前除了撰写访谈计划明确相关内容以外,访谈提纲也是访谈准备工作中一项非常的工作。访谈提纲就是调查员需要被访者回答的一些问题的罗列。这些问题又不简单是干巴巴的罗列,需要的是调查员对被访者本身的认识。

访谈提纲的具体形式与访谈类型密切相关,如果是结构型(标准化)访谈,要像全部采用填空式题目的问卷那样,精心编制几十道、上百道问题,由调查员引导被访者逐一回答。如果是非结构型(非标准化)访谈,其提纲一般为粗线条,但要求问题之间具有一定的逻辑联系,并且多采用分叉式的设计。例如,"您认为'3+文综合/理综合'的高考科目设置是否有利于中学教学发展?"如果回答是肯定的,访谈应该跳跃到下一个问题:"应如何进一步完善'3+文综合/理综合'高考科目设置方案?"如果回答是否定的,则应"分叉"到另一个问题:"您认为'3+文综合/理综合'科目设置存在哪些弊端?"这样在访谈过程中可以灵活修改和调整。一个有趣的事例可以说明这一点:在一次对小学校长的访谈前,几位调查员商定好访谈提纲,设计出进一步追问的问题,但一个也用不上,访谈实例如下:

调查员:你们学校的活动安排表上有"读书比赛"这类活动,这对丰富学生课余生活一定产生了作用,能具体谈一下吗?(准备进一步追问,"读书比赛"主要读哪些书,教师指导吗,今后怎样继续举行等)

校长:嗯,课表上是有安排的,但实际上没举行过,因为怕浪费学科教学时间,而且这对教学没有促进作用。

调查员:啊?(不知该怎样继续)

由于机械、呆板的准备,没有交叉设计问题,只沿着一个思路设计问题,在情况发生变化时不能即时应变,就会使访谈无法如期进展。

3. 撰写访谈提纲的步骤

(1) 确定访谈主题

一般在进行访谈之前调查员实际上已经确定好了访谈主题,而调查员需要做的就是围绕主题进行相关背景调查,快速翻阅资料,做到心中有底。

(2) 熟悉被访谈者的资料

例如,调查员访谈的是某个事件的某个人,那么调查员需要了解围绕这个人曾经发生过什么样的事情做一个全面调查,如有着怎样的经历,读过什么样的学校,有着怎样的性格,办事风格是什么,最近他发生了什么样的事情。

(3) 深入了解访谈背景

如果调查员访谈的是一个事件,则需要清楚该事件是在什么样的情况下发生的,因何理由,过程怎样,结果如何。调查员收集以上的资料时,可以从电视录像、报刊报纸、网络媒体等途径中获得。而在整理多种途径收集的资料时,调查员会发现不同的媒体对待同一件事情的看法和结果会有自己独特的见解和角度。此时,调查员要理解所有的信息并且牢记,从而理出事件中的人物关系,找出自己不明白的地方,而这些地方就是访谈时需要提问的问题。

(4) 整理线索

调查员通过对被访者和访谈事件的了解,整理出已经成型的一些观点和看法以及还未成型的观点,寻找本次访谈线索,也即突破口。

(5) 设计问题

问题的设计是需要环环紧扣的,调查员在设计问题时,一般先问"是什么"的问题,即目前的现状;然后问"为什么"的问题,即目前现状形成的原因;最后问"怎么办"的问题,即如何面对目前的现状,找出积极的、行之有效的方法来解决问题。这样设计层层深入,思路清晰。

例如,关于"我市大学生的课外阅读情况"的调查,被访者为大学生,以"问题树"的形式设计该课题的访谈问题如下。

① 我市大学生课外阅读现状
- 你周围的同学喜欢看什么类型的课外书?
- 你自己喜欢看什么类型的课外书?
- 你每次阅读的时间是多长?

② 原因分析
- 这类课外书最吸引你的是什么?
- 你看了以后有何感受和收获?

③ 建议
- 你认为当代大学生应该选择什么样的课外书?
- 能说说你的建议吗?

(6) 罗列问题

将问题设计好之后调查员就可以在纸上罗列自己的问题了,罗列完之后调查员需要再看一遍自己的访谈提纲是否有什么漏洞。

(7) 其他

以上都是访谈前的准备工作,关键在于访谈过程。在访谈过程中,调查员会发现有时候自己的访谈对象并不像想象的那样沿着事先设计好的访谈思路走下去,此时该怎么办?调查员沿着被访者的思路好了,调查员需要把握的是采访主题不发生偏移,同时还要注意在访谈过程中发现线索,可能在访谈前期的准备时并没有发现这条线索,而此时是被访者说了出来,调查员就需要紧追不放,这样才能拿到别人注意不到的信息。

二、实务指导

1. 案例示范

案例一 当代中国部分大学生"择偶观"访谈计划[①]

一、访谈目的

通过深入访谈了解当代中国部分大学生的择偶观念,从中提取其中的关键要素,从而从总体上对当代大学生群体的择偶观念有所把握。

二、访谈内容与方式

本次访谈拟以河南大学部分在校生为样本根据设计好的问题开展访谈调查。通过访谈试图大致归纳出所选样本的择偶观念以此管窥部分当代中国大学生的择偶观,在此基础上

---

① http://www.doc88.com/p-490187226612.html。

再做进一步的讨论。本次访谈从不同角度设计了开放式的访谈问题属非结构型(非标准化)访谈。通过深度访谈法对选取的访谈对象进行访谈,平均每次访谈进行一个小时,最短时间为半小时,最长时间不超过两小时。在访谈过程中主要采取现场记录的方式,访谈的效度和信度较高。

三、访谈对象及人数

本次访谈对象为河南大学在校大学生,对象选择因素涉及性别、专业、年龄等,具体选取根据访谈需求有目的选取。访谈对象人数选取方面在综合考虑访谈法用时较长、实施访谈人员有限、学校课程安排习惯等诸多因素影响,访谈对象人数拟定为108。

四、访谈工作的进程及安排

1. 访谈时间:访谈将持续一周时间,拟定于 2011.05.09—2011.05.15
2. 访谈人员安排

本次访谈共分三轮,具体人员安排如下(如不能在规定时间进行访谈可根据自身情况稍作调整)

2011.05.09 星期一　代良、韩天敬、李爽、李小魁、刘丹凤、张翠
2011.05.10 星期二　卢展、王明珠、蔺耐勤、朱龙华、靳云革、李瑞
2011.05.11 星期三　韩天敬、李爽、李小魁、王明珠、蔺耐勤、朱龙华
2011.05.12 星期四　刘丹凤、张翠、卢展、靳云革、李瑞、代良
2011.05.13 星期五　李爽、朱龙华、蔺耐勤、张翠、代良、王明珠
2011.05.14 星期六　李小魁、韩天敬、李瑞、卢展、刘丹凤、靳云革
2011.05.15 星期天　对访谈结果数据分析

五、访谈所用工具:录音笔、记录本、记录表

六、访谈程序

(1) 与被访者建立良好的合作关系,着装整洁,开门见山地作自我介绍,充分尊重访谈对象,创造友好氛围。

(2) 访谈过程控制

① 提问要明确,通俗易懂,一句一问,问题要具体,避免过于抽象。
② 要适当控制话题方向。
③ 采用启发方式,引导回答追问不要在一开始就进行。
④ 适时插问,不要隐瞒自己的无知。
⑤ 适当运用表情和动作积极倾听。
⑥ 严格按计划进行访谈,不要随意离开主题并注意问题之间的衔接。
⑦ 结束访谈时应表示感谢,为下次可能的访谈工作留下好印象。

七、访谈内容记录

(1) 当场记录部分要征询被访者的同意,记录下的内容要请被访者过目并签字。
(2) 事先调试好录音笔,访谈开始前作必要设置。

附件:访谈记录表

访谈记录表

填表说明：每次访问要明确访问的主题和目的，准备好采访的问题；在访问中要认真做好记录（包括录音等），听取被访者的意见和建议，最好要求被访者签名；访问后要及时整理采访记录，除填写活动记录外，要认真填写本表。

课题名称				组别	第　　小组
访谈者			访谈日期		
访谈时间			访谈地点		
访谈对象信息					
姓名		职业		单位	
联系地址		联系电话			

访谈目的：

拟采访的问题：

访谈记录（整理要点）：

访谈结果（是否达到了目的，解决了哪些问题，有哪些收获和体会）：

被访者的建议：

签名：_____

年　　月　　日

案例二　教育科研访谈提纲[①]

访谈时首先向访谈对象介绍研究内容，研究的意义，研究的自愿原则、保密原则及研究者的简单情况，让被访者做到心中有数。

（1）请您简单介绍一下您的情况（如年龄、年级、受教育的经历等）。

---

① 李春萍.《教育研究方法》，长春.东北师范大学出版社，2007年版，第189页。

（2）您如何理解"师生关系"、"好的师生关系"、"不好的师生关系"？为什么这样认为？

（3）您认为您中学时代的师生关系是怎样的？讲述一个与您关系较好的老师的故事，为什么您认为您和他（她）的关系好？（在学习上给予无私的帮助、生活上细心的照顾、有共同语言、具有人格魅力等。）

（4）您怎样看待大学里的师生关系（重要/不重要/无所谓）？为什么？

（5）上大学后您期待怎样的师生关系？现在您与教师的关系和您期待的是一样吗？（一样/不一样的表现是什么？为什么？）

（6）您一般以什么样的方式与教师交往？

（7）您对目前的师生关系满意吗？为什么？

（8）您认为影响师生关系的因素有哪些？

2. 案例启示

案例一是一篇访谈计划，计划中明确了访谈目的，确定了访谈内容、形式、访谈对象和人数，并对访谈工作的程序及具体实施进行了安排，就访谈进程和访谈记录中的注意事项进行了提示，这样可以协调调查员的行动，使访谈工作有条不紊地进行。这篇访谈计划的亮点还在于设计了一份访谈记录表，以便所有的调查员在访谈中使用。案例二是一篇访谈提纲，访谈的问题较全面，并且要求访谈对象举实例，能挖掘出深层的内容，并写出了对某些问题的回答进行了提示，周全细致，能够保障访谈的顺利进行。

三、实务训练

1. 实训目的

引导学生进一步明确访谈法的相关知识，通过实训活动使学生学习和掌握访谈提纲的提炼和写作。

2. 实训要求

（1）通过多种途径收集相关资料，分析访谈主题、访谈要求。

（2）分析访谈目的，确定访谈对象。

（3）按照一定的顺序列出访谈要提的问题。

3. 实训课业

（1）请你以"有意义的学习"为主题设计访谈提纲。

（2）请你以"新员工岗前培训质量"为主题设计访谈提纲。

（3）请你以"进入社会参加工作前后的变化"为主题采访本校毕业多年的大学生，并设计访谈提纲。

四、知识回顾

1. 访谈计划一般包括哪些内容？
2. 撰写访谈提纲的步骤是什么？
3. 撰写访谈提纲要注意哪些事项？

拓展资料 1

培训需求访谈提纲[①]

一、需求访谈的目的

培训需求访谈主要是为了帮助我们获取以下信息：

1. 清晰界定需要改善的业务问题：什么需要改变？
2. 确认导致该问题的行为因素：根本原因是什么？
3. 区分培训需求和非培训需求：培训能否起到作用？
4. 确定培训需求的轻重缓急：哪些急需解决？
5. 培训设计的参数：多大改善可以被接受？

二、培训需求访谈的对象

人力资源部负责调查公司正副总经理、中基层管理人员；
各部门负责调查本部门所有相关人员。

三、访谈的问题清单

1. 当访谈对象有具体的培训需求时候：

   A. 这个培训有什么业务背景？针对什么业务问题？
   B. 是什么使得这个培训变得这么紧迫？
   C. 这个培训的目标对象是谁？
   D. 为什么是他们？

   总结语：您最希望这个培训帮助您改善×××（衡量指标），对吗？

2. 当访谈对象没有具体的培训需求时候：

   A. 本公司/业务/部门 2012 年度业务目标完成情况如何？暴露出哪些问题？
   B. 本公司/业务/部门 2012 年度工作过程中，出现过哪些对您印象最大的危机或者事故？造成危机或事故的原因是什么？（列举 3 项）
   C. 围绕公司 2013 年的经营战略，您认为您及您业务/部门在哪些方面有优势和不足？哪些不足需要迫切改善？
   D. 本公司/业务/部门 2013 年度的业务工作重点是哪些？达成哪些结果对你是最重要的？
   E. 您认为要达成 2013 年业绩目标和期望的结果，本公司/业务/部门员工需要具备哪些关键能力？表现出什么工作行为？
   F. 您认为本部门员工的关键能力表现，哪些地方与您的期望不一致？
   G. 本部门 2013 年业务能力提升与培训的重点是什么？
   I. 如果您部门的业务培训只能有一个重点，哪方面将最能帮助您实现您的业绩期望？
   J. 您本人在 2013 年希望参加哪些培训或通过什么形式来提升个人能力？
   K. 您对于公司 2012 年培训工作有哪些批评意见？

---

① http://blog.sina.com.cn/s/blog_6628175a0100orgm.html。

L. 您对于公司 2013 年培训工作的开展有哪些建议?

四、访谈常用的总结性话术（进一步与被访者进行确认）

1. 看来引起这个问题的根源是×××（行为或者因素），对吗？
2. 培训对象可以控制的问题是××××（学员可控制的行为）。其中，××问题是培训可以解决的，××问题是培训不能解决的，您同意吗？那么，我们把培训确定在解决××（可培训行为）上，您觉得可以吗？
3. 为了帮助改善××问题，这个培训应该重点解决××问题，您觉得对吗？
4. 培训目标确定在××，您觉得可以吗？这个应该是知识/技能/态度培训，对吗？

拓展资料 2

某公司物理部培训需求访谈提纲[①]

1. 您认为本部门的具体职能是什么？部门人员情况（几个人、人员来源、年龄、专业及职业结构情况），在这方面存在什么问题？（人员短缺或富余，人员素质不符合岗位要求等）
2. 本部门新年度的业务工作重点是哪些？达成哪些结果对您是最重要的？
3. 您认为要达成新年度业绩目标和期望的结果，本部门员工需要具备哪些关键能力？表现出什么工作行为？
4. 您认为本部门员工的关键能力表现，哪些地方与您的期望不一致？
5. 公司有无培训计划？公司为员工提供如外派学习、岗位交流、员工培训等是否经常？这方面的培训是否需要增加？在哪些方面增加？（有哪些培训，新员工培训，员工在职培训，中高层管理人员培训，对外客户培训。）
6. 有无培训制度，培训经费如何制定，谁来决定使用，培训人员教师来源？
7. 您认为本部门新年度业务能力提升与培训的重点是什么？
8. 当出现什么表现时，您会认为培训是有效的？
9. 如果您部门的业务培训只能有一个重点，哪些方面最能帮助您实现您的业绩期望？
10. 您本人在新年度希望参加哪些培训或通过什么形式来提升个人能力？
11. 公司有无培训工作的评价、反馈制度和手段？
12. 您对于公司所进行的培训工作有哪些改进建议？

拓展资料 3

新农村建设百名村官访谈提纲[②]

1. ×××村长您好！我是××大学的学生，我想就新农村建设问题对您进行访谈。因为您是最基层的农村干部，最了解农民，也最能反映农民的意愿。

---

① http://wenku.baidu.com/view/c22b0b235901020207409cec.html。
② http://praa.bokee.com/11998820.html。

2. 请先介绍一下本村的基本情况(面积、人口构成、经济状况等)
主要包括：(1) 村的地理位置、自然、人文等概况；
(2) 村的人口数、户数、村的耕地面积、村集体经济情况；
(3) 村里农民人均收入情况和收入的主要来源情况。

3. 您当了几年村长？您当村长的原因是什么？

4. 您当村长以前的经历如何？(文化程度、从事过的工作等)

5. 您知道中央提出的"生产发展、生活宽裕、乡风文明、村容整洁、管理民主"的新农村建设内容吗？您认为有必要建设新农村吗？您理想的新农村是什么样子的？您觉得您村预计通过多少年的努力才可能建成新农村？

6. 从您村来说，目前从事农业为主的主要是些什么人(年龄特征、文化特征、性别特征、兼业化程度)？他们经营的规模如何？主要从事的是什么农业？他们生产的产品主要是自己吃的还是卖给别人的？您觉得目前农民从事农业生产面临的主要问题有哪些？您觉得应该如何解决这些问题？

7. 您村的农业生产或工业生产有无形成规模特色产业或产品？如果有的话，主要是什么产业或产品？如何形成的？如果没有的话，为何没有形成？

8. 从您村来说，您觉得目前农民最担心的问题是什么？为什么？

9. 从您村来说，目前村里发展过程中存在的最大问题是什么？为什么？

10. 从您村来说，目前村里最迫切需要做的事情是什么？为什么？您认为该如何做这件事情？

11. 您们班子近年来有无想做而没有做成的事情？如有的话，是哪些事情？为何做不成？

12. 您们班子近年来有无为村里做过一些公益性事情(如修路、建自来水、建老年活动中心、发展村经济等)？如果有的话，请讲一个您认为最成功的事情的故事，说说整个事情办成的过程。(如何想到要办？是如何发动村民办的？在办的过程中有无遇到困难？最后如何解决的？办成后村民的评价如何？办成这件事给您带来了哪些经验和教训？)

13. 近年来，各级政府有无出钱帮助过您村进行新农村建设？如果有的话，是采取何种方式把钱用在您村的？主要用在哪些方面的建设？效果如何？您认为政府今后应该把钱用在农村哪方面建设？应该如何使用效果更好？

14. 您觉得政府在新农村建设中应该扮演怎样的角色？政府应该如何引导农民进行新农村建设？

15. 从您村来说，建设新农村主要困难有哪些？您觉得应该如何解决？

16. 您觉得村委会在本村新农村建设中能否发挥作用？为什么？

17. 您所在村委会有专门的办公楼吗？有足够的办公经费吗？您有报酬吗？如果有，报酬是从哪里获得的？您对自己的报酬满意吗？如果不满意，您认为应如何提高报酬？

任务二 进行访谈准备

一、基础知识

制订访谈计划、撰写访谈提纲是访谈准备中一项重大任务,所以我们把这一任务单独出来作为一个能力训练任务。除了制订访谈计划、撰写访谈提纲,在访谈前还要进行以下方面的准备工作。

1. 确定适当的访谈对象

在访谈中,被访者的选择是重要的一环,因为访谈的信息资料是由被访者提供的,因此,它与访谈的成功与否有直接的关系。

选择访谈对象应该首先考虑调查的目的,然后确定访谈调查的总体范围,再在总体范围中采用随机抽样的方法,选取调查所需的、有代表性的样本。访谈调查样本的大小大多数由调查的目的和性质决定,当然也必须考虑调查的人员、时间、经费等条件。

2. 要掌握访谈对象的基本情况

选择访谈对象还要了解被访者的有关情况,如被访者的性别、年龄、职业、文化水平、个人经历、兴趣、爱好、动机、信仰、思想特点、个性特征、心理品质以及家庭情况、社会关系等等,这样有利于和谐地交流。此外,调查员还要分析被访者能否提供有价值的材料,要考虑如何取得被访者的信任和合作。

3. 确定访谈的时间和地点

调查员要事先与被访者商定时间和地点,而且尽可能以被访者的方便为宜。调查员应该事先通过写信或打电话的形式向被访者提出邀请,得到许可的回复后方可着手进行访谈。从时间上说,每次访谈尽量不要超时两个小时,否则会使对方感到疲劳和厌倦,影响访谈质量,也不利于今后进一步合作;但也不要蜻蜓点水,半个小时不到就结束,这不利于充分获得调查所需的资料。当然,如果被访者表示出仍有兴趣继续下去,则调查员可以适当延长时间。

访谈地点的选择要考虑访谈的内容,如有关个人或家庭的问题,以在家里访谈为宜;有关工作方面的问题,以在工作地点访谈为宜。但是,如果被访者不愿在家或在工作单位会见调查员,那么也可以选择其他合适的场所进行访谈。

4. 预约被访者

调查员要事先与被访者取得联系,征求对方的意见,双方确定访谈时间、地点和场合,然后调查员可以再发一份书面的信函给对方,简要说明访谈的目的、意义、内容,表明调查员的身份及调查单位,访谈的时间与地点,并告知对方调查员的姓名。

5. 准备必要的访谈工具

在访谈计划中调查员还要准备访谈所需的工具,结构型(标准化)访谈一般要求有访谈问卷、调查表格、文具、各种证明材料等;非结构型(非标准化)访谈除上述工具外,根据需要可能还要准备照相机、录像机(笔)等。

二、实务指导

1. 案例示范

某调查小组要就河南大学大学生"择偶观"进行访谈,如何进行访谈前的准备工作。

2. 案例操作流程提示

根据所学基础知识,首先,进行访谈前准备除了要制订访谈计划外要首先确定访谈对象。本次访谈对象为河南大学在校大学生,对象选择因素涉及性别、专业、年龄等。具体选取根据访谈需求有目的地选取。访谈对象人数选取方面,在综合考虑访谈法用时较长、实施访谈人员有限、学校课程安排习惯等诸多因素的影响,访谈对象人数拟定为108人。其次要通过各种渠道了解访谈对象的基本情况。再次确定访谈的时间和地点,预约被访者。最后访谈前还要准备必要的访谈工具。

三、实务训练

1. 实训目的

引导学生进一步明确访谈法的相关知识,通过实训活动使学生学习和掌握如何进行访谈准备。

2. 实训要求

(1)根据访谈主题,进行全面的访谈准备。

(2)各组同学进行一次电话预约被访者的演练。

(3)各组派一位同学就本组所选课题访谈前准备情况进行课堂汇报。

3. 实训课业

(1)请你以"有意义的学习"为主题进行访谈前各项准备工作。

(2)请你以"新员工岗前培训质量"为主题进行访谈准备工作。

(3)请你以"进入社会参加工作前后的变化"为主题采访本校毕业多年的大学生,进行访谈准备工作。

四、知识回顾

1. 访谈准备一般包括哪些内容?

2. 确定访谈时间和访谈地点要注意哪些事项?

3. 如何进行访谈前的准备工作?

任务三　进行现场访谈

一、基础知识

访谈过程大体包括进入访问、提出问题、倾听、适当追问、记录答案和结束访谈等六个环节。

1. 进入访问

进入访问,调查员的介绍一般要求话语简单明了,表达意思准确,语言规范流利(不用"哼"、"哈"、"哦"等语气助词)。调查员可以通过自我介绍,表明调查目的,有针对性地回答被访者的疑问,创造一个轻松愉快的气氛。

例如,您好,我叫×××,是××大学的学生,我们正在进行一项市场调查研究,想占用您几分钟时间,向您了解有关问题的看法,希望您能够协助。调查员通过给出姓名,使访问显得更具私人性。调查员也可以带着介绍信或有关证件,通过出示介绍信或证件表明调查是真实的;使用大学或调查机构的名字,对被访者来讲也意味着访问是可信的。

访谈开始的第一个问题是如何称呼。一般情况下,对被访者的称呼应注意以下几点:入乡随俗,亲切自然;符合双方的亲密程度和心理距离(如初次见面,不宜直呼其名,而应称其职务、职称或"先生"、"女士"、"大爷"、"您"等尊称;待熟悉后,可在尊称前加上姓氏;交往再加深,可呼大名);既要尊重恭敬,又要恰如其分。

第二个问题是如何进入话题。一般调查员应先简单介绍访谈的内容和访谈的目的、回答问题自愿和为谈话对象保密等通行原则。待被访者了解所介绍的内容并有了谈话的意愿后,即可按提纲提出问题。

如果访问备有礼品,在访问开始时,调查员可以委婉地暗示:"我们将耽误您一点时间,届时备有小礼品或纪念品以示谢意,希望得到您的配合。"切不可过分渲染礼品,以免让被访者觉得难堪,有贪小便宜之嫌,反而拒绝接受访问,或者为了获取礼品来迎合访问、说好话,从而影响访问的实际效果。

调查员应当避免使用诸如"我可以问您几个问题吗"这类请求允许访问的问题,因为在这些情况下,人们更易拒绝参与或不情愿接受访问。当被访者拒绝或不情愿参与访问时,调查员仍应该礼貌地说:"谢谢,打扰了。"这对那些对自己的公众形象很敏感的委托企业而言是很重要的。

自我介绍是访谈中重要的步骤之一。当被访者见到调查员时,便会决定是否愿意接受访问,调查员应让被访者感觉他是可信任的,而且接受访问后所提供的资料对访问者具有价值。如果调查员的态度表示出自己的目的是正当的及假设自己是受欢迎的话,成功的机会就会更高。

简短的介绍是较有效和直接的,然后调查员即可开始提问,除非被问及,否则不再做解释。有时被访者会问及为什么访问,调查员可以向其解释访问的目的。通常在培训调查员阶段,企业均会指示调查员如何回答这个问题。在解释后,如果被访者仍有顾虑,调查员可以解释这次访问的资料只供企业统计分析之用,而且资料会绝对保密。

有些被访者会怀疑调查员的身份,此时调查员可以出示相关证件,说明只是为某项研究收集一些意见,没有别的目的。

有些被访者可能会怀疑为什么要在晚上或假期作访问,调查员可以向他们解释,因为白天多数住户要工作或读书,所以要在晚上或假期进行,以便于访问他们。

某些被访者可能觉得自己所知不多,调查员可向其解释,说明这次访问是以科学的抽样调查方式进行的,每个阶层不同年龄阶段的男女老幼都有可能被抽中作为访谈对象,其所提供的资料可以代表不同年龄及阶层的意见,以供分析之用,而且所有问题只需表示本人的看法,不必顾虑对或错。

2. 提出问题

提出问题,向被访者收集市场信息,这是一个相互交流的过程。调查员必须掌握被访者的理解程度和配合程度,调节自己的节奏,调动被访者的情绪,让被访者能够以感兴趣的态度配合访问。因为这方面的偏差可能是访问法收集信息误差的一个重要来源。

提问方式可以多种多样,既可以开门见山,直来直去;也可以投石问路,先做试探;或耐心开导,循循善诱等。究竟采用何种提问方式,主要考虑以下因素。

第一,简短、明了。提问的话语要尽可能得简短、明白。成功的访谈,应该是用简短的提问换取充分的回答,而冗长的提问和简短的应答则常常使访谈难于深入进行。

第二,问题的表述适合被访者的知识水平和习惯。提问的方式、用语的选择、问题的范围都要充分考虑被访者的知识水平和理解能力,充分考虑被访者所属群体的风俗和习惯。

第三,要考虑问题本身的性质和特点,比较尖锐、敏感、复杂的问题,应以谨慎、迂回的方式提出。反之,则可大胆、正面地提出。

第四,根据被访者的性格特点和心理状态选择发问的方式。对于内向、孤僻或有疑虑的被访者,调查员应该采取循循善诱、逐步推进的方式提出问题;对于外向和开朗的被访者,调查员则宜开门见山、单刀直入。访谈进行中,调查员还要随时注意被访者的心理变化,善于随机应变,巧妙地采用直接发问、间接询问、迂回提问等方法,把谈话引向深入。

第五,注意被访者和访问者的关系。双方互不熟悉,还没有建立信任关系的,调查员应耐心慎重地提出问题。反之,则可直接、简洁地提出问题。

在访谈中,调查员提问的要领如下。

第一,调查员应该清楚明朗地读出问卷中的每个问题,朗读时勿太快或太慢。如果被访者误解或对问题不清楚,应将问题重读一次。

第二,每个问题都要严格按照问卷中的用词来提问。因为问卷上的问题的字眼是经过仔细推敲的,字眼上的差别会影响答案。

第三,调查员严格按照问卷上问题的顺序提问。问卷上每个问题的顺序是因不同需要而安排的,切勿自己编排先后顺序。因为问题的先后顺序也影响答案的准确性。

调查员应详细地询问问卷中的每一个问题。调查员绝不能因为做了几次访问,重复同样的问题就假定自己会知道答案是什么而跳过某些问题。

第四,调查员对问卷上的问题要不加自己的意见。调查员可能被要求解释表面上的某些字眼,此时切勿用自己的意思解释,正确的做法是反问被访者认为这是什么意思。因为访谈的目的是想知道被访者的直接答案,如果调查员加上自己的意见,便会影响答案的准确性。当被问及时调查员应清楚地慢慢地将问题重复一次,要求被访者按照自己的理解去回答问题。

在提问的过程中,调查员还要注意按照规定的程序操作,在问题的措辞、提问的方式上,不能按照自己的理解修改问卷中的问题的提法。在朗读问卷中的问题时调查员要注意用声音和眼神与对方交流,掌握好提问节奏,做到快慢有序,用眼神和表情表示对对方回答的注意和鼓励。

3. 倾听

在访谈的过程中,调查员既要"善问",也要"会听"。

(1) 聚精会神地倾听

调查员要把注意力集中于倾听被访者的谈话上,并给予对方以真诚的关注。调查员专注于倾听,是对被访者最大的尊重,对被访者谈话的最好鼓励,这样可以激发被访者充分表述自己观点的积极性和热情,把访谈引向深入。

(2) 虚心地倾听

调查员要有礼貌,决不轻易打断被访者的谈话。对于一时没有听懂的内容,调查员要虚心求教。对于被访者不够完整或不够恰当的回答,调查员通过适当的解释、引导和询问,使其讲清所要询问的问题。在任何时候、任何情况下,调查员都不可流露出不耐烦的情绪。

(3) 有感情地倾听

调查员要理解被访者谈话中的情感变化,并表现出对被访者当时处境的关注、体谅、同情、尊重和宽容,设身处地地从对方的角度进行思考,认同和接纳对方的情绪体验。调查员要关注语言信息的交流,也要重视情感上的交流和共鸣。

(4) 善于做出回应

倾听中的回应是调查员对谈话所做出的语言和非语言的反应。回应的方式有多种,例如:"认可",即用点头、微笑或者"是啊"、"对"、"嗯"、"好",表示自己正在认真地倾听谈话,鼓励被访者继续讲下去;"重复",对于人名、地点、时间、数据、重要观点的回答,调查员可以采用重复一遍请被访者核实的办法做出反应;"归纳",当被访者的回答过长、过于零散或者模糊不清的时候,调查员可以采取极简要地归纳后请被访者认可或澄清的办法做出反应;"不表态",不插话、不表态、不干扰,保持沉默,也是一种反应(叫做无反射反应)。一般来说,在被访者按要求思路清晰地回答问题的时候,或者为了回答问题而努力回忆、认真思考的时候,调查员最好做无反射反应。这种关注而又沉默式的回应等于告诉被访者"您回答得很好"、"我正在认真倾听"、"请继续讲下去"、"请慢慢回忆和思考,我可以等待"。总之,对被访者的回答做出适当反应是保证访谈过程正常进行的重要条件。

4. 适当追问

在实际访谈中,有些被访者的回答不够完整、残缺不全;或含糊不清、模棱两可;或过于笼统,答非所问。这时就需要调查员对此进行进一步的追问。所谓追问,是指调查员就被访者前面所说的某一个观点、概念、词语、事件或行为进一步探寻,将其挑选出来继续向对方发问。追问可以帮助调查员进一步了解被访者的思想,深挖事情发生的根源及发展的过程。追问是开放式访谈中不可缺少的提问手段。开放性问题对调查员来讲具有更大的难度,但开放性问题可以让被访者充分发表意见,使调查员获得更多的信息。追问是更深入的提问,是更具体、更准确、更完整的引导。追问的技术要求是利用中性的标准追问语,客观、中肯,没有诱导。

在追问时调查员应注意把握追问的时机和度。一般来说,追问不要在访谈的开始阶段频繁地进行。访谈初期是双方建立关系的重要阶段,调查员应尽量给被访者自由表达自己思想的机会,不要急于就自己感兴趣的问题进行追问。如果调查员发现自己对某些具体的细节不十分清楚,希望被访者加以澄清时,可以进行追问。把握追问的度是指追问的语言、语气要温和平缓,不能让被访者感到难堪,更不能咄咄逼人像盘问证人似的,不要破坏访谈的气氛,否则,访谈就无法进行。每次追问后,调查员要给被访者预留足够的时间思考,通常是一次提问,两次追问。

调查员在追问时要注意以下技巧。

(1) 重复提问

即调查员用同样的措辞再提问一次,刺激被访者谈出进一步的看法。当被访者保持完全沉默时,他也许没有理解问题,也许还没有决定怎样来回答,重复提问有助于被访者理解问题,并会鼓励其应答。

(2) 观望性停顿

即调查员通过停顿、沉默或注视,暗示自己在等待被访者提供更详细的答案。沉默性追问伴随着观望性注视,会鼓励被访者给出完整的回答。当然,调查员必须是敏感的,以避免沉默性追问变成永久的沉默。

(3) 重复应答者的回答

即调查员复述被访者的回答,让其再一次思考回答是否正确,是否有遗漏。随着调查员对回答的记录,被访者可能会逐字逐句重复自己的回答,这也会刺激被访者扩展自己的回答内容。

对开放性问题的追问,应先有广度,再有深度。

例如,被访者提到"可以"、"还好"、"不错"、"习惯"、"喜欢"、"适合"、"不好"、"差"、"糟糕"、"不喜欢"、"不习惯"、"不合适"、"差不多"、"到时再说"、"不一定"、"没想过"等词语,调查员一般需要追问,可用"您提到的××,具体指什么"、"还有呢还有呢"、"为什么您会说××呢"、"还有呢"。

5. 记录答案

尽管记录回答看起来非常简单,但错误也经常发生在记录过程中。在访谈的过程中调查员要随时记录,而不要等过后来补记,以减少差错;每个调查员都应该使用同样的记录技巧,用铅笔能够擦去重写,这非常重要。

不同类型的问题,其记录方法也不一样。

(1) 记录封闭式问题应答的规则

对于封闭式问题,一般是在反映被访者回答的代码前打钩或画圈。如果画错地方或选出另一个答案而否定原答案,则在错误答案上画双斜线,以示删除,同时圈出正确的答案;如果删错答案,在已删除答案旁写出对应的答案,再重新圈出答案。

调查员经常省略记录过滤性问题的答案,因为他们认为随后的回答使得这些答案很明显,但编辑和编码人员并不知道被访者对问题的实际回答。

(2) 记录开放式问题应答的规则

对于开放式问题：在访问期间调查员记录回答；使用被访者的语言，按原话、逐字逐句记录；不要摘录或释义被访者的回答；记录包括与问题的目标有关系的一切回答；记录包括调查员的所有追问问题和回答。

6. 结束访问

这是访谈的最后一个环节，但十分重要。何时结束访问主要根据访谈内容、访谈气氛和访谈时间这三个要素决定。

就访谈内容而言，内容不多时，可以全部完成后再结束访问；若内容复杂，则应分两次或多次来完成。

就访谈气氛而言，如果访谈气氛融洽、愉快，访谈时间略长也无妨；如果访谈气氛不融洽或被访者表现出厌烦、疲劳，则是结束访谈的信号。

就访谈时间而言，一次访问的时间不宜太长，时间的长短要以不妨碍被访者的生活和工作为准。访谈结束时，要对被访者的支持、配合表示感谢，通过访谈建立或加深友谊，同时为以后还可能会有的调查工作做好铺垫。

实地调查员在所有相关信息收集到之前不应当结束访问，正常的结束是在完成所有的调查问题之后。如果调查员仓促离开，可能就不能够记录所有正式问题被问后被访者提供的自发性评论和补充性意见。而这些评论或意见可能会产生新的产品思想或其他创意性营销活动。避免仓促离开也是礼貌的一个方面，友好的离开是极其重要的。结束前调查员可以先给被访者发出访问将结束的信号，例如可以问"您还有什么需要补充的吗"，以保证被访者把想要说的话说完。有时，结束是在访问没有全部完成的情况下发生的，如被访者家里来了客人，不得不中断访谈。此时，调查员应该同样对被访者给予的配合表示感谢，约定再次访问的时间，并确认当天的材料（问卷、卡片、文件夹等）没有遗漏。

集体访谈过程的大体程序和步骤和个人访谈相同，除以上内容外，要做好集体访谈工作、开好座谈会，还要做好以下四个方面的工作。

第一，要做好会前的各项准备工作，包括确定会议主题、拟定访谈提纲、选好访谈对象等内容。

第二，要做好访谈过程的指导和控制。为此，应注意以下四个问题。

(1) 开好头，打破开场时的沉默。主持人在会议开始的时候，应扼要说明会议的目的、意义、内容和要求，并简单介绍参加会议的人员。如果担心冷场，可事先物色带头发言人。

(2) 创造畅所欲言的会议气氛。主持人在会议初始可作一些简短插话和解释，以消除与会者的种种顾虑，引导和鼓励他们大胆发言，互相启发和补充。主持人要善于发现问题、提出问题，组织不同观点之间的平等争论，防止少数人垄断会场、部分人难于发表意见的情况发生。

(3) 把握会议的主题。在跑题的时候，主持人要及时把讨论的中心引向会议主题。

(4) 不当"报告人"和"裁判员"。主持人要始终注意说话简短，忌作长篇大论的演讲；要认真倾听每位发言人的意见，不轻易表示肯定或否定的态度。

第三，要做好会议记录。集体访谈一般都指定专人做会议记录，主持人在听取发言时也可以对重要观点和事实进行记录，这样既能加深印象，又能向与会人员传递一种有时语言难以表达的信息，使之成为指导和控制会议的一种方式。

第四,要适时结束会议,并应对会议做出简要小结,向与会人员表示感谢。会议的结束,并不是调查的结束。会后,除及时整理会议记录外,还应进一步查证有关事实和数据,必要时再进行补充调查。当按计划把访谈提纲所列的主要问题都调查清楚之后,就要与其他方法(访谈法通常与问卷等其他调查法配合使用)所获得的资料进行汇总,并进一步做出定性分析和定量分析,得出研究结论。

7. 访问时应注意的事项

调查员的衣着要端庄整齐,面带笑容。因为调查员面对的是不同阶层不同年龄阶段的被访者,衣着端庄整齐可以使被访者对调查员比较容易接受;常带笑容,给被访者友善亲切的感觉。

调查员应尽量使访问的气氛显得轻松。因为在气氛轻松的环境中,被访者不会产生顾虑,这样调查员可以获得最准确的答案。

调查员可以做出一些对被访者所回答问题感兴趣的手势和表情,以便让被访者畅所欲言。

调查员给予被访者充足的时间进行思考和回答,否则被访者就会草草回答。调查员应预想到某些问题是需要一些时间去思考清楚的,所以当问完一个问题时要稍停顿一下,然后再继续问下一个问题。

调查员不要影响被访者的意见,要保持中立态度。当被访者向调查员问及自己的答案是否准确时,可以向其解释:调查员本身是不能提供任何意见的,每个人有自己的观点和看问题的角度,有不同的答案,调查员不能人为干预,否则会影响调查的客观性和准确性。

调查员不能有混合答案。调查员自己不但要避免加上任何提示,而且被访者也不应该受第三者的影响而有所改变,如果被访者的家庭成员或访客欲参与该访问,调查员应礼貌地向其解释只能记录被访者的答案。

在离开之前,调查员应将调查表的记录迅速复查一遍,如有错误趁记忆犹新时马上改正;如有疑问,应询问清楚。离开之时,调查员应对被访者致以衷心的感谢,给其留下良好的印象。

二、实务指导

1. 案例示范

重拾迷失的青春　犯罪青少年访谈[①]

服务过程记录(在此呈现第三次访谈记录)

案主:小琳

工作员:向晓蕾

访谈时间:2009年6月5日15:00—15:50

主要任务:观察在对案主进行两次访谈之后案主的情绪上和认知上的变化,了解案主当下对未来的打算和规划;鼓励案主在工读学校好好表现,减少案主对未来的茫然情绪,协

[①] http://blog.sina.com.cn/s/blog_5c7c48af0100dvlt.html,有改动。

助案主积极地规划未来。

个案访谈记录(三):

由于之前与案主有过聊天和互动,所以在建立在彼此的信任感之上开展此次谈话,时常大约为50分钟(由于学校这一环境的限制,案主们的伙食较差,因此开始访谈前递给工作人员准备的鸡蛋,既为了给案主补充营养,也为了缓解案主的紧张情绪。SW:社会工作者,D:案主)。

SW:最近过得好吗?有没有发生不开心的事情?

D:没有啊,我一直都挺开心的啊。(保持微笑)

SW:你之前活动的时候不是说你最近心情不太好吗?

D:没有啦,只是不知道怎么说。(从桌子里拿出纸开始折)

SW:呵呵,这样啊。其实不用紧张,想说什么就说什么就好。

D:那你问我来回答好了。

SW:那好。那先说一下你和王丽的关系吧,你们关系好吗?(王丽是案主的室友)

D:怎么说呢,也一般吧。

SW:你们有吵过架吗?

D:呵呵,有啊(腼腆地笑)。

SW:那你说说你们为什么吵架吧,举个例子也行。

D:就上次他们男生打架啊,我看到王丽和张刚在后面有悄悄说过话,后来老师问我们事情的经过,那我就说了她那天和张刚聊过天,后来老师就批评她了。她回来后就和我吵,说是我乱打小报告。

SW:哦,这样,那你们后来和好了吗?

D:好了啊,我们吵过之后没过多久,她就又找我说话啊,我们就好了啊。

SW:那这样看来,王丽也是因为受老师批评才生气的嘛,只是小孩子闹脾气而已,你比她大,不要放在心上,事情过去就算了。

D:嗯,是啊,我根本就不和她计较。

SW:嗯,那你觉得来这里将近3个月,现在适应吗?有没有难过的时候?

(转移话题是觉得她和室友的关系比较正常,并没影响到她个人的情绪,所以希望找到更多的出口让她宣泄自己不好的情绪)

D:最开始不适应,现在觉得这里也蛮好的。难过的时候当然有啊,但是大部分时间都还蛮开心的。

SW:那就好,我们也都希望你天天开开心心的。不过我想知道你有难过的时候吗?

D:呵呵,当然有啊。

SW:什么时候呢?发生了什么?

D:我想想啊,来这以后最难受的时候就是陈兵他爸妈来接他的时候,当时很难受,所以就哭了。

SW:哦,那时你好像才刚刚进来吧,是不是因为特别想家?

D:是的,就是想到爸妈不能来,我也不想他们来看我。

SW:为什么呢?

D:因为他们年纪都大了,爸爸都60多岁了,也没出过远门,再说我也不想让他们看到

我现在的样子。（表情很严肃）

SW：原来这样啊，你还蛮孝顺的，我想他们一直也都很疼你吧？

D：是啊，在家的时候他们对我都很好，因为全家的希望都在我一个人的身上。

SW：为什么这样说呢？你不是还有哥哥姐姐吗？

D：其实我姐很早前就被别人拐跑了，后来我爸把她找回来，结果她又得了麻风病，现在已经又嫁人了，我都好久没见她了。

SW：原来这样啊，那她还蛮值得同情的，那你们的关系好吗？

D：根本没什么感情啊，她比我大多了，现在都30多岁了，而且已经又嫁人了啊。

SW：是吧，那你哥呢？

D：他啊，他天生就智力有问题，村子里都说他是傻子，所以很多人说我们家里人都不正常，很讨厌他们这样说。（有点气愤的样子）

SW：听你这样说真的觉得你身上的担子还蛮重的，而且村子的人这样说肯定是不对的，你不要太介意，相反，要懂得更加照顾家人。

D：是的，我现在最担心的就是父母的身体，怕他们有什么不好。

SW：嗯，那你出去之后肯定要更加孝顺他们。对了，你有没有计划过出去后做什么？

D：这个倒没想太多，只是出去之后肯定要先到姑姑家住一段时间，然后再回家去。

SW：到姑姑那去？姑姑是你爸爸的妹妹吗？

D：嗯……是的，是表妹吧。

SW：哦，那你爸爸的兄弟姐妹多吗？

D：多啊，只是都没多大能耐，除了我的二伯。

SW：二伯？为什么这样说呢？

D：因为我二伯当过兵，现在在哈尔滨吧，我们家没钱读书，都是他供我读书的。对了，我们家那边的亲戚好多都是他资助的，像大姐、幺姐，都是二伯给他们钱让他们读书然后帮他们找工作的。

SW：是吗？那你二伯还真不容易啊，给你们整个家族这么大的帮助。

D：是啊，我就觉得我二伯很了不起，很有能耐。（很自豪地说）

SW：那既然有二伯资助，你为什么还要辍学呢？

D：因为一直以来我都用他的钱啊，我心里也很过意不去，所以就想早点出来赚钱养家啊，那样就不会增加他们的负担。

SW：其实你这样想的出发点是好的，但是你有没有想过一个小学文化的女孩在社会上闯荡的艰难？

D：当时根本就没想那么多，只是想出来赚钱。

SW：那你出来这几年都有哪些经历呢？

D：哦……其实出来也不久，就一年多的时间，也就打工而已。（低头揉纸团）

SW：哦，这样啊。一个人在外面赚钱很辛苦吧？

D：肯定啊，非常辛苦的。

SW：恩，我想也是，在现代社会好好的生活，需要的不仅是上进的心，还最好需要有一技之长。像我们读大学也是一样啊，一个人在学校也要学会更加独立和坚强，学会一个人面对生活。

D：是吗？（有些怀疑地微笑）

SW：是的，所以要对未来有比较清晰的想法，那有没有想过出去以后想做什么？（此处转移话题是因为看出案主在触碰到过去时的回避情绪）

D：有啊，大概就是要学门手艺吧，像折纸之类的吧。（疑惑地笑）

SW：哦，看来你比较喜欢制作工艺品之类的细活是吧。

D：嗯，就觉得编织啊、折纸之类的很好玩，又可以赚钱。（之前都一直把玩手中的纸）

SW：嗯，我觉得你的想法还是不错的，要想生存还是最好学门手艺或者技术在手上。那出去之后没有清晰的想法是吧？

D：嗯，没有想清楚，先到姑姑家去吧，然后再想办法。要是不行，可以到哈尔滨去找我二伯帮忙，我也还没见过他，蛮想去见一下他的。

SW：其实，我想说的是，我们还过来两次就结束我们的实习了，一直很担心你们对未来的计划。从我们刚才的聊天中我发现你缺乏规划和思考，比较冲动，可能还需要更加独立，不能一直依靠姑姑或者二伯的帮忙，要学会自己照顾自己。

D：嗯，我也觉得，我会的。

SW：那好吧，我们今天的谈话就到这吧，下次如果有什么不开心的事情记得跟我说吧。

D：嗯，好的。

2. 案例启示

这是对犯罪青少年进行的访谈。由于之前与被访者有过聊天和互动，所以在建立了彼此的信任感之上开展此次谈话，目的在于了解被访者当下对未来的打算和规划，鼓励被访者在工读学校好好表现，减少被访者对未来的茫然情绪，协助被访者积极地规划未来。进入访问时社会工作者给被访者鸡蛋，既为了给被访者补充营养，也为了缓解被访者的紧张情绪。访谈从"最近过得好吗"这种问候谈起，像老朋友一样自然、有亲近感，在缓解了被访者的紧张感之后，从被访者与室友的关系谈起，问及家庭情况，问及对未来的规划和打算，话题转换自然。在整个过程中社会工作者创造了良好的沟通氛围，做到了细心观察、有效倾听，并很好地运用了追问技巧，让被访者说出了心里话，达到了访问的目的。

三、实务训练

1. 实训目的

引导学生进一步明确访谈法的相关知识，学习和掌握使用访谈法的相关技术和技巧。通过一系列模拟、实训活动，使得学生能够准确、科学、合理地使用相关理论、知识，从而增强其从语言中获取信息的能力以及与人沟通、交流的能力。

2. 实训要求

（1）模拟自我介绍、非正式的访谈、事先约定的访谈，扮演调查员的同学与扮演被访者的同学互换角色，进行模拟。

（2）根据实训课业的要求，分角色模拟，并要互换角色，体验尝试不同的角色，体会不同角色的不同要求。

（3）模拟操作讨论，总结自我介绍应该注意在问题，总结模拟中的经验与不足。

3. 实训课业

（1）就某一话题与"对手"搭档访谈（倾向于就相对敏感话题进行访谈。因为平常话题容易带出学生日常交流、沟通的问题，选择敏感话题也许更具有锻炼性），进行结构型（标准化）访谈模拟和非结构型（非标准化）访谈模拟。

（2）观看访谈录像节目，思考访谈运用的特点，对调查员的表现进行点评，自由抒发个人观点，注意结合自身因素与调查员的表现进行比较。

（3）请你以"有意义的学习"为主题设计访谈提纲，对某个同学进行访谈，了解他（她）对学习的理解，并做好访谈。

四、知识回顾

1. 访谈法实施过程中需要注意哪些方面？
2. 结构型（标准化）访谈与非结构型（非标准化）访谈的区别是什么？
3. 结构型（标准化）访谈与非结构型（非标准化）访谈各自适用于什么情况？
4. 如何做到有效倾听？
5. 如何做到适当追问？

 拓展资料 4

利川市"三万"（万名干部进万村入万户）活动抽样问卷调查调查员手册[①]

（利川市"三万"活动办公室　利川市统计局）

一、调查员须知

（一）基本要求

1. 要有高度认真负责的精神，务求实事求是。要严格按抽样方法抽选样本，严格按抽定的样本进行调查。

2. 对各自负责的所有调查对象都要进行调查，力求调查对象应答率 100%。

3. 不得擅自删改问卷中的问题和数据资料。

4. 要认真对待调查活动，严禁以任何形式影响农民回答提问。提问时禁止使用引导性发问，即使被访者没有理解提出的问题或表达不出自己的观点或想法时，也不要引导被访者，只能对问题进行必要的澄清式解释，切实做到让被访者独自作答。

5. 严禁为完成调查任务不访问就自行填表等弄虚作假行为，确保调查情况的客观真实性。

6. 调查员要负责调查问卷的收集、整理和保管，严禁丢失、损坏，并要为调查对象保密。

（二）调查目的

为贯彻落实科学发展观，推动湖北科学发展、跨越式发展提供依据。通过调查，引导各级党员干部牢固树立群众观点、坚持党的群众路线，更好地了解民情、倾听民意、集中民智，

---

① http://www.hbsz.gov.cn/wjx/vi...asp? newsid=。

了解情况,分析问题,为各级各有关单位和部门改进工作,为服务各级党委、政府决策提供重要参考依据。

(三)指导思想和基本原则

指导思想:本次问卷调查活动坚持以邓小平理论、"三个代表"重要思想和科学发展观为指导,深入贯彻党的十七届五中全会、中央经济会议及中纪委十七届六次全会精神,紧紧围绕机关转作风、干部受锻炼、农民得实惠,切实增强以人为本、执政为民的自觉性和坚定性,力促党和政府更好地服务基层和服务群众。

基本原则:本次调查工作要坚持群众性,坚持实事求是,坚持科学、合理的原则。

(四)问卷调查范围和样本

调查范围为全省辖区内 26 018 个行政村,调查样本为每个工作组所负责村的所有农户(一般每个工作组为 3—4 个行政村),工作组在走访所有农户的基础上,随机等距抽取 50 户左右的农户开展问卷调查。

(五)问卷调查对象

家庭成员中 18 周岁及以上的健康公民,指家庭成员中 1993 年 3 月之前出生的思维比较清晰,无精神疾病的公民。

(六)问卷调查内容

问卷调查内容包括受访者的基本情况,农村惠农政策的落实情况,新农村建设情况,民生改善情况,社会发展状况以及当前农民群众最关心、最直接、最紧迫的利益问题,亟待解决的民生难题,影响村级和农户生产发展的主要困难和障碍,农民对村民自治、社会稳定、基层组织建设、乡风文明建设等情况的满意度,等等。其内容主要反映农民群众的所思、所盼、所忧。

(七)抽样方法

调查样本为每个工作组在所负责地域内随机抽取 50 户左右农户。

抽样方法为随机等距抽取,即首先由工作组把所负责地域内所有村的全部户的花名册收集在一起,确定总户数 N,计算抽样间距 $d=N/50$(取整数),随机确定抽样起点户 a(a 应在 1—d),然后随机等距抽取户 $a+d, a+2\times d, \cdots, a+49\times d$,这样抽取的 50 户即为本工作组的调查样本。

(八)问卷调查方式及填报说明

1. 各调查组工作人员到所负责地域随机抽中的农户家中,选定调查对象后,采取现场提问形式,由被调查人回答后,由调查员在表上填写。

2. 在调查问卷各问题后面的"□"中填上合适选项的代码表示选择该项。

3. 调查人员要向受访对象认真阅读问卷中的每一道题目,并引导受访者依据自身的实际感受作答。所有问题的回答都要求客观真实,没有"对"与"错"之分。

(九)调查员工作流程

1. 调查员到所负责地域收齐所有村全部户的花名册,按随机等距的方法抽取 50 户样本,可在花名册抽中的农户前打上"√"。

2. 从第一个抽中户开始调查,然后按抽中的户顺序依次进行调查。

3. 进入抽中户后,首先用普通话说明自己身份和调查目的,要求态度和蔼,平易近人,与农户拉近距离,然后确定一名年龄在 18 周岁及以上的健康公民作为调查对象,采取现场提问形式,由被调查人回答后,由调查员在表上填写。对于所提问题和所列答案,调查员可作适当解释,避免误解了有关内容。在填完表后,调查员要从头到尾把表上内容向被调查人清晰地宣读一遍,如被调查人有修改意见,调查员要及时进行修改确定。

4. 如遇到抽中户无人或无合适的调查对象,则在花名册中顺延一户作为抽中户,依此类推。

5. 调查员把抽中的50户全部调查完后,把所有调查表理顺,然后对调查表进行认真审核,如有疑问或不清楚的问题,可以再次入户核实。

6. 调查员将表编码并审核完后,把所有表理顺装袋,再统一上报到县活动办公室进行后期数据处理(3月21日—4月20日为调查及上报时间)。

7. 调查表的填写必须使用签字笔、钢笔或圆珠笔,所有项目都必须按顺序逐一进行提问,所取得的选项要在编码格内填写。

二、问卷调查应注意的方法

（一）访问的准备

1. 宣传调查的目的。对被调查农户讲清此次调查是省委、省政府为了了解农村政策落实、农村民生改善、农民群众对党和政府要求等情况所采取的又一惠民活动,使访问对象容易接受。

2. 制定调查提纲。将调查中所要了解的问题制定一个粗线条提纲,找准切入点,使调查层次清晰。

3. 熟悉问卷调查表的内容。掌握调查表中的填报对象和主要指标,学习和理解调查表中指标含义、填报要求和指标间的逻辑关系。

4. 选好合适的被调查人。这次调查填报内容详细,在选择被调查人时,要选全面掌握家庭情况的人进行询问。一般选择家庭的主要成员、经营家庭的当家人,其对家庭情况比较熟悉,反映的情况比较全面、正确。如果被抽中农户的确没有回答问题的能力,可对调查户进行调整。

5. 制定访问的程序表,合理分配时间。制定调查的时间进度安排,并且根据调查对象的特点和作息时间,合理安排上门入户调查的时间。或者根据事先排好时间、路线,提前通知被调查对象。

6. 调查前的心理准备。正确认识这次问卷调查的目的、意义和重要性,树立信心。同时对调查过程的较大工作量和可能遇到的调查对象不配合等问题,要有一个思想准备,并积极沉着应对。

（二）进入访问

1. 选择亲切恰当的称呼,要入乡随俗,亲切自然。调查员在与被调查人打交道之前,首先要了解当地的风俗习惯,做到有的放矢,称呼上要灵活处理。如在农村,"大爷"、"大娘"这样的称呼,显得亲切自然,如同近邻。

访问要有礼貌。在访问中,调查员自始至终都要使自己的表情有礼貌、谦虚、诚恳、耐心,当调查对象对工作不理解时,要耐心做好宣传解释工作。要做到"三不":对不干净的座椅不要擦;对不卫生的茶水不要倒;对不讲究的人不嫌弃。

注意调查员自身的衣着、打扮等外部形象。穿戴要合体,要普通化,应避免引人注目,这样可以得到被调查人的有效认同。

2. 做好自我介绍。开场白一定要说好。好的开场白的标准是：简明扼要；意图明确；重点突出；亲和力强。开场白的内容,主要说明调查人身份、调查目的、调查性质和大致内容,并说明此次调查不会占用太多时间、对数据安全及保密性的保证,以及表示希望得到对方的支持等。必要时要出示身份证或工作证。

3. 沟通要循序渐进。例如,您好；您今年高寿(多大年纪)；您身体还好吧；您家有多少人；您家种多少亩地,收成好吗；我想请您回答几个问题,请您配合一下等。

4. 要正确使用调查用词。调查用词要正确,不能使用可能、大概、估计等。要严格按调查项目内容确切询问,如实填报。填报后,要与被调查人核对。

5. 掌握访问技巧。在入户调查工作中,被调查人可能出于多种原因,不愿意或未能真实地反映有关调查信息,所以入户调查时要讲究方式方法,并掌握和运用一定的询问技巧,根据实际情况随机应变,往往可使调查工作达到事半功倍的效果。可以采取以下几种方法：

一是先易后难：应按先一般性问题、后敏感性问题,先简单问题、后复杂问题的原则进行提问。

二是紧扣主题：交谈内容要紧扣调查表中有关问题,当被调查人离题太远时,应寻找适当的时机,采取适当的方法,有礼貌地将话题重新引导回调查表中有关内容。

三是帮助回忆：在调查中常常会遇到被调查人对自己的某些情况记忆不清,面对这种问题,可以先询问被调查人一些基本信息,然后以这些情况,帮助被调查人自己估算出调查要求的情况。

四是回避他人：调查内容中的居民收入或对政府的要求等,如果涉及被调查人的个人信息和隐私,为了使被调查人畅所欲言,应尽可能地选择一个无其他人在场的时机或环境进行访问调查。

五是求同接近,以退为进：如发现被调查人紧张或不自然,调查员不宜直接切入正题开始访问,可以交谈一些兴趣的话题来打破僵局,在共同的语言交流中接近对方,等到被调查人的紧张感消除后,再开始访问。

6. 调查中要有效聆听。从谈话中总结出有价值的信息,注意被调查人的潜台词,找出没有用语言表达的线索,不断总结、归纳并及时地核实被调查人的内容。

7. 访问结束时要感谢。访问结束时,对被调查人表示衷心感谢。

拓展资料 5

深度访谈中的追问技巧[①]

深度访谈(Depth Interview)是一种无结构的、直接的、个人的访问,是一种相对无限制的一对一的会谈,用以揭示对某一问题的潜在动机、信念、态度和情感。深度访谈与座谈会相比,能够减少个体受群体压力的影响,能让被访者更自由地表达自己心目中真实的想法,深访访问员也能够集中精力有针对性地对被访者个体进行深入了解、分析其行为背后的动机与目的。深度访谈与其他访问形式一样也要求访问员保持中立,不对被访者进行过多的

---

① 任洪润.《市场信息的收集与处理》,北京：电子工业出版社,2006。

引导,但深度访谈在具体细节上相对更灵活、操作难度也更大些,特别是在追问技巧方面。

常听到不熟练的深访访问员抱怨,在访谈过程中要么出现冷场,要么出现被访者不明白访问员的问题而导致答非所问的情况,最糟糕的是访问结束后,访问员发现自己得到的信息都是表面的、模糊的、泛泛而谈的信息,而不是本质的、具体的、细节方面的信息,如在一个关于衣服方面的深访中,得到被访者为什么喜欢某种颜色的衣服比只知道被访者喜欢的衣服颜色更有意义。因为前者是涉及某一问题的动机,而后者只是一个抽象的事物态度。因此在深访过程中,我们先要判断得到的信息性质,即是否已经得到了一个行为态度背后的动机或目的而不仅仅是对对象的态度,然后再确定我们需不需要追问,如何追问。具体来说,我们从深访过程中得到的信息主要有以下四类。

第一类是态度模糊的信息,即被访者没有对事物进行明确的判断或评价,如这件事是对或错,这样的结果是好还是坏,被访者感觉到的是积极的还是消极的信息。

【例1】主持人:请问你是如何看待中国电信收购CDMA网络的?

被访者:我知道这事,就是联通将CDMA卖给了电信(被访者只是陈述了事实,并没有对这件事情进行评价)。

第二类是表面的、不具体的信息,这类信息由于不深入,没有细节性的描述,因此在实际操作中就会让委托调查的商家感觉缺乏可操作性或不知道如何着手进行产品改进或服务提升。

【例2】主持人:请问你理想中的背心应该是怎么样的?

被访者:穿起来舒服,吸汗快("舒服"只是一种笼统的感觉,到底怎样才能让消费者穿起来感到一件背心是"舒服的",是应该重点在材质选择上改进还是在剪裁上提高,这将会让背心生产厂家感到无从入手)。

第三类是答非所问、明显跑题的信息。造成这类信息的原因一方面可能是访问员提问题的方法不正确,被访者没有理解问题或理解发生偏差,这类信息可以通过重复提问来解决。造成这类信息的另一方面原因可能是问题本身涉及被访者的隐私或问题比较敏感,被访者故意回避或转移话题。

【例3】主持人:请问贵单位在通信方面的报销制度是怎样的?像你这样的职位与其他职位相比,在报销方面有差别吗?

被访者:我们公司的职级划分了五种,有总监级、经理级、副经理级、主任级、助理级。这种划分从公司成立以来就没有改变过,听说最近要改革(被访者没有回答单位通信报销方面的问题,跑到讨论公司职级方面划分的问题上去了,明显跑题)。

第四类是不合乎常理的或自相矛盾的信息。这类信息要结合被访者的背景特征(如年龄、性别、职业、社会阶层、文化水平等)和被访者的生活环境或工作环境,还有深访过程中前面被访者已经回答的信息进行综合理解,要求访问员的反应灵敏,在得到这种信息后马上进行追问。有时候看似不合乎常理的信息,却反映了被访者作为一个研究个体的特殊意义,因为深度访谈作为定性研究的一种研究方式,对研究目的具有探索性,需要的正是这种不同寻常的信息。

【例4】主持人:请问你早上从冰箱把速冻饺子取出来后是如何解冻的?

被访者:我会把饺子放到电饭煲里煮5分钟,然后再拿出来放一阵子,再放到锅里煎(一般人只是从冰箱里拿出来放置几分钟或直接放到锅里煮,被访者的回答有点不同寻常)。

自相矛盾的信息却是另外一种性质的问题,可能是被访者回答的随意性与不诚实造成的,这种自相矛盾的信息需要访问员现场及时澄清。

针对上面总结的四类获取到的信息性质,我们可以通过相应的追问方法来解决,具体如下。

针对第一类态度模糊的信息,我们的目标是要追问到被访者对某事物的态度,即一定要被访者对事物进行明确的判断或评价。我们可以通过是非判断的提问方式来进行追问,如针对例1,我们可以追问如下。

【例1(追问方法一)】主持人:你认为电信收购CDMA对CDMA用户有什么好或不好的影响?或你赞同还是反对电信收购CDMA?为什么?

被访者:我认为联通将CDMA卖给电信是好事,因为电信比联通有实力。

这种是非判断的追问方式一定要有正反两个方面让被访者选择,不可以只问正面或只问反面,否则会有诱导被访者的嫌疑。如针对例1,我们不可以这样追问:

【例1(追问方法二)】主持人:"你认为电信收购CDMA对CDMA用户有什么不好的影响?"

被访者:不好的影响应该有一些吧,比如交费会不会没有那么方便。

上面的例子换了一种提问方式,由于访问员问的只是反面不好的影响,这样被访者就会被引导到只思考不好的影响,而不去思考电信收购CDMA对CDMA用户造成的好的影响。

针对第二类表面的、不具体的信息,我们追问的方法是尽量追问到事情发生的细节,如事情发生的前因后果,事情发生的时间、地点、场景,当时被访者的心情与反应等。在被访者回答相应的信息后,我们要多思考"为什么"与"如何做",即"为什么被访者会形成这样的观点"与"如何做才能满足被访者的需要"。有时候,我们需要通过打比方或比较的方法来得到具体而形象的信息,如针对例2,我们可以追问:

【例2(追问方法一)】主持人:舒服是一种什么样的感觉?你能打个比方来形容这种感觉,让我也可以体会到什么叫舒服吗?

被访者:那种感觉就像穿了一件隐形的衣服,又轻又薄,很自由的感觉。

【例2(追问方法二)】主持人:舒服的背心与不舒服的背心比较起来有什么区别?

被访者:不好的背心穿起来皮肤会有刺激感觉,穿久了还会变形。

比较的追问方法与打比方相比更直接,更易于操作。比较的追问方法得出的信息通常要进行正反面转换,如不好的背心"刺激皮肤,穿久了会变形",那样反面就是说好的背心就是"不刺激皮肤,而且穿久了也不会变形"。打比方的追问方法得出的信息有时也是模糊的,依赖于信息接收者(访问员)对信息进行解读的能力,但这种方法更形象,得出的信息也更丰富。

针对第三类答非所问、明显跑题的信息,我们前面说过可以通过重复提问或变换提问的方式解决,但对于敏感问题,被访者故意回避或转移话题的情况,我们可以通过投射技术来进行追问。投射技术有很多种,如形容词法、完成句子法、分类法、拼图法、拟物或拟人等都是比较常用的方法。形容词法是通过让被访者用几个形容词描述自己对事物的态度。完成句子法是让被访者将没有填写完整的句子谓语或从句填写完整,访问员可以从被访者完成的句子中分析其对事物的态度。分类法是让被访者对一些文字卡片或品牌进行分类,然后让被访者说出分类的依据,从而分析被访者行为背后的动机或心理。拼图法与分类法类似,只是对图片选择的要求较高,要求图片覆盖各个方面,而且每个图片有特定的含义,这就要求访问员对图片的解读水平比较高。拟人是将品牌或某事物比作人,问被访者这个人的性别、年龄、职业、性格等。如针对例3,我们可以追问:

【例3(追问方法)】主持人:如果把贵单位的通信报销制度画成下面的比例尺,那么请问您在比例尺的什么位置?您的上级领导又在什么位置?为什么这样放置?

被访者:我就在40的位置,我的上级领导在100的位置。因为他的级别比我高,所以报销比例高点。

上面的例子用的是坐标投射法,避免了从职级差别上直接问被访者,让他感觉尴尬,而把报销的比例与差别在坐标轴上形象地表现出来,方便被访者回答。

针对第四类不合乎常理的或自相矛盾的信息,我们可以通过反问的方式把常理列出来,故意问被访者是否知道常理,为什么会出现不符合常理的做法。或者把被访者自相矛盾的地方点出来,再问他为什么现在说的信息与之前说的信息在逻辑上自相矛盾。如针对例4,我们可以追问:

【例4(追问方法)】主持人:请问你为什么从冰箱里把速冻饺子取出来后要先放在电饭煲中煮5分钟,我知道大多数人通常会直接把速冻饺子放到锅里煎的?

被访者:因为直接把速冻饺子放到锅里煎不容易煎透,而且需要花的时间比较长,所以我宁愿先把饺子放到电饭煲煮5分钟。

从例4的追问中,我们知道被访者对速冻水饺不同寻常的做法正表明了消费者对速冻水饺"解冻快"方面的需求,厂家可以根据消费者的需求提升原有产品或开发新产品。但这类信息的解读前提是访问员一定要对被访者的回答内容十分敏感,知道常理是什么,这样才能发现不同寻常的信息。

除了上面的几点,在深度访谈的追问过程中,访问员一定不可以着急,要让被访者有充分的时间思考,适当的沉默是最好的方法。追问的语气要温婉,不可以太强硬,更不可以表现出不耐烦或着急的表情,这样才能深入追问到自己想要的信息。

任务四 撰写访谈记录和访谈报告

一、基础知识

1. 访谈记录和访谈报告的概念

在访谈过程中,由记录人员把访谈的组织情况和具体内容记录下来,就形成了访谈记录。一般访谈记录的格式包括两部分:一部分是访谈的组织情况,要求写明访谈时间、访谈地点、访谈方式、访谈对象、访谈对象介绍等;另一部分是访谈的内容,要求写明对访谈问题的回答。这是访谈记录的核心部分。

访谈报告是在访谈记录的基础上加上访谈后体会或访谈心得等内容后整理加工而成的。

2. 访谈记录和访谈报告的特点

无论是访谈记录还是访谈报告都具有以下特点。

（1）真实、准确

访谈记录和访谈报告都要如实地记录别人的发言，不论是详细记录，还是概要记录，都必须忠实原意，不得添加记录人员的观点、主张，不得断章取义。真实准确的要求具体包括：不添加，不遗漏，依实而记；清楚，首先是书写要清楚，其次是记录要有条理，突出重点。

（2）要点不漏

访谈记录和访谈报告记录的详细与简略，要根据情况决定。一般来说，访谈对象提出的建议、问题和访谈对象的观点、论据材料等要记得具体、详细。一般情况的说明可抓住要点，略记大概意思。

二、实务指导

1. 案例示范

生涯人物访谈报告[①]

访谈人物：林先生　　　　　　　　联系电话：136977×××××
从事职业：广告策划　　　　　　　单位名称：珠海市要多多网络有限公司
单位地址：珠海市香洲区岱山路2号
访谈日期：20××年××月××日　　访谈地点：网络QQ访谈

（1）职业资讯

林先生是珠海市要多多网络有限公司的业务员，现在主要从事的工作是广告策划，他的主要职责是负责市场开拓，建立和保持与客户的长期密切联系。在日常的工作中，每天的工作时间是7个半小时，工作地点一般都是在办公室，只有要和客户谈详细资料的时候才会去客户的公司进行交流。他每天要做的工作是进行市场调查 对企业信息进行收集，还有就是初步和企业进行沟通。

（2）企业用人标准

从访谈可知，林先生所处的工作氛围是激情向上的，同时也充满了竞争。就目前来说，他所从事的行业对应聘者所接受的教育或学历、培训是具有很严格的要求，一般都会优先考虑有工作经验和学历高的人。他所在单位的用人标准主要体现以下几点：

① 具有良好的个人品质和积极向上的工作性格；
② 具有良好的沟通表达能力、应变能力；
③ 具有很好的学习能力，并有一定的工作经验。

（3）企业薪酬待遇

在他的工作领域里初级职位和略高的级别职位的薪水一般是1000以上的，甚至更高，主要是由自己的工作能力和业务成绩决定收入水平的。

---

① http://wenku.baidu.com/view/a30677ff910ef12d2af9e780.html。

(4) 进修和升迁状况

他表示自己所在单位对刚进入所处行业的领域工作的员工一般都有对新员工进行专业知识的培训,高度希望员工在日后工作的业务能力方面有所提高,并且提供给员工展示自我的平台以及继续深造的机会,并且公司会根据员工的实际的表现调整职位、工资。他们公司相当重视的是塑造员工积极向上的精神面貌,培养员工良好的心态以及高效的团队协助精神,要求每位员工都要投入最大的热情为客户服务。据我所提问的问题同林先生的回答中我可以得知:尽管他现在从事的行业面临着极大的挑战性,面临的最大问题就是对业务还不熟悉,最具挑战的就是和不同的企业不同人的交流。但是林先生仍然坚信从事这份工作的人的发展前景是不错的,所以,他表示,在三五年内不会改变此工作。

(5) 生涯经验

在访问过程中,林先生说他是2006年毕业于珠海××职业技术学院的,虽然从毕业到现在的他只从事过这一种职业,由于他在毕业之前从事过很多有关销售类、策划类的兼职工作,有丰富的营销及策划经验,也接受过比较系统的业务培训,对销售类、策划类工作充满热情,所以他就通过网络应聘到现在工作的,经过面试、复试达到他目前所做职位的要求。从我的访问中了解到:林先生认为现在从事广告策划是一种享受,是他比较满意的、有乐趣的工作,在成功地开拓市场的同时也获得了成果,锻炼了自己,增长了见识,业绩完成达到自己的目标和得到相应的回报,在帮助客户的同时也实现了自我的价值,使自己的各种能力得到了提升,完善了自己,但是他表示同事相互之间的业绩竞争是他的动力和压力,具有较高的挑战性。

我问他对此工作的看法时,他提到的有以下内容:要正确认识自己,彻底地剖析自我;根据自己的实际需要有所选择地工作;做好自己本职的工作,明白自己的工作职责、任务,顺利完成工作。同时也要抓住每一个可以提升的机会,不断寻找新的突破。想获得成功必须拥有并保持良好的心态,确立坚定的自信心,相信自己,相信自己的公司,相信自己公司的产品,然后按照自己的目标去努力。

(6) 职业规划

努力做好市场开发与维护,然后发扬自身的长处,改进不足,尤其要改进业务方面的惰性,订立一个加强业务能力的详细计划。

(7) 对后辈的建议

他对后辈有以下的建议:首先你要对现在社会进行一个了解,知道现在社会的一个动态;明白你自己的工作性质和工作要求,熟悉公司业务流程和企业的文化也是很重要的。这对你以后的工作都有很大帮助。

(8) 访谈心得与反思

这次完成的对珠海市要多多网络有限公司广告策划业务员林先生的生涯人物访谈,我深刻体会到了对人物生涯进行访谈对我们确立职业发展方向是有很大帮助的,同时,我也从中学到了很多东西,其中,感触最深的是在择业之前准确地给自己定位。通过对比林先生讲述的他们行业的招人标准,我觉得尽管目前自身还存在很多不足之处,不过只要通过不断的努力学习,提升自己,我相信自己还是可以做得很成功的。

2. 案例启示

本文首先介绍了访谈情况,包括访谈时间、访谈地点、访谈对象、访谈方式等,接下来从职业资讯、企业用人标准、企业薪酬待遇、进修和升迁状况、生涯经验、职业规划、对后辈的建议几个方面进行了访谈总结,最后写自己的访谈心得与反思,达到了很好的生涯规划访谈的效果,是一篇不错的生涯访谈报告。

3. 访谈报告的写作要点

(1) 标题

访谈报告的标题有两种形式:一种是"访谈内容+访谈报告";另一种是"访谈对象+访谈报告"。

(2) 正文

访谈报告的正文一般分为访谈情况介绍、访谈内容记录和访谈心得体会三部分。

访谈情况介绍,介绍访谈时间、访谈地点、访谈对象、访谈方式等,有的还详细介绍访谈对象的情况,包括访谈对象的单位名称、职务、单位的简要介绍。

访谈内容记录,可以详记,也可以摘要点略记,要做到真实准确,不漏要点。

访谈心得体会,调查员根据访谈内容写出自己的访谈心得、收获和自己的认识。

三、实务训练

1. 实训目的

使学生学习和掌握访谈报告的写法。

2. 实训要求

(1) 访谈报告的写作要符合写作格式。

(2) 访谈报告的写作要真实、准确,不能遗漏要点,要有自己的访谈体会。

3. 实训课业

(1) 分小组进行职业生涯访谈,访谈公司秘书、人力资源经理、行政主管等人员,并撰写访谈报告。

(2) 请你以"有意义的学习"为主题,对一位同学进行访谈,了解他(她)对学习的理解,并撰写访谈报告。

四、知识回顾

1. 怎样写作访谈报告?
2. 访谈报告写作的要求有哪些?

拓展资料6

如何撰写访谈个案[①]

一、访谈个案的基本格式

访谈个案的写作没有统一的格式,但从个案所包含的内容来说,一个相对完整的访谈个案大致涉及以下五个方面。

(1)标题。

(2)引言,即开场白,对访谈的大致场景及主题作一概括介绍。

(3)访谈背景,包括访谈时间、访谈地点、被访者相关背景资料、访谈的原因及访谈的目的等。

(4)访谈主要内容,可采用以下两种记录方式:

① 实录式,即采用一问一答的形式完整地记录整个访谈内容。

② 叙述式,把访谈的主要内容和情节描述出来。

(5)反思与讨论,主要就本次访谈的收获与体会作一分析。此外,如果访谈未达到预期目的,也可以对此进行原因分析。

二、作访谈个案应注意的相关问题

1. 访谈前的准备

访谈前的准备主要包括:(1)事先与被访者商定时间和地点,而且应尽可能以被访者的方便为宜;(2)拟定访谈提纲,即列出要访谈的问题要点和内容范围。

2. 访谈技巧

访谈技巧包括提问的技巧,例如:不能直接提被访者敏感的问题;访谈时要注意倾听,不要轻易打断被访者的话;当被访者言行结束时要作出相应的回应,以便访谈继续深入。此外,如果对被访者前面说的一件事或观点还不清楚时可作进一步询问。

3. 访谈的记录与整理

调查员在访谈过程中要速记大概内容,如果被访者同意,最好进行现场录音或录像。等访谈结束后调查员要尽快整理访谈记录,根据回忆、录音、录像来补充、完善访谈内容和情节。

4. 访谈个案的写作

在写作时调查员最好先写出简要的提纲。写提纲时调查员可参阅上面第一部分提到的访谈个案的基本格式。当然,还有其他的写作格式可供参阅。写作完毕后,调查员可趁热打铁立即修改,也可以放置一段时间后反过来再修改,此时修改可能又会增添一些新的想法和思考。

[①] http://nwj0118.blog.163.com/blog/static/111bbbb2007215220885/.

拓展资料 7

职业生涯人物访谈报告[①]

前　言

此次大学生生涯人物访谈活动是我们对未来拟定职业生涯的一次探索性活动,更是学生对自我的设计、自我规划、自我成就的探索性活动。对于这次的生涯人物访谈颇有感触,现在我也说说自己的感受吧。也上过学校开设的就业指导课程,也积极关注过大学生就业现状和发展趋势,也十分清楚地了解如今就业形势的严峻……但总觉得"纸上得来终觉浅,绝知此事要躬行"。没有亲身的经历,就无法清楚地了解当今就业形势的真实状况,就只能让自己继续隔绝于社会之外。社会的复杂多样,变幻莫测,是在书本、网络和学校里无法感受和洞悉的到的。而且我学的是电子专业,如果没有对自己所向往的职业和该行业对从业人员的要求有一定的了解的话,在学校自己就不能更有针对性地去学习,以后找实习单位、找工作或者创业势必会使我措手不及、困难重重甚至一败涂地。

一、某产品研发公司研发部门主管

访谈时间:2012.04.02。

访谈方式:QQ。

被访谈人简介:黄某,硬件工程师,毕业于福州大学,在大学毕业后直接签约冠捷,成为一名普通的研发人员。经过几年的打拼,黄某终于在工作上取得很大的突破,从一名普通不起眼的研发人员成为研发部门主管,也实现了他职业发展的成功。黄某对于成功的座右铭就是:实干、敢干+机遇。正是他的这种实干精神使他取得个人职业发展的成功。

访谈内容:

1. 问:学校中的哪些课程对这个行业比较有帮助?

答:总的来说是有帮助的,但是大家都知道,书上的知识永远赶不上技术的发展,所以如果你想在这个行业有好的发展的话,就不能局限于书本上的东西,要多动手,这样能学到的东西比你课堂上所能学到的多很多。

2. 问:我们专业在大三的时候有一个大学实习,在实习之前我们需要在哪些方面有所准备?

答:首先梳理自己已有的专业知识能力,客观地评价自己的优势和劣势,尽可能做到扬长补短。其次有目的地提前锁定一些目标实习单位,有针对性地进行一些关注和调研,做到有的放矢。最后可以阅读一些人际交往或社交礼仪的知识,力求在细节方面也做到位,也可以向往届师兄师姐讨教实习的一些鲜活的经验,以利于较快地适应角色和心态的转变。

3. 问:平常在工作方面,您每天都做些什么工作?您是否满意这样的工作现状?

答:因为我是做研发的,所以很多时间要花在看书、做试验上面,很有收获。我很喜欢现在的工作,我觉得它目前可以承载我对职业的那些想象,也符合我当前的期望。

4. 问:您认为如何才能做好这份工作?应该具备哪些知识、技能或者经验之类的?

答:任何工作都需要一个人全心全意地投入,而且应该满怀热情,喜欢是做好的前提。我觉得很多知识技能或经验也许并不是先前都已经积累了。而更多地是在进入工作之内,

---

[①] http://blog.sina.com.cn/s/blog_7d2d1b020100rhxo.html。

抱着一种开放、包容、谦虚、好奇的态度慢慢习得的。当然现在你们可以多看一些这方面的书籍，了解一下行业的相关动态，确定自己所要研究的方向，这样能更好地为你以后的工作打下良好的基础。

5. 问：行业内，单位对刚进入该领域工作的员工一般是否进行培训？如果有，是哪方面的培训？今后还要求个人在哪些方面的素质有所提高？是否有继续深造的机会？

答：每一个新进入的员工都会进行一系列相关的培训，内容主要是对新来员工培训相关技能，让员工能够将学校中所学到的知识更好地转化为想用的技能。除了部门自己组织的学习以外，公司每年都会组织一些培训，让大家更好地了解当前行业的新技术、新动态。正式进入工作岗位后，要求每个人都有一定的技能，能够独立面对一些问题，在技术方面要求会比较多。在深造方面，公司是比较支持大家进行更加高层的学习，公司所举行的每周一次的读书会就是一个很好的例子。

二、IT产业公司人力资源部经理

访谈时间：2011年8月19日

访谈方式：面谈

访谈人简介：IT产业公司人力资源部经理

访谈内容：

1. 问：怎样才能在竞争激烈的IT产业立于不败之地？

答：一定要积极投身实践中去，去经历，去感受，去领会。获取知识和提高技能有两条途径：一是从前人的经验中去获取；二是从自己的实践中去获取。而最重要最可靠最有价值的还是自己在实践中所获得的知识和技能等。实践出真知，这是千古以来不变的真理。再说猜测带有很多的主观想象的成分，比如对未来找工作难度的过分渲染而造成的对自己所学专业的失望等。如果你能积极投身实践，在实践中学习，在学习中实践，你会发现生活或工作不是想象中得那么难，很多事情不是能否做到的问题，而是想不想去做的问题。你若想做，你会去找方法，你若不想做，你会找一大堆理由。而且实践特别锻炼人，练你的技能，考验你的专业知识，练你的勇气等。不论结果成功与否，所获得的体会和阅历是你一生受用不尽的财富。这就是实践的魅力所在！

2. 问：有什么素质是特别需要强调的呢？

答：要积极培养自己的独立意识、独立决策和执行的能力。常求于人有利于人，少求于人有利于己。八十年代出生的我们，从小有的吃、有的穿，没吃过什么苦，没经历过什么挫折，凡事都依赖父母，独立意识弱，独立办事能力差等是常有的事。一个人如果一直依附着别人，那么他就一点用处都没有。人一旦不能独立自主，人生很多事情都将无法完成。比如说公司给你一个项目，你若没有独立完成的能力，那么在很多方面都将受制于人，不仅项目很难完成，而且你最终也很难得到领导的重用。我们都已成年，都到了自己对自己负责的年龄，很多事情自己完全可以独立地去决定和处理，无须依赖别人。而且我们也不想一直生活在别人的世界里，我们就是我们自己，我们掌控着自己的人生发展轨迹。而且经过这样有意识的培养，我们不仅独立决策、执行能力会大有提高，而且自信心、自尊心也会大有增强，走向一个更加成熟的自我，也能更加坦然地面对和处理人生中的起起落落。

通过此次访谈活动，让我更加了解了电子行业的发展状况和发展前景，从事电子行业人员需要的品质、性格和能力，大学电子专业毕业生所面临的就业形势和职场信息，应聘工作岗位时需要注意的一些事项及很多为人处世的道理和方法等。总的感觉是，电子行业还是比较适合自己的行业。这更加明确了自己今后所要发展的方向和争取的目标，并在今后的学习生涯中有针对性地就此次访谈中自己所暴露出的问题进行弥补和所要求的能力等进行培养，使自己最终成为一名合格的电子工程师。

三、某杂志主编

访谈时间：2012年5月3日

访谈方式：面谈

访谈人简介：某杂志主编

访谈内容：

1. 问：平常在工作方面，您每天都做些什么工作？您是否满意这样的工作状态？

答：因为教学，所以很多时间要花在看书、备课上面，除此之外，关注期刊动态，审稿也是我很重要的一部分工作，有时候感觉在两种相关的职业之间穿梭比较有趣，也很有收获。我很喜欢现在的工作，我觉得它目前可以承载我对职业的那些想象，也符合我当前的期望。

2. 问：您做这份工作都收获了些什么？最喜欢或最不喜欢的是什么？哪些方面比较成功？哪些工作比较有挑战性？能得到怎样的成就感或满足感？您打算从事多久？

答：这份工作带给我最大的收获是一种视野和心态，通过这份杂志，我与这个世界有了某种微妙的关联，可以开阔地观察这个世界的变化，使自己与它保持同步。最喜欢的是杂志能通过文字的力量来影响一些人的思想，这种影响是向上的积极的。最不喜欢的是杂志为市场所迫，一味迎合市场。这份工作培养了我对文字和思想的鉴赏力，也锻炼了我统观全局的能力，这也许是我比较满意的地方，说成功，觉得远远不及。目前对我而言，最大的挑战来自于市场，如何做一份有市场有品位有受众的杂志是我一直思量的。

3. 问：您认为如何才能做好这份工作？应该具备哪些知识、技能或者经验之类的？

答：任何工作都需要一个人全心全意地投入，而且应该满怀热情，喜欢是做好的前提。我觉得很多知识技能或经验也许并不是先前都已经积累了，而更多地是在进入工作之内，抱着一种开放、包容、谦虚、好奇的态度慢慢习得的。当然现在你们可以提前阅读观察一些期刊或者编辑学刊之类的内容，还要锻炼自己的文字能力。

4. 问：您认为什么样的个人品质、性格和能力对做好这份工作来讲是比较重要的？

答：杂志是一种可以影响人的事业，所以不能有丝毫的轻视与疏忽，一个编辑应该有一种挑剔和批判的眼光，可以最大程度上防止危险或错误东西对读者的误导；一个开阔的眼界，这样可以进行最大限度的甄选；一份执着，可以保证杂志不会随波逐流；一种热情，可以让杂志生机盎然；一手过硬的文笔，可以让杂志独立地表达自己的声音。

5. 问：行业内，单位对刚进入该领域工作的员工一般是否进行培训？如果有，是哪方面的培训？今后还要求个人在哪些方面素质有所提高？是否有继续深造的机会？

答：每一个新进入的员工都会进行一系列相关的培训，除了杂志社自己组织的以外，新闻出版局也会定期举行一些培训，内容主要是期刊编辑实务、期刊政策法规之类的。正式进入工作岗位后，一般杂志社都要求员工加强个人业务能力，在编辑水平、文字水平、专题策划方面进行提升，在圆满完成特定工作量的情况下，员工被鼓励可以进行更加高层的学习。

6. 问：在您的工作领域里初级职位和略高级别职位的分别有哪些？他们的工资各自一般是什么水平？以您为例，对目前的工资待遇是否满意？

答：有编辑、责任编辑、副主编、主编、副总编、总编等，每个杂志社的薪酬水平有所不同，很难有一个统一的标准。

7. 问：据您所知，从事这份工作的人在单位或同行业内的发展前景如何？

答：目前期刊界现有的人员构成并不是非常合理，缺乏很多既能够编辑杂志，又能够灵活驾驭市场的优秀人才，所以，对于每一个想要在此行业有所发展的人来说，机遇和挑战是同时并存的。

四、事业单位优秀学生辅导员

访谈时间：2011年7月19日

访谈方式：面谈

访谈人简介：某事业单位优秀学生辅导员

访谈内容：

1. 问：老师您也带过很多届的毕业生，那么您认为大学期间我们应该怎么做才能使自己毕业时不后悔呢？

答：第一，要重视自己的专业知识和通用工具知识（如英语、计算机等），一位大夫告诉我去年他们医院有位研究生来应聘，那位学生是学校的学生会主席，无论是社会实践工作还是人际交往方面，其才华都令诸位老师很是欣赏，但美中不足的是他的专业课成绩都是勉强过关，还有一门课没及格，这又令大家很是失望、很无奈，也很惋惜，所以医院领导决定开会研究研究，可是研究来研究去研究的结果还是决定不予录用，最重要的原因就是他的专业功课不理想。第二，要重视提高自己的工作技能。像上岗技能证书之类等，特别是医疗行业，你说你能力强，单位说单凭面试我怎么能确定呢？但你有相关证书就不同了，那证书是国家承认、同行认可的，他还会怀疑吗？

2. 问：大学里如何处理学业与人际关系的管理呢？

答：一定要重视自己的人际关系网络。一般来说，关系网大体分三类。一类是核心关系，包括父母，最要好的朋友，他们是会全力以赴帮助你的人。另一类是较近的关系，如你的亲属、同学等。他们也可以提供给你较为广泛真实的职业信息，能够提供比较中肯的职业建议，也能够给予一定的直接或间接的帮助。还有一类是一般关系的，他们也可能提供一些职业信息和建议。因此你不但需要与各种关系保持经常联系，而且最好尽可能地进行"良性对话"。

3. 问：大学里的实践活动呢？

答：要重视实习、实践机会。相信实践出真知。实践可以将意识的、模糊的、朦胧的东西通过自己的亲身体验变可操作的、可触摸的、有经验可循的，因此不要马马虎虎地对待自己的实习工作。多数医院单位都认为胜任工作岗位的能力是影响员工在单位发展的最重要的因素。但大多数医院也都同时反映，新进来的毕业生的最大不足之处是实践能力差，你说我才是个毕业生、有多少实践经验？但医院说：我要的是来工作的，不是来让我手把手什么都教的。医院不理会你的"抱怨"。因此，在实习期间一定要认真地做好自己的本职工作，而且通常实习单位也是你的"第一站"工作单位，这种"开绿灯"的事也是屡屡发生的。与此同时，作为一个新人也不要拒绝领导、同事给你的"分外活"。说不定在你帮忙的过程中就会有新的启示、收获新的知识、了解新的内情，而且可能得到更多的认可。用领导的话来说是：让你忙、做很多事情的时候，是在给你很多的机会，是让你在为将来做更多、更好、更重要的事情去做准备，让你忙是在给你机会呀！

五、学校优秀班主任

访谈时间：2011年3月24日

访谈方式：QQ

访谈人简介：卢老师，某学校高三班主任

访谈内容：

1. 问：当初为什么会选择教师行业？

答：我来自一个贫困家庭，高中毕业后就考了师范，想早点工作接济家里。再加上喜欢老师这一职业，感觉很神圣。当真正从事了这一行业后才知道并非自己想象的那么简单。人无完人，你掌握的知识是有限的，而社会是不断发展的，要想跟上学生的思想就要不断地学习，不断地总结经验，以最简单明了的方式把问题讲清楚。老师不是一味地把知识灌输给学生，而是要讲求技巧，并让他们在轻松愉快的氛围中受到启发，自己动脑筋解决问题。

2. 问：您认为教师职业的前途是什么？

答：一个国家对人才对知识的渴求是永无止境的。教师作为培养人才的大师，更是不可缺少的。随着国家对教育的投入不断增加，教师的待遇不断地提高足以说明教师这一行业还是有广阔的前景的。

任何职业都有独特的职业要求，作为一名教师品质是十分重要的。没有高尚的人格魅力无法让人信服。一个老师如果不具备良好的个人品质会让学生在背后谩骂，得不到别人的尊重更别提教好学生了。因此，老师要不断修身养性，提高自己的道德修养，有教书育人的耐性，对学生热情、有爱心。每一个老师都要对学生负责对社会负责。

3. 问：在教学中发生不愉快时您是怎样做的？

答：学校领导给老师施加压力，造成老师的压力越来越大，而老师对学生严格要求，他们不能理解以至于造成老师腹背受气，会影响工作的积极性。现在各行各业都有压力，没有压力就没有动力嘛！辛苦也无所谓，只是选择了这一行就要操心费力，但教师的待遇不高，由于条件限制一些年轻老师会因为没有房子而不能结婚。你如果要想很有钱就不要选择老师这一行。

六、某公司财务主管

访谈时间：2011年3月17日

访谈方式：QQ

访谈人简介：财务主管

访谈内容：

1. 问：财务会计职业的知识、能力要求有哪些？

答：做好财务工作要具备一定的会计专业基本知识和基本技能，要对税法、财务成本管理等知识融会贯通，熟练运用，而且需要及时更新知识，适应新的法规、制度。财务与会计人员核心技能对于事业发展至关重要，技术能力、分析技能、沟通能力、成本分析等各项技能在个人的职业前进过程中是必不可少的。

2. 问：那么职业对学历、证书的要求呢？

答：进入财会工作领域，最基本的要求要通过会计资格考试并取得证书，同时需要具备会计电算化证，一般要求大专以上学历，有一定的工作经验。进入领域后要随职位的变化，对职称有相应的要求，建议初期有初级会计职称，而要做到会计总管，需要有中级以上职称。规模较大的企业的财务负责人，至少要具备大学本科毕业证，会计师或注册会计师任职资格。

3. 问：职业对个人的素质要求一般有哪些？

答：从事财会职业要求从业人员适应财务工作的烦琐和重要性要求，具备认真细致的工作作风，有足够的耐心和细心。良好的道德品质对财务人员来说也非常重要，诚实守信，客观公正，坚持原则。按照会计准则和财务会计制度进行核算和报告，披露会计信息，及时给管理层提供报告。

4. 问：职业领域的薪酬水平？

答：在财会工作领域中，初级职称一般工资较低的水平在 1500 元左右，略高级别的职位在 2500 元左右。在经济发达地区可能要高些，特别是人才缺口多的沿海地区。同时，资格证书也是薪酬高低的重要参考指标。拥有 CPA 证书，成为中国注册会计师的会计平均月薪保持在 5000 元以上。

5. 问：行业发展前景及人才供求关系？

答：从事财会工作的人员，在单位或行业的发展前景还是可以的，但目前财会行业就业现状是国内会计业人才结构的矛盾日益突出。普通和初级财务人员明显供大于求，与初级财务人员相对比的是高级管理人员相对少，注册会计师队伍的人才缺口还很大，高端财务人才却成为企业紧缺的人才。

人物访谈总结：

感觉找工作难是因为我们仅仅是一个人，而不是人才。当你把自己从一个人变成一个人才时就得推销自己。古人云："学得文武艺，卖于帝王家。"怎样把自己卖个好价钱呢？那还得看你怎么卖，会不会卖？这点我说说几位老师和学长的经验吧。

首先想好自己想干什么，会干什么，能干什么。在此之间寻找个适配度，心动之后是该行动了。你得学会主动推销自己，就业市场不是大众舞场，你可以含羞地坐在角落里等待别人来邀请。招聘单位是"明星"，他们在舞台中心旋转，只和主动前来的人欢舞，那些中途插进来的人往往在他们认为大都是"最可爱的人"，除非你是"莫愁前路无知己，天下谁人不识君"的董大，除非你是有经纬之才的诸葛亮。

那接下来该是"登"哪扇门呢？大点呢？小点的呢？高不成低不就是大多数人刚开始的态度。小型单位门户小，好进，是创造工作职位的好机器，职位晋升较快，而且也没有太多的人来排挤你。但这前提是你必须让他们相信你就是那个他们需要的人才！大型单位呢？人家人力、财力、物力无疑都占有优势，像大点的医院的专业技术、学术氛围、个人的发展机遇也无疑是小医院所无法相比的。但大医院的门槛高，难进！压力大，工作竞争也激烈。但一位师姐也说得挺有道理的，她说："迈进第一步很重要，但也仅仅是个第一步，它不是所有的未来。有时重要的或许不是目前所处的位置而是下一步迈向的方向。因此眼光要放宽些，在收集职位信息时尽量广泛些，在拟定求职目标单位时宁宽勿严。"

还有就是面试时要表现出来你是积极、主动的。单位需要的是实际参与推动发展、有开创性的那一类人，他们不招聘观众。因此，在制作一份能充分发挥作用的个人简历之外，要用你的表现证明你比其他对这份工作有兴趣的人都更渴望得到它，以最佳状态描述你对单位有多大的价值。用你的才干和能力尽可能赢得招聘单位的偏爱，要让他们先明白你能够给他们创造很多的利润。大家都明白"给予比索取更好"，不要让他们一味地认为你是来索取的人。换种角色会让招聘单位对你印象更深刻，相对其他人愿意选择你，认定你就是那个"众里寻他千百度，蓦然回首，那人却是眼前人"！

拓展资料 8

石家庄学院职业生涯访谈报告[①]

访谈时间：2011 年 4 月 17 日。
访谈地点：某律师事务所。
访谈对象：施杰律师。
访谈方式：面对面访谈。

前　　言

4 月 14 日，由石家庄学院政法系法学专业的张静泊、武小伟、王仲志、蒋海涛四名成员组成的职业人物访谈小组成立，经商量确定具体事宜后四人对施杰进行了访谈，他是全国优秀律师、中国优秀青年卫士。此次访谈使我们更加深刻地了解了法学行业的工作性质及要求，对我们以后从事律师或其他与法学相关的行业方面的工作提供了指导性意见。此次访谈为大家关心的法学专业的就业问题作了不同角度的分析和解答，揭开了其面纱，了解了其真相。下面就是我们的访谈记录整理。

一、访谈记录

1. 问：您为什么会选择读研？

答：首先自己想多学点知识，巩固本科阶段的知识储备。同时当前就业压力大，读研也可以缓解巨大的就业压力。

2. 问：您认为考研的时候怎样选择适合自己的学校？

答：选择学校是非常重要的，第一它关系到你能否顺利考上研究生，第二它也关系到你能否在研究生阶段取得你期待获得的事物，比如说在当地找工作、跟随你崇敬的导师学习知识等好多事情，所以应当非常注重学校的选择。当然选择学校的重要性最大体现在，你能否在这所学校找到你想选择的专业。至于怎样选择学校，要考虑到这样几点，首先是自己的能力，一定要选择一个适合自己能力的学校，最好还是比自己的能力稍微高一点的，比自己本科学校好一点的学校，这比较有挑战性，而且人应当不断前进嘛，不能选择一个比自己的本科学校差的学校去读研。还要选一个你所选专业较强的学校去读，这样你可以接触到好的导师，学习这个学校好的研究成果，当然也要看这个学校的整体实力。其次是你所选择学校的地域，据我的学长们说东部地区考研一般是比较公平的，不存在托关系这样的不公平现象，我个人倾向在东部上研，也是因为东部的学校现在发展较快，学校的环境好，各种机会很多，另外就是东部上研的话就业会比较方便，东部的就业机会多，就业环境好。

3. 问：我将来不能决定是考研还是工作还是考公务员，就同时准备，这可能吗？

答：哦，这个呀，是因人而异，但据我了解，一般不可能有那么强的人，呵呵，至少，我还没见到过。一般考研不能和其他同时进行，那样极有可能造成考研不成功，所以我认为，只能一心一意准备考研，而考公务员吧，这就要看你要考哪的公务员，想考好一点，做好一点的工作，自然也很难。如果是国家公务员，那就更难了，他不仅要求成绩最好，还要求其他各方面都好，因为毕竟，一个位子有那么多人去竞争，所以这时你肯定难以做到与考研一同准

[①] http://wenku.baidu.com/view/7ff97cffc8d376eeaeaa31cb.html。

备好。所以到时定一个方向显得特别重要。想获得好的实践机会,不仅要看你的表现与能力,更大一部分是看你的机遇。

4. 问：那你说说我们实践的最好时期是在大三还是大四或更早？

答：这个要看机遇了,一般情况下是在大四,可有的学生大三就在外面实习,大四的时候实习比较容易被别人接受,因为那时候大学该学的知识已经差不多学完了,一些基本的东西也都知道了,而且大四课也比较少,又加上学校鼓励学生在外面实习,我们也更有时间做好实习的工作了。不过要是在更早的时间就有机会在律师事务所或其他地方实习的话,也是可以接受的,唯一要注意的是要以学习为主,千万不要为了实习而逃课,那是因小失大,是不明智的选择。

5. 问：您说咱们中国现在法律专业的大学生这么多,如果不考研的话,作为一个本科生,将来在社会上能靠法律吃饭吗？

答：你提出了一个非常现实的问题,我读本科的时候也想了很多关于这方面的,也正是因为对这个问题的思考才使得我后来选择了考研这条路,其实正如你所想的那样,在中国,别说法学专业的本科生,就连研究生就业也都面临着巨大的挑战。我们有时甚至不能把本科生、研究生、硕士生的证书当作增加自己重量的筹码。现在与法学专业有关的工作或考试越来越重视人才的实践能力。

6. 问：如何选择适合自己的工作？

答：兴趣爱好和工作没有太大的关系,但是工作一定要符合自己的价值观,这关系到自我价值的实现,而自我价值的实现决定了我们是否能做好一份职业,能否在一个行业中打拼出成绩。在工作中最重要的就是责任感,你想将一份工作做好,给出一份让大家满意的结果,首先得有责任感。只有保持高度的责任心,时时谨记自己应当做什么,应当在什么时候完成任务,应当把工作做到怎样的水平,才能在学习中不断进步。

7. 问：在您的工作领域里初级职位和略高级别职位的薪水一般是什么水平？

答：每个公司的薪酬水平有所不同,很难有一个统一的标准。

8. 问：法律更多地是在实务工作中学到真正的知识。我本科学的是法学,也是想毕业后直接就业,但是就目前的形势而言,本科法学学士的"市场"是很窄的,所以很是疑惑啊！

答：如果我没有记错的话,有位著名法学教授提出了法学教育中的游戏规则：实践指导理论。这也正是一些法学博士、硕士在一些专科生当主任的律师事务所打工的原因。就某些行业某些部门,过于烦琐、精致的理论往往束缚了行动的手脚。

9. 问：你能给学习这门专业的学生从你的角度提一些好的建议吧！

答：学习法学专业的学生考一个律师资格证是有必要的,若是当公务员你要多关注一下那方面的消息。法学专业特别需要我们有一个很好、很优秀的表达能力,这是需要我们平时多练习的,有时间看看那些法律文书、司法文书,看看他们都是怎么写的,格式要求什么的,自己先弄清楚了,别什么都等老师来讲了才知道,一定要注重细节,细节决定成败！

二、大学生职业生涯规划人物访谈总结

常求于人有利于人,少求于人有利于己。我们都已成年,都到了自己对负责的年龄,很多事情自己完全可以独立地去决定和处理,无须依赖别人。而且我们也不想一直生活在别人的世界里,我们就是我们自己,我们掌控着自己的人生发展轨迹。而且经过这样有意识的培养,我们不仅独立决策、执行能力会大有提高,而且自信心、自尊心也会大有增强,走向一个更加成熟的自我,也能更加坦然地面对和处理人生中的起起落落。通过此次访谈活动,更加明确了自己今后所要发展的方向和争取的目标,并在今后的学习生涯中有针对性地就此次访谈中自己所暴露出的问题进行弥补和所要求的能力等进行培养,以下就我参加此次活动所体悟到的一些感受和收获进行一下总结。

第一,要重视和精通自己的专业知识。作为一个优秀的法律人士,需要拥有良好的口才和灵敏的思维,在大学阶段要刻意锻炼这些能力,为以后的就业打下良好的基础。另外,现阶段要学好法学的每一门课程,养成用法律思维去考虑问题的良好习惯,不仅要学好专业知识,更要培养法律思维。

第二,要多学会做人的方法并多花一些心思经营自己的人际关系网络。大学不仅是学习的乐园,更是育人的圣地。学会做人是我们大学生必修的一门课程。如今在校学习的我们,交际圈仅限于亲人、部分同学和少许的朋友等,非常狭窄,对自己今后生涯的顺利发展非常不利。所以,我们应该从现在起就更加重视培养自己的为人处世能力及经营并维护好自己的人脉资源。

第三,要摆正心态,对工作要严谨、认真、负责,要摆正心态,对工作要严谨、认真、负责,乐观面对未来所从事行业的发展前景。心态决定成败,细节铸就辉煌。我们去应聘工作岗位,是想施展自己的实力,更是想为所在公司创造利润和价值,而不是"三天打鱼,两天晒网",成为公司的负担。在人才市场竞争如此激烈的当今社会,任何一个公司都不会接受一个心高气傲、做事磨蹭、对工作不认真负责的员工。正如冠捷科技集团黄某所言:"其实那些从大学出来的毕业生更高傲,说的都很好听,叫他做一点事总是磨磨蹭蹭,而且还做不好。我们对员工都没有什么特别的、苛刻的要求,他们只要对自己有态度,对所在岗位认真负责,那他们做任何行业都是可以的,而且我们也是欢迎这样的员工的。"所以,我们不应该有太多的抱怨和悲观的心态,应该尽量多地去接触行业最新的发展概况。

第四,要乐于参加实践,并且从中获得我们想要的知识,孔子说:"温故而知新,可以为师矣。"更何况我们时刻投身到实践中去,每天总结自己的知识。同时,我们也要汲取别人的经验"择其善者而从之"。也只有实践,才能让我们更透彻地了解自己,明白自己什么可以,什么不可以,从而加强和提高自己的能力。实践,没有想象得那么难,但是却比想象得更能让我们收获,通过实践,让我们在不同的工作中展示自己,释放更多的潜能。

第五,要积极培养自己的独立意识、独立决策和执行的能力。常求于人有利于人,少求于人有利于己。我们从小有的吃,有的穿,没吃过什么苦,没经历过什么挫折,所以凡事都依赖父母,独立意识弱,独立办事能力差等是常有的事。一个人如果一直依附着别人,那么他就一点用处都没有。人一旦不能独立自主,人生很多的事情都将无法完成。比如说你接手一个案子,你若没有独立完成的能力,那么在很多方面都将受制于人,不仅案子很难完成,而且你最终也很难得到很好的发展。我们都已成年,都到了自己对负责的年龄,很多事情自己完全可以独立地去决定和处理,无须依赖别人。而且我们也不想一直生活在别人的世界里,我们就是我们自己,我们掌控着自己的人生发展轨迹。而且经过这样有意识的培养,我们不仅独立决策、执行能力会大有提高,而且自信心、自尊心也会大有增强,走向一个更加成熟的自我,也能更加坦然地面对和处理人生中的起起落落。通过此次访谈活动,让我更加了解了法律专业的发展状况和发展前景,作为法律人需要的品质、性格和能力,法学专业毕业生所面临的就业形势和职场信息、应聘工作岗位时需要注意的一些事项及很多为人处世的道理和方法等。这更加明确了自己今后所要发展的方向和争取的目标，并在今后的学习生涯中有针对性地就此次访谈中自己所暴露出的问题进行弥补和所要求的能力等进行培养，使自己最终成为一名合格的法律人。

拓展资料9

对高级教师张传国老师的访谈报告[①]

作者：赵海军

访谈对象：原经棚一中语文高级教师张传国

访谈地点：某饭店

访谈日期：2011年8月22日

访谈过程

1. 我：您能谈一谈目前青年教师常态备课存在哪些误区吗？

张：目前在常态备课中还存在一些误区，表现如下。

一是研读文本和教参资料。

有些教师为省力气，未认真读懂、读通文本，就急于使用"教参"，查阅现成的教案或教学实录。然后顺手拈来，略经整理就成为现成的教案。其实，"教参"也好，现成的教案、实录也好，应该是名副其实的只供参考，而不应过于依赖。阅读教参不应取代文本深层的解读，别人的教案、实录不应取代自己备课独特的构思。

重视文本解读的教师不仅重视文章的一词一句，甚至对文章的标点、题目、课后练习题也都认真加以推敲。这些往往在"教参"并没有作提示，现成的教案、实录也未必作这样的设计。我一向认为：课文前的导读、预习提示，课文后的思考、练习题都是教材的重要组成部分，反映了编者的意图。文本对话，既是和作者对话，也是和编者对话。教师备课时应把这些内容也作为文本对话的组成部分，并充分运用这些学习提示、思考练习题，引导学生研读文本，启迪思维，落实训练。

二是研读文本和教法设计。

有的教师听名师的课最感兴趣的是教法设计，在自己的备课中最花心思的也是教法设计。在没有认真读懂、读通文本的情况下，就急于确定教学过程和教学方法。教法设计并没有建立在深入解读文本的基础上，没有在解读文本的过程中悟出教法。这样的教法往往徒具形式，无助于学生领悟文本。教法设计多式多样：学生提出问题，合作交流，给诗配画，想象诗人送别的对话，表演诗中送别情景等。但学生的表演只表面热闹，诵读平淡无味，没有真正领悟到诗中的意境、蕴涵的情感、语言的精妙。

三是使用文本和拓展资源。

新课标强调教师具有"资源意识"。扩展延伸教学内容，补充大量的阅读资料已成为一种时尚。但教学时常常出现本末倒置，教师没有充分使用课本资源，却被网络资源或其他资源所取代。教师没有深入解读文本，也没有引导学生认真读懂文本，其实是对最重要的资源——课

[①] http://wenku.baidu.com/view/f32a305477232f60ddcca14c.html.

本资源的浪费。

综上所述,根本问题在于教师没有体会到研读文本是备课的根本,舍不得花大力气研读文本,图走捷径,备课的效果便事与愿违。

2. 我：刚才谈到备课的误区确实应引起重视。再从目前"课改"的趋势来看,备课有哪些方面需作更深层的思考呢？

张：首先,比较关键的一个问题是：如何更准确、全面地实施教学目标的三个维度？

教学目标的定位是教学设计的首要问题,反映了课程目标的实施如何落实到文本的解读。但往往一些被认为是优秀的教学设计,却未必做到教学目标定位准确。教学过程、教学方法详尽、有创意,但教学目标却模糊笼统,表述不清。甚至有些教案只看到教学过程和教学方法,却看不到教学目标。教学目标的定位在备课中几乎是无足轻重了！

针对目前备课确定三维目标存在的问题,应强调：知识与能力的目标要"全面"；情感与态度的目标要"准确"；过程与方法的目标要"重视"。

知识与能力的目标,大多停留在语文"双基"的表述,没有体现全面提高学生的语文素养。备课时应充分挖掘教材的语言因素,只停留在内容情节分析,多推敲用词造句、布局谋篇的精妙。语文课备课学会品味语言。例如词句教学,就不只是解词解句,更重要的是品词品句。在古诗词教学中,常见的是多着力于读懂词句,疏通内容；少着力于品词品句,感悟语言。其实,语言训练是多元的,包括语言的理解和运用,语言的积累、品味和感悟各个要素,是不可分割的一个整体。确定知识与能力的目标,必须认真、全面地解读文本的语言因素。

情感与态度的目标,因教材的特定因素和学生的实际差异不容易定位准确,恰如其分。教师对文本的深入解读,对编者意图的认真揣摩,才可能正确感悟文本的价值所在。而引导学生和文本对话,从中把握好价值观的取向,这两者之间还有距离,需下更大的功夫。值得一提的是：学生对情感独特的感受和体验。学生独特的感悟来自和文本的深入对话,是在读懂文本本意的基础上的独立思考、独特见解。而不是离开文本,天马行空,自由发挥。时下,还"流行"对课文中的人物,让学生畅谈喜欢谁,要和课文中的人物对话。

过程与方法的目标,在教学设计中往往较为忽略。只重视教学效果的目标,忽视获得效果的过程和方法的目标。其实,掌握过程和方法既是一种乐趣,也是一种收获。《课程标准》提出的学习兴趣的培养、学习方法和习惯的形成,都应根据教材特点纳入目标设计之中。如读情感型课文,要学会怎样"品味语言,感悟情感"；读古诗词,要学会"熟读吟诵,读中悟情",这都是学法指导的目标。

3. 我：你谈及教学目标的定位确实在备课中非常重要,但教学内容的安排、教学方法的设计都是为实现教学目标服务的,在这方面又为何体现"课改"的要求呢？

张：当前"课改"还需要讨论的是：教学内容的组织安排如何能取得最佳的教学效果？目前学生在课堂获取信息的容量大、渠道多,这是一种趋势。但学生获取信息的主要渠道还应该来自课本和教师的引导。对教学内容深度、广度的确定,教学容量恰当的安排,确实要在备课中下功夫了。

目前有些课容量过大,要求偏高(特别是参赛课),导致一堂课往往超时,没有完成原定教学计划,或者是匆匆走过场,文本研读、语言训练都不落实。这就要求教师备课时,不仅把教材读通读透,还要善于把握教材的重点和难点,主次分明,有所取舍。教师备课的功力就在于先把课文读厚,再把课文读薄。

教师备课时要"深入",上课时要"浅出";还是备课既要"深入",上课也要"深出"?教师不同的理念、不同的风格就有不同的处理,但必须考虑的是学生学习的实际。教师和文本的对话不完全等同于学生和文本的对话。教师对文本解读所得,并非要求学生有同样的解读所得,这就必须恰当地掌握好分寸、尺度。我们不应忘记的是面向全体学生,"精英"学习所得并不说明大多数学生都学有所得。一些名师上的观摩课,尽管容量大、要求高,但都得心应手,水到渠成,学生几乎没有什么读不懂、学不会。其实大家都明白,提供上课的大都是优质的班级、优质的学生,或许上课前都作了充分的预习、准备。看这些课不必过多考究教学的效果,而应多从教师深厚的功底,对教材独特的解读,对教学内容和教法的精心设计去学习领会。毕竟,观摩课的备课、上课并不代表常态课的备课、上课。

4. 我:一些名师谈备课心得时都谈到备课的要求、备课和写教案的关系。你是怎样看的?

张:不同类型的课、不同水平的教师,备课的要求不尽相同。因课而异,因人而异。

有一个颇具争议的问题:写教案是详尽的好,还是简略的好?支玉恒老师说:"教师上课可以不写教案,但绝不可以不备课。"目前检查教案,仍是许多学校行政作为衡量教师备课水平和态度的重要标志。一些地区教育主管部门评估学校办学水平,甚至要翻阅、抽查教师1—3年的教案。这样就难为了教师,为写教案而写教案,失去了原来写教案的本义。

有时看名师的课十分经典,但看名师的教案就不一定经典。一些获奖的很优秀的教学设计,现场上课却并不优秀。这说明备课、写教案、上课之间有所距离,就因为教师备课的态度和方法,课堂教学的实践和调控能力有所差别。其中关键在于备课,如果备课做到熟读精思、胸有成竹,写教案就水到渠成。名师是备课于心,不是备课于纸;是心中有教案,不是手中有教案。对于执教多年、经验丰富的教师,教案可以从简从略;对于年轻、经验不足的教师,教案还是详尽些好。通过写教案,把备课的思路作更清晰的整理,把写教案的过程作为对文本更深入解读的过程。

5. 我:既然备课因人而异,可否说教师备课也有个性化的要求呢?

张:个性化备课是备课的较高境界,是值得倡导的。个性化备课首先是体现在独立钻研教材,对文本有独特的见解,有自己构思的教学思路。进而是教学设计能体现自己探究的课题,发挥自己的教学优势,形成自己的教学风格。

一是要求教师先独立解读文本,后看"教参",不先入为主,不以"教参"分析取代个人见解。二是备课交流时,先让教师说自己对教材的体会、教学的思路以及想不通、拿不准的问题,然后我再说出自己的见解,互相讨论交流,鼓励教师独立思考,融会贯通。在一些说课大赛中,有的只重视说教学过程、教学方法,而忽视说对文本的解读;只重视说怎么样教,而忽视说为什么这样教,更没有说出教学设计的特色和亮点。这就是说课活动中备课缺乏深度,没有反映备课的个性化。

目前备课的信息渠道广,参考资料多,如何既充分运用这些教学信息、资料,又有个人的独立思考和取舍?有一次听一位教师教某篇古诗的说课,她坦然说曾在网上查阅许多资料,认真研究了几位名师上这一课的教学设计或实录,借鉴了他们哪些经验,哪些方面和他们又不尽相同,自己设计的特点又在哪里。这位教师的备课既学百家之所长,又有自己的独立见解,力求展示自己的教学风格,这就是备课个性化的体现。

项目七
观察法信息收集与处理

知识目标 通过本章的学习,使学生能够掌握运用观察法收集调查信息与研究处理。要求学生掌握观察法的相关内容,掌握开展观察法的具体过程与注意要点并掌握观察资料处理的相关方法。

技能目标 通过学习并运用相关知识点,使学生能够独立地确定观察前具体工作的准备并进行观察工作的开展实施,深入了解调查对象并最终进行观察资料的处理。

观察法是社会科学研究中常见的方法之一,因为其直接、生动和深入的特点,在政治学、社会学和文化人类学等学科领域中都有广泛的应用,也出现了数量众多的经典案例(如美国怀特的《街角社会》)。观察法不仅仅是收集资料的途径,更是一种指导社会研究全过程的研究方式。

任务一　做好观察准备
任务二　实施观察
任务三　观察资料处理

任务一 做好观察准备

一、基础知识

1. 观察及观察法的概念

我们通常所认为的观察是用眼睛注视事物与现象的一种行为,但是在社会调查中,观察是指研究者带着明确、清楚的目的,用自己的感官和辅助或测量工具去有针对性研究与调查正在发生、发展和变化着的现象。

观察法又称实地观察法,是研究者根据一定的调查目的,凭借自身的感觉器官和其他辅助工具,从社会生活现场直接收集资料的调查方法。

2. 观察法的种类

(1) 直接观察与间接观察

直接观察是指观察者凭借自己的眼睛、耳朵等感觉器官直接去感知观察对象的方法。例如,教师在课堂上观察学生、民政工作者赴灾区救灾等。

间接观察是指观察者不直接感知观察对象,运用其他的途径去感知观察对象的方法。例如,看实时电视、录像等。

(2) 实验室观察与实地观察

实验室观察是指在观察者配备有观察设施的实验室里,对分析单位即观察对象进行的观察。这种观察方式通常在心理学研究中使用。

实地观察是指观察者在真实的社会现实生活场景中所进行的观察。实地观察者在社会调查中采用的主要是这种类型的观察。

实地观察与实验室观察的不相同点除了地点或场景的不同外,还体现在实地观察通常是一种直接的、不需要借助其他工具的观察,并且从实际情况看,一般的实地观察是一种无结构化的观察。

(3) 局外观察与参与观察

所谓局外观察也称非参与观察,即观察者不参与观察对象的活动,从外部对观察对象进行观察,尽可能地不对群体或环境产生影响。参与观察就是观察者在一定程度上直接地介入观察对象当中,在实际参与观察对象的生活过程中所进行的观察。它是一种非结构性的观察。这种方法最常用于是人类学家研究原始的非本族文化,它需要研究者的全身心地投入,在观察地点居住的时间较长,有的还需要研究者最好会使用当地的方言。

(4) 结构观察与无结构观察

结构观察是指按照相应程序、运用明确的观察提纲或观察记录表格对现象进行的观察。它与结构访谈有相似之处。结构观察一般采取局外观察的方式进行,其观察内容一般固定,观察记录表在结构上和形式上也类似于结构式问卷,研究者应根据调查需要,对观察对象进行相应的观察和记录。结构观察的结果可以用来进行定量分析。

无结构观察则没有统一规则的、固定不变的观察内容和观察表格,完全是根据实际变化发展需要而开展的自然观察,它与无结构访谈有类似之处。无结构观察通常采用参与观察的方式进行,其观察的结果一般来说也是灵活随机多变的,其观察所得的数据资料一般只能进行定性研究分析。无结构观察主要运用于实地研究中。

3. 观察法的特点

(1) 观察法是研究者有意识、有目的的计划认识活动。

(2) 观察法需要研究者运用自身的感觉器官。

(3) 观察法能够最真实自然地反映社会现象及相应的社会问题。

(4) 观察法往往会受到研究者的主观影响。

4. 观察法应当遵循的原则

(1) 客观性原则

研究者在进行观察研究的时候,必须如实地根据观察结果进行记录,这样才能够保证社会调查的科学性。

(2) 深入性原则

在进行社会调查之时,研究者切忌不能走马观花只看表面出现的情况,如果只进行表面的观察只会使得研究结果流于肤浅化。

(3) 全面性原则

在观察调查时研究者必须要对观察对象从多方面进行观察与研究,这样才能保证研究的准确性,防止出现片面化的问题。

(4) 持续性原则

由于一些社会调查对象的属性需要在长期观察中才能够得到相关资料进行研究,并且有些社会现象具有不可预期性和偶然性的特点,这就需要研究者的长时间观察研究才能够得出最终结论。

(5) 伦理性原则

虽然进行一些观察调查时需要研究者参与到观察对象当中,但是在观察过程中所发生的行为必须是符合法律规定的,是符合我们日常道德伦理规范的,我们不能随意地窥探别人的隐私,损害他人的利益。

5. 观察调查中的技巧问题

(1) 解除观察对象的戒备心理

在进行观察活动中,观察对象由于研究者的参与会产生一些不适应的情绪,观察对象的心理可能会紧张不安、惶恐失措,甚至有的会出现行为失常的情况,这就需要研究者注意消除观察对象的戒备心理,让他们的行为在自然状态下进行。

(2) 深入观察观察对象,顺应他们的生活方式,尊重他们的各种习惯

在进行社会调查时可能会有一些少数民族或者是其他地区的观察对象,研究者必须深入他们的生活,尊重他们的各种生活习惯与生活方式,尽可能多地加入到他们的各种活动当中,与他们建立良好的友谊,为实现研究目的而打下良好的基础。

6. 观察计划的制订

在进行观察之前,研究者应依据观察的实际需要制订较为完善的观察计划。研究者必须清楚观察所需要的时间,在事前应尽可能地预想到观察过程中会遇到的困难和问题并设法解决,同时也需要考虑在观察过程中的财力与物力的花费问题。观察计划中最为重要的就是观察提纲的确定、观察方式的选择与观察卡片的制定。

观察提纲要对观察对象的属性给予一些必要的说明,必须在计划时明确观察的地点、观察的时间,观察对象应该在什么样的条件和环境下被研究者观察。

在制定观察提纲时还需要确定明确的观察方式,这需要针对观察对象的实际情况出发选择正确的观察方式。

7. 观察法的局限性

第一,观察法受时空条件的限制。第二,观察法受研究者自身的限制。第三,观察法受所获资料观察过程的限制。基于观察法的上述局限性,故研究者所观察到的都是事物的表面现象或外部联系,且都是一定时间、地点、条件下的社会现象,不能直接深入到事物的内部以分辨是偶然的事实还是有规律性的事实,所获得的资料具有一定的表面性和偶然性。

8. 观察法的作用及适用范围

观察法的作用有:观察法是发现问题、提出问题的前提;观察法是提出、验证理论假设的有效手段。

观察法的适用范围很宽泛:(1)适于收集正在发生的社会现象的资料;(2)适于收集各种非语言性的信息;(3)适于对同一现象进行持续的观察;(4)适于用作其他调查方法的辅助方法。

二、实务指导

1. 案例示范

观 察 卡 片 [1]

观察卡片　　　　　(学生自习的利用状况——非参与观察)
班级　　　　人数　　　(实际观察人数)
观察日期:
时间:
观察内容:
估计人数:

项目	无	约1/4	约2/1	约3/4	全部	具体人数
1. 读课本	——	——	——	——	——	——
2. 做作业	——	——	——	——	——	——
3. 看小说	——	——	——	——	——	——

---

[1] http://www.doc88.com/p-8495975855413.html.

4. 打瞌睡　　　——　　——　　——　　——　　——　　——

5. 闲聊　　　　——　　——　　——　　——　　——　　——

6. 做其他事　　——　　——　　——　　——　　——　　——

2. 案例启示

非参与观察法是研究者逐步参与观察对象的任何活动,完全以局外人的身份进行观察的方法,记录时需要注意以下四点。

(1) 观察记录使用的工具应该随着时代的发展而不断更新。现代化的观察工具,如数码相机、数码录音机、摄像机等,能够弥补观察笔记的不足,以增强观察法的准确度。

(2) 观察记录的时机以同步记录(或称现场记录)是最为理想的,以避免事后回忆导致记录不完整。在进行现场记录时应做到:在观察现场中要仔细地观看和聆听,重点放在集中研究的焦点,并且寻找观察对象谈话的主要用词,留心观察对象每次交谈中最先说和最后说的话。但往往观察的同步记录很难进行,因为当场公开的记录容易让观察对象产生不自然甚至反感的感觉,导致研究资料失去准确性。对于一些突发的、具有偶然性的事件的观察更不适合现场记录,此时分阶段进行观察记录就是个较为合适的方法,研究者可在现场做简略记录,在离开现场之后立即再将记录详细和扩充完整。

(3) 记录的原则是"能记尽记",将所有观察所能记录下的细节都记录下来为以后的研究留出完整的数据空间。因为当研究者在记录时,并不能对信息进行有效的筛选,这也是实地观察的显著特点。在记录之后的数据整理时,有时看起来很琐碎的细节能使研究者记起很多重要的事情,从而产生重要的研究成果。

(4) 观察记录的内容应当包括观察的事实和研究者的观察解释。观察的事实是对现象的客观描述,观察时的思考即研究者的解释也同样重要,因为思考源自灵感,是观察所得内容对研究者的即时感官刺激的直接反映,这对于研究者后期分析资料过程有着十分重要的作用。而如果研究者仅仅只记录下当时观察所见内容而没有所感所想,在其撰写报告阶段再回顾当时的所思所想,彼时的记忆可能就没有那么完整了。

三、实务训练

1. 实训目的

引导学生在把握观察法的相关理论知识的基础上,通过一系列的模拟实训活动比较准确地掌握观察法的相关理论知识,并能够独立完成具体的操作过程,能够通过实践进一步理解该方法与其他的资料收集方法的异同。

2. 实训要求

明确观察的对象、范围、分析单位的特征,具体包括:(1) 明确观察目的;(2) 制订观察计划;(3) 做好物质准备。

3. 实训课业

1. 对大学生自习室利用情况观察调查制作观察卡片。
2. 对天津市高校学生逃课情况观察调查制作观察卡片。

3. 对社区独居老人的生活情况观察调查制作观察卡片。

四、知识回顾

1. 什么是观察法？观察的种类及特点有哪些？
2. 进行观察调查的技巧有哪些？它所开展的原则是什么？
3. 怎样制订观察计划？观察计划包含哪些内容？

任务二 实施观察

一、基础知识

观察法的实施操作程序主要包括进入观察现场、与观察对象建立友好关系、进行观察记录。

1. 进入观察现场

观察是一项技术性要求较高的工作，因此在进入观察现场时研究者应当提高注意力，保持良好的心态和较强的忍耐力，在进行观察的时候对观察对象有一个灵敏的信息记录。研究者在得到观察对象的同意与认可后便可以进入现场进行观察研究，但注意在参与式的观察之中最好不要暴露自己的身份，以保证调查研究成果的准确性。

（1）进入现场所需要进行观察的要素

① 情境

情境是指事件或者活动发生的具体环境的背景与其相关的其他事物。研究者进入现场之后，首先就要对观察对象的相关情境进行观察，任何事物的发展都会受到它的具体情境的制约与影响，所以在进入观察现场时务必对具体的观察情境做出一个了解与联系判断。

② 人物

人物是进行社会调查的主要调查对象。没有了人物也就没有了研究者所要研究的事件和活动，因此对于人物的观察有着十分关键的作用，也是最为重要的工作。在进行对人物的观察时研究者需要注意对他们的身份、性别、社会交往与活动方式进行观察。

③ 目的

每一项社会活动的开展都有其特定的目的及所需要的效果，如一些社会中的座谈会、舞会、婚礼、丧葬等活动。当研究者进入观察现场之后需要对活动参加者加入此活动的目的进行考量，除了他们参加此活动的显而易见的目的之外，研究者还可以通过人物的一连串的行为活动及相应表情来揣测他们加入此项社会活动的更加深层次的原因及目的。

④ 社会行为

进入观察现场之后研究者需要对人物的行为进行仔细的观察，从相关人物的行为观察研究可以得到开展社会调查所需要的结果，研究者在进行观察时需要对人物的行为、活动内容、行为方式等进行观察研究。

⑤ 频率与持续时间

在进行调查研究时,事件发生的时间、发生频率、是否多次重复出现都需要研究者进行深层次的探讨与研究。

2. 与观察对象建立友好关系

在开展社会调查时研究者离不开对观察对象展开的调查,其中需要与观察对象进行一系列的沟通与交流,所以与观察对象建立保持友好关系有着十分重要的作用。在研究者进入观察现场之后,只是在一定程度上进入了观察现场的表面层次,但这并不能保证调查的顺利开展进行,所以研究者还需要与观察对象进行一定时间的相处,在取得了初步的信任之后观察对象才会在心理上慢慢接受研究者,并且配合调查的进行。这里有以下三点需要注意。

(1) 给予观察对象相应的帮助,取得他们的信任,增加彼此的友谊

在许多的社会调查中,其调查对象都是一些较为弱势的群体,研究者可以在他们需要帮助的时候给予相应的帮助,为他们解决一些纠纷与矛盾,对于他们的未知领域提供一些信息,在他们的生活中给予关怀与支持。只有在与观察对象的相处中建立起友好和谐的氛围,研究者才能够得到真实有效的第一手研究资料,以确保研究成果。

(2) 调查时的群体参与同个别接触相结合

研究者不仅需要尽可能地广泛接触了解观察对象,更要重点深入观察对象。研究者经常参加一些群体性的活动,能够熟悉观察对象的活动环境与范围情境,取得观察对象的初步认识。而个别接触则是有利于研究者进行一些在公共场所不方便公开的但却是真实的,对于调查研究十分有利的资料的收集,如一些案例中的个案研究,对于个别的人或事、秘密事件的研究等。

(3) 了解与尊重观察对象的生活行为方式、语言、习惯、道德规范等

例如,研究者到一些国家、地区就必须要遵守当地的风俗习惯和行为方式。只有尊重与遵守观察对象的风俗习惯才能够与其建立起友谊与信任,为调查研究的开展进行打下良好的基础。

3. 进行观察记录

研究者在进行调查研究时必须要坚持随时记录,将其所观察到一些抽象的东西以具体的文字形式记录下来。观察记录在调查研究过程中起着关键的作用,它影响着观察数据的客观性与准确性。

观察记录的形式主要有以下三种。

(1) 专题式

专题式是以研究内容为依据分别进行记录并存放入档案。

(2) 综合式

综合式是将研究者定期所观察到的现象进行综合整理记录,其中也要进行分类,但不仅仅是进行分类存档,也可以按照时间顺序来存档。

(3) 日记和手札

日记和手札需要研究者结合自己的主观感受与体会领悟来使用。

二、实务指导

1. 案例示范

案例一　局外观察案例——范庄龙牌庙会仪式[①]

范庄镇位于河北省赵县城东小潴沱河故道,是一个历史久远的古镇,范庄村处于镇中心。每年农历二月初二,范庄都会举行热闹的龙牌庙会,这一盛会不仅仅是当地人民的节日,也吸引了不少中外专家学者的目光。

2007年3月,笔者到访了范庄庙会。正月二十九是龙牌庙会开始的前一天。龙牌庙会的醮棚早已搭好,众神画像也早已挂入龙祖殿和醮棚中。龙祖殿神像摆放的顺序在当地有一套传统的做法,据说是从老一辈传下来的。专门负责神像的刘晓辉有一本小册子,其中详细记载了神像的摆放顺序。但是,据笔者观察,实际摆放的神像与记录还是有较大的出入。由此可以看出,民间信仰的神源自古籍,但又会在传承过程中不克求精准,在模仿或者传播的过程中疏忽或遗漏,这是无法避免的。笔者还注意到龙祖殿两旁立着两块碑,左边的碑背面是在前文中提到过的功德碑记,而其正面是范庄龙祖殿记。右边的碑正面书写着"范庄龙牌庙会省级非物质文化遗产",落款是河北省人民政府。其背面是范庄龙牌庙会记。

二月初一的早上,广播就已经开始宣读各种龙牌庙会的信息。初一早上6点村民们开始戒五荤,8点左右,人们慢慢聚集到龙祖殿前等待仪式的开始,各地的花会也陆续赶到,还有河北电视台与赵县电视台的新闻记者们也到达了。这天《燕赵都市报》组织传统民俗体验游的团队的到访也给龙牌庙会增添了不少"人气"。会长们也在安排执行仪式的人员到位,到9时左右,由帮会的妇女齐唱"请龙牌经"之后,十几个男人一齐把龙牌从龙祖殿中抬出来安放到之前装饰好的龙轿里。当一切准备就绪,由范庄鼓队领头,接着便是龙轿,龙轿周围围满了人,有抬着龙轿的几组人还有许多坐在旁边的小孩,龙轿前面有一群虔诚的妇人倒退着走,并走一段时间就停下来对龙牌膜拜。龙轿后跟着众多各县、村的花会,形成一个长队,足有一公里长。队伍最前面有专人放炮,行进在范庄镇的主要街道上,道路两旁的人们引颈相望,小孩子们骑在父母的肩头观看,随着震耳的鼓声,整个范庄镇都热闹起来了。初一这天恰逢集市,街道上有许多小贩摆着摊点,在龙祖殿后边的市场有一个小型游乐园,里面有许多游戏,像旋转木马和开飞机都是小孩子们喜欢的,这些都使得整个庙会更加热闹了。队伍的最后,由一个妇女拖着一个滚动的轮子,后面有一个戴墨镜的男子拿着一根长长的鞭子一边走一边往前甩。记者们争相拍摄仪式的盛况,都抢着占据最好的拍摄地点,有的甚至爬到了村民的房顶上,但是范庄的人们也不会因为记者的拍摄而觉得有任何异常,范庄龙牌庙会的声名远播对他们来说早就习以为常,只是忘我地投入到仪式的盛会之中。

2007年二月初一是个特殊的日子,这天正好有日食出现。恰巧在范庄是多云间晴的天气,太阳一会躲入云中,一会又出来露露脸。起初没有人注意到,但是还是有细心的人发现日食的出现,很多人都争相抬头往天上看,但这时龙轿的行进速度也大大减慢,常常停留较

[①] http://www.doc88.com/p-981347007998.html。

长的时间不前进,笔者猜想这是否与日食有关。后来笔者访问过几位帮会的人,他们都认为这天遇上日食兆头不好,不圆满。与中国传统观念相关,自古中国人认为日食、月食都是不好的征兆。学界也有许多学者发表文章讨论范庄对龙牌的祭祀到底是不是迷信,但大多数学者都主张跪拜与进香是中国传统的仪式形式,并不能一味地凭这点来界定是否是迷信。

在11时,龙牌游行的队伍回到龙祖殿,早已有帮会的妇女在殿内跪候龙牌,再由帮会的男人们将龙牌归回原位,又开始了新一番唱经的仪式,此时进香的人们不断地涌入殿内,看香的帮会妇女也忙个不停。当地人有个说法,龙牌必须在9时左右抬出,而11点之前必须回来,否则不吉利。而花会则在殿前的广场上各显本事,拿出其看家本领以吸引与会的人们驻足观看。12时,所有人员都到大伙房吃饭,大伙房今年用了四个灶,排成一排煮着大锅的粉条菜,同时供应许多馒头。大伙房设在市场院子的空地里,人们取了碗盛了菜之后拿着馒头蹲着吃,在最热闹的时候大伙房可以提供几万人的饮食。下午继续有花会的表演和戏班的表演,但没有特别的仪式了,人们进完香也渐渐散去,初一的仪式基本结束。

初二这天是龙牌庙会的正日子,也是8点左右就开始热闹起来,照例是花会,但比前一天少一些,但是整个广场上还是人山人海,热闹非凡。晚上有焰火表演,7时许就开始零散地放起了烟花,其中一种类似于冲天炮的烟火,看起来像一条龙一样蜿蜒向天空飞去,颇像龙升空飞舞的样子。到晚上8点时,人们慢慢聚齐,烟花放的频率逐渐加快,最后点燃用两根竹竿支起来的条形烟火,像一个燃烧着的瀑布在夜空中泻下来,将烟火盛会推向一个高潮。整个过程没有任何主持人,人们自发地来,表演准时开始,等烟火落下帷幕人们也渐渐散去。农村有自己的一套秩序规范,不需要谁去制定,大家以口相传便是,已是约定俗成,没有人闹场,大家和和气气、开开心心地来看焰火表演。

初三这天与初二差不多,外村唱经的都会来庙里助兴,他们来的时候本村的妇女们也会唱着经欢迎他们。香客较初二这天也少了许多,花会也少了。戏班的观众们也不如前两天,龙牌庙会的气氛慢慢淡了下来。初三这天由于人渐渐少了,庙会也基本谢幕。

案例二　参与观察案例——记论文《合肥市乞讨现象的社会学研究》[①]

25岁的安徽大学社会学硕士生陈勇,2008年8月至12月在合肥"行乞"5个月,先后扮成学生乞丐、流浪汉和流动摊贩接近乞丐群体,收集资料,完成了研究乞丐群体的论文《合肥市乞讨现象的社会学研究》。

为了接近乞丐群体,他先做家教挣了500元钱购置乞丐的服装、道具,为了与乞丐零距离接触和交流,他刻意将自己打扮成"叫花子"。托人在工地上弄了一套旧衣服,蓬头垢面,养了胡须,弄得又长又脏,脸上还抹了一层黑炭灰,脚底蹬着一双破布鞋。扛着一个大麻袋,有时捡点矿泉水瓶子,有时沿街乞讨,甚至还不顾"斯文扫地",和乞丐一样"撒野尿"。和乞丐们一起吃住,吃简单的东西,如别人施舍的、吃剩的东西,或者买点包子;晚上躺在自己带的麻袋上,睡在地下通道里,不管天气多冷都要坚持。

2009年1月,资料收集齐全,做乞丐的日子也告一段落,为了对乞丐来源地——农村的生产、生活状况进行深入了解,陈勇只身一人前往阜阳、亳州以及河南郸城作了实地调查。

[①] http://news.163.com/08/1208/17/4SLJUCDH0OD/11229.html。

回校后,经过了三个多月的文字编写,陈勇给自己的论文写下了最终结果:2008年,在合肥市区以乞讨为生的乞丐有150±50人;男性多于女性,中老年多于青少年,其中大部分老年人是身体健全的,大部分中青年人是残疾的(其中多数残疾人有较低的生活保障);绝大多数乞丐拥有家庭(多数成年乞丐已婚),家庭有青壮年劳动力,但是平时大多外出务工⋯⋯

"乞丐在合肥从事乞讨,除了因为自己在生活上遇到了一些困境以外,还与城乡人口流动、农村社会保障不完善、乞讨亚文化、城市特征等因素相关。"例如,虽然绝大部分乞丐都是来自农村,虽然社会保障不完善是目前农村普遍存在的问题,但并不是所有的农村都会产生乞丐。"事实上,合肥市内的乞丐,许多人都是来自同一个地方的农村,比如阜阳、郸城等地,这就牵涉到该地区内存在着的流浪、转徙的民风,学术上称之为'亚文化'。"

2. 案例启示

在进行参与观察与局外观察时都需要研究者根据实际情景在调查研究过程中深入观察与探索,结合所要研究的问题来思考与理解观察对象的行为与一系列外部表现特征,在对观察对象进行观察的同时也要注意对其与相关事物的联系与思考。

三、实务训练

1. 实训目的

培养学生应用实施观察法收集资料的能力,掌握观察法运用的基本概念;了解观察法的一般步骤,进入观察现场所需观察的要素,与观察对象建立友好关系的要点,观察记录的形式。

2. 实训要求

以小组为单位开展观察活动,选择一个观察对象和确定观察地点,设计观察方案后进入现场观察并进行观察记录,具体包括:

(1) 首先让学生复习观察法的类型、实施步骤,了解操作程序;

(2) 将全班学生每5~6人一组分组,并选出小组负责人,教师说明训练内容及成果要求;

(3) 每个小组根据自己的兴趣围绕实训课业选择主题设计观察内容;

(4) 根据观察内容制订详细的观察计划,包括观察对象、观察目的、观察时间、观察地点、观察方法,并且根据任务一"做好观察准备"所讲的内容提前做好观察准备工作;

(5) 小组长带领小组成员完成观察任务;

(6) 每人写出观察体会,每组撰写出观察报告,对观察活动中产生的效果进行分析总结。

3. 实训课业

(1) 针对天津市养老院中老年人的生活状况进行局外观察。

(2) 针对天津市小摊贩的生活情况进行参与观察。

(3) 针对天津市的农民工子女就学情况进行局外观察。

(4) 运用间接观察的方法收集有关校园文化现象的资料。

四、知识回顾

1. 观察调查的步骤及具体内容是什么?
2. 观察记录的形式有哪些?

任务三　观察资料处理

一、基础知识

观察资料的分析与处理是社会调查过程中很重要的一个步骤,因为观察记录下的资料大都是较为零散的,没有形成系统,研究者若要进行深层次的研究就需要对观察资料进行分析与处理。

如何对观察记录的数据进行整理和分析?对采用不同的记录方式所收集的数据的处理方式是不一样的。如采用定量观察收集的信息,一般要借助统计的方式对其进行整理与分析。研究者可以通过频率和百分比的计算,绘制出可以说明问题的表格,也可以利用 Excel 等电子制表软件来开发数据表,利用电脑进行数据分析,然后再根据需要由电脑绘制出不同的图表等。而采用定性观察所收集的信息则一般需经过编码、分类、整理、解释等步骤。研究者对大量的记录信息进行简化和梳理,可通过文字说明、图表等方式呈现与观察目的相关的信息,让人们较为清楚地了解观察情境中发生的事情。如果是合作观察同一个内容,那么在统计或整理所记录的信息时应在充分交流和讨论的基础上对各自的信息进行必要的合并。在此基础上,梳理与观察主题相关联的问题或观点,建构分析框架,将统计或整理的结果按不同的问题进行归类,把具体的事实与数字集合到相应的问题或观点中去,为下一步的推论做好准备。推论即研究者围绕观察对象对观察到的信息进行剖析与反思,对简化了的数字、图表等具体内涵与现象背后的原因及意义做出解释的过程。

1. 观察资料处理的原则

(1) 客观准确

列宁曾经说过"观察的客观"是唯物辩证法的第一要素。研究者在进行观察资料的分析与处理时需要一切从实际出发,实事求是地来反映观察资料以保证调查研究成果的真实性与准确性。

(2) 完整统一

任何事物都是多样性的,具有多方面的属性,所以对于观察资料的分析也不能够只从一面出发,还需要多方面地、辩证地、联系地进行分析与探索,并且在进行一些较为个别的案例的研究时要注重由个体到总体的过程,以确保能够得到最后总体上的调查研究结果的统一性与完整性。

(3) 简单、明确

调查研究的资料结果是为了能够让别人而非只是研究者本人清楚明白,所以在观察资料的处理时要注重对观察资料的简单化与明确化的处理。

2. 观察资料处理的步骤

（1）对观察资料进行审核

在进行社会调查时为了确保观察资料的准确性与可靠性就需要对观察资料进行审核，在进行审核时需注意观察资料是否是真实发生过的？观察资料是否全面完整具有研究的可行性？观察资料中是否存在矛盾之处？在审查观察资料时需要认真仔细，以随时发现问题，及时给予妥善解决。

（2）对观察资料进行分类

对观察资料进行分类是研究者进行社会调查的要求，根据实际的要求与观察对象的属性将资料进行分类，以进一步分析研究出内部结构中的相互关系及总体的特征。

（3）对观察资料进行汇总

在将观察资料进行了科学的分类之后就需要对其进行进一步地汇总。研究者可以根据实际的调查研究需要将观察研究数据以表格、图像等形式进行汇总，以最终研究出调查规律。

二、实务指导

1. 案例示范

幼儿园儿童日常生活的观察记录的分析处理

锦丰中心幼儿园个案

班级	中(3)	姓名	逸铭	时间	6月
观察情况	今天一早，逸铭的奶奶牵着逸铭走到门口，奶奶恳求老师："老师，今天逸铭睡觉就别让她睡了，她说睡不着。"只见逸铭的眼睛已经湿漉漉了，奶奶轻轻告诉我："她大概不睡觉，被老师批评过，今天就不肯来幼儿园了。"老师听后感到莫名其妙，"我们没有批评她，怎么回事？"我去问搭班老师，她也说没有批评过她					
观察分析	逸铭一直是我班表现好的乖乖女，可是近来发现她总和奶奶粘在一起，早上不许奶奶离开幼儿园，经常在老师的劝说中，奶奶才离开。我觉得原因可能是：其一，奶奶对隔代特别宠爱所导致的；其二，孩子的心理承受能力很弱，经不起挫折，在表扬声中长大，往往听不进批评；其三，老师在细节方面处理过于草率，可能孩子在睡觉时曾经有这样那样扰乱睡眠的因素，老师对不睡觉的幼儿只是命令的口气，没有分析原因，使孩子对睡觉产生厌恶甚至惊慌					
措施与结果	1. 利用电话或面对面的形式，了解孩子在家睡觉的习惯，并取得与家长意见的一致 2. 多和孩子谈心，运用正面引导的方法，鼓励孩子养成良好的午睡习惯 3. 教师在幼儿入睡后多关注孩子午睡的情绪反应，如有反常就要耐心询问，消除孩子的心理恐惧和不适					

2. 案例启示

本案例是一个较为简单也较为典型的个案观察，从对儿童日常学习生活中的一些行为方式的观察，并联系观察对象的具体环境背景，对观察的结果能够有一个定性的理解认识并最终得出结论。

三、实务训练

1. 实训目的

培养学生对观察资料处理的能力,使学生能正确地进行统计分组,掌握汇总技术,能独立地正确地编制相关的统计表。

2. 实训要求

以小组为单位在对观察资料进行审核后做资料处理,如应用 Excel 编制单项表和交叉表等。

3. 实训课业

(1) 针对大学生逃课现象进行深入观察研究并对观察资料进行汇总整理研究。

(2) 对高校图书馆利用率状况进行观察并汇总资料加以分析。

(3) 对专业授课教师进行教学仪态、情绪、方法等的观察并汇总资料加以分析。

拓展资料

教师应如何进行课堂观察[①]

和所有的科学观察一样,课堂观察也需要凭借一定的观察工具。以观察提问为例,如果想观察"提问的数量",则应该采用定量的观察工具;如果想观察"问题的认知层次",则应该采用定性和定量相结合的工具。在进行课堂教学研究时,课堂观察的内容很多,可以根据研究的内容设计相应的课堂观察记录表,用以收集学生学习活动的相关资料,分析学生的学习结果,达到教学目标程度,实施课堂学习测评。以下是从五个方面设计的学生学习观察记录表,主要用于"发展性评价",为听课以后反思、分析、改进课堂教学所用,使我们的课堂教学能逐步"优化"。

教学效果观察:学生学习观察记录表

视 角	观察点举例
准备	学生课前准备了什么?是怎样准备的?准备得怎么样?有多少学生作了准备?学优生、学困生的准备怎么样
倾听	有多少学生倾听老师的讲课?能倾听多少时间?有多少学生能倾听学生的发言?倾听时,学生有哪些辅助行为(记笔记/查阅/回应)?有多少人
互动	有哪些互动行为?学生的互动能为目标达成提供帮助吗?参与提问/回答的人数、时间、对象、过程、质量如何?参与小组讨论的人数、时间、对象、过程、质量如何?参与课堂活动(个人/小组)的人数、时间、对象、过程、质量如何?学生的互动习惯怎么样?出现了怎样的情感行为
自主	学生可以自主学习的时间有多少?有多少学生参与?学困生的参与情况怎样?学生自主学习形式(探究/记笔记/阅读/思考)有哪些?各有多少人?学生自主学习有序吗?学生有无自主探究活动?学优生、学困生的情况怎样?学生自主学习的质量如何
达成	学生清楚这节课的学习目标吗?预设的目标达成有什么证据(观点/作业/表情/扮演/掩饰)?有多少人达成?这堂课生成了什么目标?效果如何

---

① http://www.docin.com/p-523494267.html。

参 考 文 献

[1] 高燕,等.社会研究方法[M].北京:中国物价出版社,2002.
[2] 林聚任,等.社会科学研究方法[M].济南:山东人民出版社,2005.
[3] 任洪润.市场信息的收集与处理[M].北京:电子工业出版社,北京:2007.
[4] 仇立平.社会研究方法[M].重庆:重庆大学出版社,2009.
[5] 邓恩远,于莉.社会调查方法与实务[M].北京:北京大学出版社,2009.
[6] 覃常员.市场调查与预测(第三版)[M].大连:大连理工大学出版社,2009.
[7] 陈殿东.市场调查与预测[M].北京:清华大学出版社,北京交通大学出版社,2009.
[8] 王茜,肖晗.社会调查方法[M].重庆:重庆大学出版社,2010.
[9] 龚曙明.市场调查与预测[M].北京:清华大学出版社,北京交通大学出版社,2010.
[10] 李桂荣.市场调查与预测[M].北京:经济管理出版社,2010.
[11] 林根祥,贾书章,吴现立.市场调查与预测[M].武汉:武汉理工大学出版社,2011.
[12] 雷培莉,姚飞.市场调查与预测[M].北京:经济管理出版社,2011.
[13] 马连福.现代市场调查与预测[M].北京:首都经济贸易大学出版社,2012.
[14] 王玉波,刘丽华,张俊.市场调查与预测——情境教程[M].南京:南京大学出版社,2012.